Schmitz / Gerlach / Naumann / Stüdgens

Neue Wege im Geschoßwohnungsbau

Schmitz · Gerlach · Naumann · Stüdgens

Neue Wege im Geschoß-Wohnungsbau

2., überarbeitete und erweiterte Auflage
mit 234 Abbildungen

Rudolf Müller

Die Deutsche Bibliothek – CIP-Einheitsaufnahme

Neue Wege im Geschoßwohnungsbau /
Schmitz ... –
2., überarb. und erw. Aufl. –
Köln : R. Müller, 1994

ISBN 3-481-00736-1

NE : Schmitz, Heinz

ISBN 3-481-00736-1

Umschlaggestaltung: Graphikbüro Stankowski + Duschek, Stuttgart
Satz: Satzstudio Widdig, Köln
Druck: Druckerei A. Hellendoorn KG, Bad Bentheim
Printed in Germany

Die vorliegende Broschur wurde auf umweltfreundlichem Papier
aus chlorfrei gebleichtem Zellstoff gedruckt.

VORWORT ZUR 2. AUFLAGE

Das vorliegende Buch behandelt das aktuelle Thema »Wohnungsbau der 90er Jahre«. Je nach Blickwinkel fehlen in Deutschland derzeit zwischen ein und drei Millionen Wohnungen. Dieses Defizit kann sich durch weitere Zuwanderungen aus Osteuropa und auch aus anderen Teilen der Welt durchaus noch vergrößern. Der Neubau von größeren Wohnungskontingenten ist deshalb unabdingbar. Auf der anderen Seite steigen die Baukosten, die Grundstückskosten und auch die Baunebenkosten weiter an. Die daraus resultierende Kostenmiete ist für breite Bevölkerungsgruppen jedoch nicht mehr tragbar.

Der Wohnungsbau der 60er und 70er Jahre kann jedoch nicht als Vorbild für einen zukunftweisenden Wohnungsbau dienen, so daß neue Konzepte und Innovationen notwendig sind, um die städtebauliche und formale Qualität des Wohnungsbaus zu steigern und gleichzeitig die Gesamtkosten zu senken.

Aachen, im Mai 1994

Die Beispiele in diesem Buch sollen zeigen, daß dieses ehrgeizige Ziel erreichbar ist, ohne daß wesentliche Aspekte des Gesamtkontextes unberücksichtigt bleiben.

Alle in diesem Buch gezeigten Beispiele sind unter den Aspekten des kosten- und flächensparenden Bauens geplant und realisiert. Somit ist nach unserer Einschätzung der Beweis erbracht, daß kostengünstige Wohnungsbauarchitektur mit hoher formaler und technischer Qualität möglich ist.

Den Autoren liegt an dieser Stelle daran, an den Hauptautor der ersten Auflage, Herrn Dipl.-Ing. Heinz Schmitz, zu erinnern, der am 3. Mai 1992 im Alter von 51 Jahren plötzlich verstorben ist. Die Initiative zu diesem Buch und auch die wesentlichen Inhalte gehen auf sein Wirken zurück.

Reinhard Gerlach
Helfried Naumann
Heinz Stüdgens

INHALT

TEIL I

Heinz Schmitz / Reinhard Gerlach

Neue Wege im Geschoßwohnungsbau
Qualität – Kosten – Lösungen

1 EINFÜHRUNG

Abb. 1: *Qualität und Optimierung im Geschoßwohnungsbau*

Abb. 2: Namenlose Siedlungen, davor die Scheinidylle des Einfamilienhauses

Abb. 3: Köln-Chorweiler: Die Prachtstraße wird zum Grünbereich zurückgebaut

Abb. 4: Wohnumfeld für Kinder – brutaler ist es kaum möglich

Abb. 5: Endlose Laubengänge – von niemand gewünscht und angenommen

1.1 Qualität und Optimierung im Geschoßwohnungsbau

Nie war es wichtiger als heute, guten Geschoßwohnungsbau mit hohem Standard zu günstigen Kosten zu planen und zu realisieren. Aus den Negativerfahrungen von gestern, den Bausünden der sechziger und siebziger Jahre, kann man Konsequenzen für das Bauen von morgen ziehen.

Monumentale Projekte aus dieser Zeit, wie wir sie von Berlin bis Köln-Chorweiler kennen (Abb. 2 und 3), können nicht die Lösung für die Zukunft sein. Breite, unwirtliche Straßen und große Verdichtung entsprechen nicht den Wohnbedürfnissen der Menschen von heute und morgen.

Ein liebloses Wohnumfeld mit betonierten Höfen, schlecht gestalteten Plätzen und kinderfeindlichen Spielplätzen (Abb. 4) wird von niemandem genutzt. Gebäude mit langen Laubengängen (Abb. 5), zwanzig Wohnungen an einem Treppenhaus und betonierte Treppenschächte führen zu Gewalt und Vandalismus. Tiefgaragen, als graue Betonhöhlen gestaltet und technisch schlecht ausgeführt, werden von den Bewohnern nicht angenommen und rufen Angstgefühle hervor.

Wohnungen mit schlechtem Zuschnitt und unpassende Wohnungsgrößen fördern nicht das Wohlbefinden, falsches Wohnungsgemenge, einseitig mit sozial Schwachen belegt, fördert die Gettobildung.

Mängel und Schäden aufgrund falscher Baukonstruktion, bedingt durch unzureichende Planung und schlechte Bauausführung, machen das Maß voll.

Niemand will mehr in derartigen Silos wohnen.

Was ist die Folge? Soll man diese Häuser abreißen, oder wollen wir die Architektur anderen Künstlern überlassen? (Abb. 6 und 7). Eine globale Lösung kann das nicht sein. Genausowenig können postmoderne Großformen der Maßstab für Wohnbauprojekte sein.

Für bestehende Siedlungen bleibt nur die Modernisierung und tiefgreifende Verbesserung, ähnlich wie sie Lucien Kroll in Alençon durchgeführt hat (Abb. 8).

Der Ansatz für Neuplanungen heißt Wohnbauten in hoher Qualität, human und nach den Wünschen der Mieter.

75 % der Deutschen würden am liebsten in einem Einfamilienhaus wohnen (Abb. 9 und 10). Die Anforderungen für individuelles Wohnen sind sehr unterschiedlich. Ausgehend vom Einfamilienhaus führte der planerische Weg zum Haus mit flexiblem

Abb. 6: Maler (Hundertwasser in Wien) müssen das tun, was Architekten versäumt haben: eine phantasievolle Umwelt gestalten

Abb. 7: Abbruch (Metastadt Wulfen) als letzte Möglichkeit

Abb. 8: Großsiedlungen, revitalisiert durch Lucien Kroll in Alençon

Abb. 9 und 10:
Das Einfamilienhaus, die bevorzugte Wohnform

▼

Architekten Abb. 9:
PS Aachen GmbH,
Gerlach, Krings, Böhning

Architekt Abb. 10:
Wolf Limmeroth,
Fritzlar-Züschen

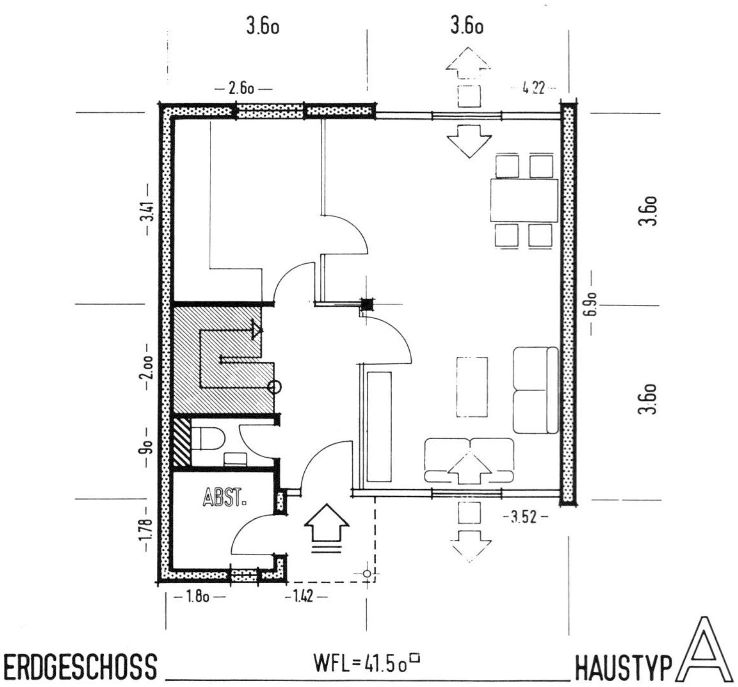

Abb. 11 und 12: Beispiele für flexiblen Grundriß
oben: Haustyp A, Erdgeschoß, Wohnfläche 41,50 m²
unten: Haustyp B, Erdgeschoß, Wohnfläche 47,20 m²

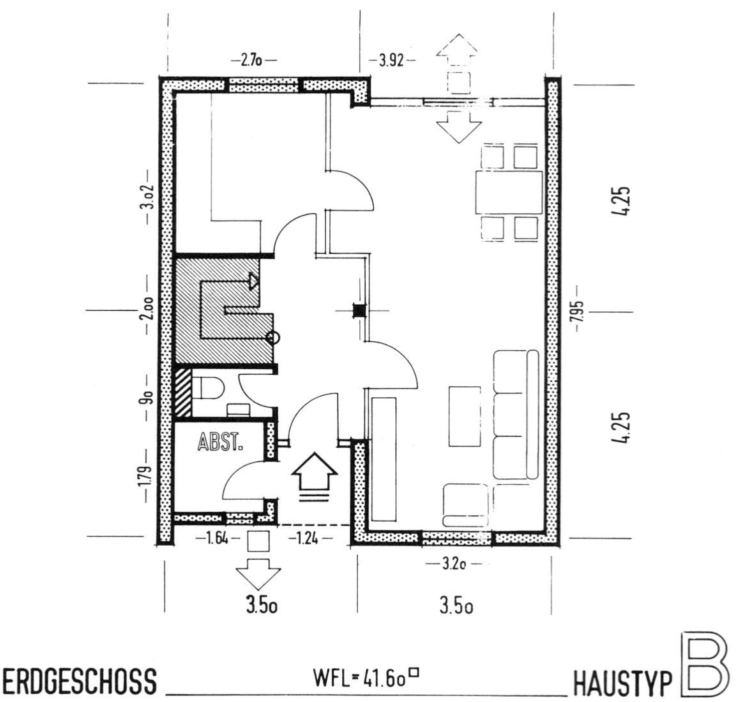

Grundriß (Abb. 11 und 12). Nur eine Stütze trägt das Haus, lediglich Treppe und Installationsschacht liegen fest. Alle Wände sind nach Nutzerwunsch variabel, ohne die Tragkonstruktion zu verändern.

Aber vor allem in Ballungsräumen ist der Traum vom Einfamilienhaus aus vielerlei Gründen nicht zu erfüllen. Die Möglichkeit, der beliebtesten Wohnform nahezukommen, bietet am ehesten das Stadthaus. Zwei gestapelte Reihenhäuser in Stadthausform errichteten wir beispielsweise in Herne als Niedrigenergiehäuser im sozialen Wohnungsbau (siehe Seite 21).

Aber Stadthäuser allein sind kein Ausweg für den wachsenden Wohnungsbedarf. Das Problem des Mietwohnungsbaus kann nur im Geschoßwohnungsbau gelöst werden.

Bei hohen Zinssätzen, steigenden Baukosten und teuren Grundstücken ist mehr als je zuvor auf gute, aber kostengünstige Lösungen mit gutem Wohnstandard Wert zu legen.

Die Anforderungen an den qualitätsvollen Geschoßwohnungsbau lauten deshalb:

1. Höchste städtebauliche und architektonische Qualität bei günstigen Kosten.
2. Besondere Qualität des Wohnumfeldes. Grün- und Freiflächen dürfen nicht zur Architekturdekoration degenerieren.
3. Kosten- und flächensparende Bauweisen mit ökologischen Ansätzen sind vorzuziehen.
4. Die Flexibilität der Grundrisse innerhalb der Wohnung und die Möglichkeit, Wohnungen zu teilen und zusammenzufügen, sollten gegeben sein.

5. Die Erdgeschoß- und die erste Obergeschoß-Ebene von Mietprojekten sollten alten und behinderten Menschen zur Verfügung gestellt werden. Das erste und das zweite Obergeschoß sollte vielleicht für kinderreiche Familien vorgesehen und die Wohnungen darüber für ein bis zwei Personen ausgelegt werden.

Die Voraussetzung für diese Art von Geschoßwohnungsbau ist ein darauf ausgerichteter Bebauungsplan und die Möglichkeit für den Planer, das Grundstück optimal zu nutzen (Abb. 13).

Abb. 13: Wohnbebauung in Aachen

Folgende neue Qualitätsanforderungen an den Wohnungsbau sind zu stellen:

6. Einfamilienhausartiges Wohnen
   - Separate Eingänge
   - Mietergärten bzw. Terrassen
   - Loggien
7. Gemeinschaftseinrichtungen
   - Gemeinschaftsräume
   - Spielwohnung
   - Heimwerkstatt
   - Gästewohnung
   - Mietercafé
8. Mietermitwirkung
   - Planungsbeteiligung
   - Selbsthilfe
   - Freiraumgestaltung
9. Energiesparendes Bauen Niedrig-Energiehaus
   - Passive Sonnenenergienutzung durch Optimierung der Ausrichtung, der Fassadengliederung und der Fenstergrößen
   - Erhöhter Wärmeschutz
10. Ökologische und baubiologisch günstige Ansätze
   - Baubiologisch günstige Materialien
   - Verringerung des Wasserverbrauchs
   - Nutzung des Regenwassers und Verrieselung

Abb. 14: Dachausbau. Architekten: Andreas Hartle, Raimund S. Bartl, Hannover

Abb. 15: Wintergärten bieten vielfältige Nutzungsmöglichkeiten

Abb. 16: Planungsbeispiel für immer gleiche und geringe Spannweiten

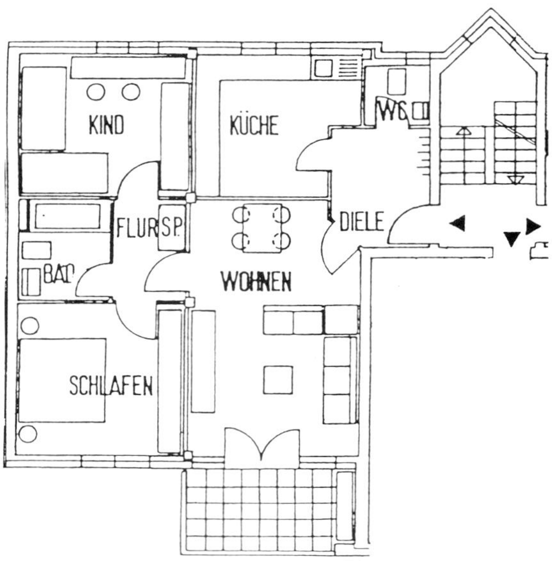

Abb. 17: Geschoßwohnung ohne tragende Innenwände

Rationalisierung ist wichtig, um Kosten zu sparen und Spielraum für gute Qualität zu haben.

Wodurch kann rationalisiert werden?

1. Durch die Beschränkung auf einige immer wiederkehrende Bautypen, dadurch kann der Serieneffekt genutzt werden.
2. Durch Einbeziehung des Dachgeschosses in die Wohnnutzung, das heißt Ausbau bis zur Dachspitze (Abb. 14).
3. Durch intelligente Planungen, die produktkonform ausgerichtet sind.
4. Wirtschaftlich sind meist Drei- und Vierspänner.
5. Immer gleiche und geringe Spannweiten (unter 5,00 m) sind besonders günstig (Abb. 15).
6. Eine Möglichkeit der optimalen Ausnutzung bei gleichzeitiger Senkung der Baukosten ist die Verminderung der Außenwand-Bauteile auf ein Minimum. Wandstärken für tragende Wände können oft bis auf 11,5 cm reduziert werden (Schallschutz beachten!).
7. Die Wahl einer optimalen Geschoßzahl kann wesentlich für die Wirtschaftlichkeit des Projektes sein. Viergeschossige Dreispänner mit Ausnutzung des Dachgeschosses als einfache Baukörper sind in der Regel wirtschaftlich.

Wir bauen meist für Nutzer, die wir nicht kennen. Nach unseren bisherigen Erfahrungen muß eine Wohnung alle dreißig Jahre modernisiert und verändert werden. Heute noch für kinderreiche Familien gebaut, muß es deshalb morgen möglich sein, die Wohnung für alte Menschen oder für Singles zu nutzen und dementsprechend umzubauen.

Abb. 18: Großformatiges, tragendes dünnes Innen- und Außenmauerwerk

Deshalb ist die Voraussetzung jeder Planung eine flexible Bauweise, die bei dem von uns entwickelten Einfamilienhaustyp »Münster« (Abb. 16 und 17) erprobt wurde – ein Haus ohne jede tragende Innenwand. Was bei Einfamilienhäusern möglich war, muß auch im Geschoßwohnungsbau realisierbar sein. Für das Projekt »Experimentelles Wohnen«, gefördert vom Bundesbauministerium und dem Land Nordrhein-Westfalen, haben wir in Herne und in Düren Geschoßwohnungsbauten errichtet und Stützenlösungen (Pilzkopf-Konstruktionen) erprobt (siehe Seiten 26/27). Das Ergebnis spricht für sich. Die flexible Lösung kostete nur geringfügig mehr, bei ca. 2 m^2 größerer Wohnfläche je Wohnung. Diese Art des Bauens hat sich dementsprechend bewährt.

Ein Raster für flexibles Wohnen zeigt die zahlreichen Nutzungsmöglichkeiten (siehe Seite 25). In jeder Etage kann das Gebäude anders genutzt werden: für Familien mit Kindern, für Alleinstehende, Alte und Behinderte und für junge Menschen. Selbst die Wohnungsaufteilung ist in vielen Variationen möglich. Eine Mitbestimmung der späteren Bewohner oder Eigentümer wäre denkbar, ohne das Tragwerk zu beeinflussen.

Wer vom Wohnen spricht, darf die Frage der Einstellplätze nicht vergessen. In Ballungsräumen und Ortskernen scheint die »Unterflur-Garage« unumgänglich. Eine freundlich gestaltete, natürlich belichtete Unterflur-Garage läßt sich zu weit geringeren Kosten bauen als vielfach angenommen. Garagenplatzkosten von 16.000,– bis 20.000,– DM sind bei intelligenten Lösungen erreichbar.

Um gute Planungen für individuelles Wohnen umsetzen zu können, müssen die Kosten »stimmen«. Dazu ist in den letzten Jahren eine Vielzahl von Ansätzen erprobt worden. Dabei treten standardisierte Lösungen in den Vordergrund. Konstruktionen, die zu Zeiteinsparungen bei den Arbeiten der Handwerker führen, sind u. a. der richtige Weg.

Erhebliche Kosten können gespart werden durch Verwendung von:

1. großformatigem, dünnem Innen- und Außenmauerwerk (Abb. 18),
2. vorgefertigten Elementen wie beispielsweise Decken, Treppen,
3. Fertigdächern,
4. Fensterausführungen als Serienprodukt (geringe Typenzahl) mit feststehenden Teilen,
5. dünnen, großformatigen Trennwänden,
6. elementierten Dachgauben, Vordächern und Wintergärten,
7. vorgefertigten Garagenelementen,
8. Systematisierung der gesamten Haustechnik.

Weiter führt die Wahl der geeigneten Konstruktion zu erheblichen Kosteneinsparungen ohne Qualitätseinbußen.

Um alle Möglichkeiten der Kosteneinsparung – vor allem im Bereich der Rohbauerstellung – auszuschöpfen, ist eine enge Teamarbeit zwischen Architekt, Tragwerksplaner und Fachingenieur von der ersten Vorplanungsskizze an erforderlich. Der Architekt kann nicht mehr allein Herr des Baugeschehens sein, sondern nur noch der Leiter des Planungsteams.

2 STÄDTEBAULICHE GRUNDLAGEN

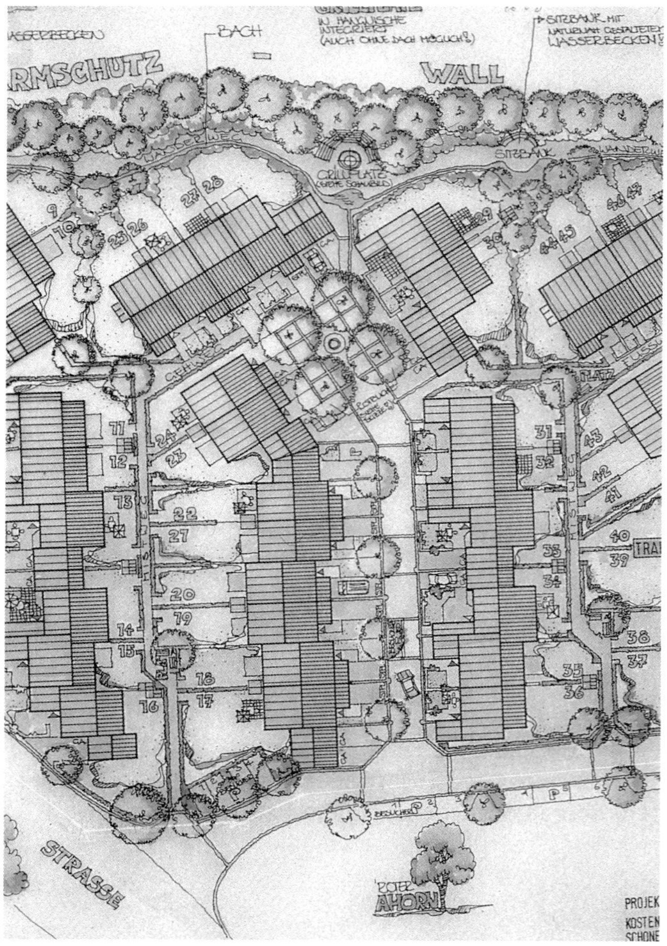

Abb. 19: Beispiel einer städtebaulichen Struktur in verdichteter und damit kostengünstiger Bauweise

Abb. 20: Beispiel einer gut gelösten Block-Innenecke. Entwurf: PS Aachen GmbH, Gerlach, Krings, Böhning

Die städtebauliche Einbindung des Geschoßwohnungsbaus ist von besonderer Bedeutung. Einige Voraussetzungen für städtebauliche Qualität sind im folgenden zusammengefaßt.

2.1 Baustruktur

Die Bandbreite im Bereich der Baustrukturen ist groß, viele angebotene Lösungen bieten auch Kostenvorteile. Aber Hochhäuser sind für Wohnzwecke nicht optimal, und Terrassenhäuser lassen sich im allgemeinen nicht kostengünstig bauen.

Der Bau von Hauszeilen führt oft zu gestalterischen und hinsichtlich der Raumbildung zu unbefriedigenden Resultaten. Sicherlich werden jedoch die neue Wärmeschutzverordnung und der Bau von Niedrigenergiehäusern hier Einfluß nehmen. Neue Ansätze, die städtebauliche Qualitäten mit den Belangen der »Niedrigenergie« verknüpfen, sind in Zukunft gefragt. Der Baublock bietet sich im städtischen Bereich als gute Lösung an, weil Straßenbezüge eindeutig hergestellt werden. Der Möglichkeit der Kommunikation im öffentlichen Bereich steht die ruhige Zone des Innenhofes gegenüber.

Dabei ist es jedoch oft nicht leicht, die Gebäudeecke und die Ausrichtung der Wohnungen zur Sonne zu verwirklichen. Mit Kreativität und Einfallsreichtum ist dies ebenso zu erreichen wie ein ausreichender Lärmschutz (Abb. 20).

2.2 Bebauungspläne

Bebauungspläne, die weitgehende Festsetzungen treffen, engen das Nutzungskonzept und die formale Gestaltung durch den Architekten stark ein. In vielen Fällen werden dadurch auch wirtschaftliche Lösungen verhindert. Vielerorts gibt es noch veraltete Bebauungspläne, die der aktuellen Nutzung nicht mehr entsprechen. Ein Verfahren zu ihrer Aktualisierung dauert allerdings mehrere Monate, manchmal Jahre.

Für die Zukunft ist es deshalb unabdingbar, daß die Bebauungspläne mehr gestalterische und technische Freiheiten lassen, liberaler gehandhabt werden und vor allem Niedrigenergiehäuser thematisch einbeziehen. Manches Problem ließe sich aber auch schon vermeiden, wenn Planungs- und Baurechtsbehörden ihre Ermessensspielräume voll ausnutzen würden. Ein Weg in die richtige Richtung ist sicher das vielerorts bekannte Bebauungsplanverfahren in den Niederlanden. Hier wird im Bebauungsplan nur die zu bebauende Fläche, die Nutzungsart und höchstzulässige Nutzung festgelegt. Die Bebauung selber wird dann vom Architekten – im Einvernehmen mit Planungsämtern und Behörden – erarbeitet.

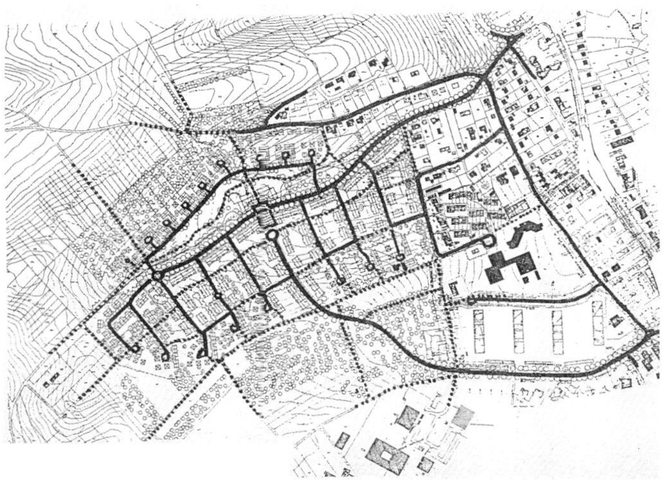

Abb. 21: Beispiel einer Erschließungsstruktur

2.3 Erschließung und ruhender Verkehr

Unabhängig davon, ob es sich um eine Wohnstraße, eine Mischverkehrsfläche, eine verkehrsberuhigte Straße oder um Ring- und Stichstraßen handelt, überall begegnen wir dem Problem der Unterbringung des »ruhenden Verkehrs«. Stellplätze im Verhältnis je Wohnung 1:1 sind dabei sicher berechtigt. Je nach Standort und Kommune werden zur Zeit zwischen 0,8 und 2,0 gefordert.

Es ist derzeit sicher anzunehmen, daß sich das Verhältnis der Bewohner zum Pkw nicht ändert. Deshalb müssen für den ruhenden Verkehr Parkplätze geschaffen werden. Wer eine Wohnung bauen will, muß gleichzeitig zumindest für einen Stellplatz sorgen (Abb. 22 und 23). In zunehmendem Maß ist dies nur durch den Bau von unterirdischen Flächen möglich. Sammelplätze und Garagenhöfe benötigen zu viel Raum und verunzieren das Wohngebiet, von der Ökologie gar nicht zu reden. Das Unterbringen des ruhenden Verkehrs in Form von unterirdischen Stellplätzen und Garagen ist zwar mit Abstand die teuerste, aber auch die beste Lösung.

Abb. 22: Beispiel eines trostlosen Garagenhofes

Abb. 23: Mit wenigen Ideen und gestalterischen Mitteln ist eine freundliche Lösung erreichbar

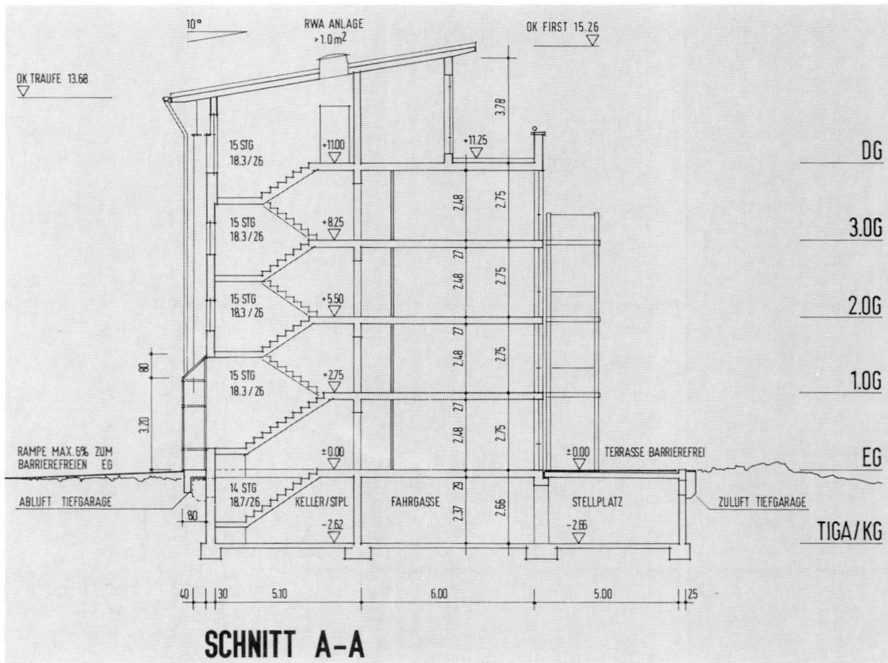

Abb. 24: Beispiel einer sehr preiswerten Garagenlösung mit natürlicher Be- und Entlüftung

Unsere Praxis zeigt immer wieder, daß Tiefgaragen – mit Pfiff entworfen – natürlich belüftet, freundlich ausgestattet, nicht nur finanziell erschwinglich sind (Richtsatzkosten 16.000,– bis 20.000,– DM), sondern auch von den Bewohnern angenommen werden (Abb. 24).

2.4 Privates und öffentliches Grün

Für das Gelingen eines Projektes ist gerade dieser Themenkreis von besonderer Wichtigkeit. Nach unseren Erfahrungen ist ein erheblicher Teil des Planungsaufwandes und der Kosten für gute Lösungen im Bereich des privaten und öffentlichen Grüns erforderlich. Wir benötigen eine einheitliche gute Planung, vom Straßenraum über das halböffentliche bis hin zum privaten Grün (Abb. 25 und 26). Kostenansätze in Höhe von 7 bis 12% der Gesamtkosten sind dabei nicht unangemessen und müssen bereitgehalten werden. Allzuoft setzt bei mangelnden Finanzierungsmitteln gerade hier der Rotstift an. Vieljährige Erfahrungen zeigen, daß das Wohnumfeld oft wesentlicher zum Wohlempfinden der Bewohner beiträgt als das Gebäude selber.

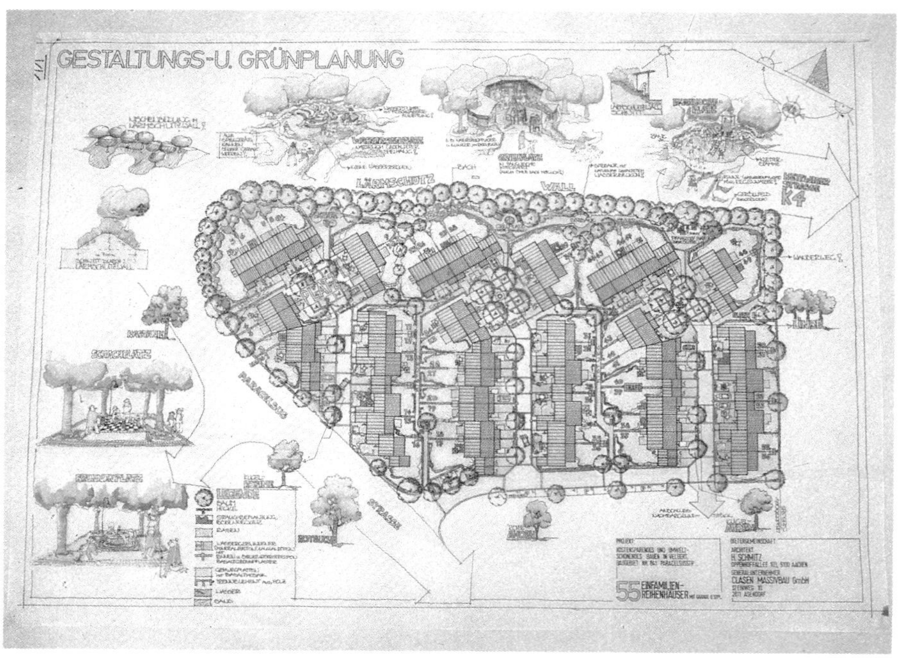

Abb. 25: Beispiel für eine gelungene Verknüpfung von privatem und öffentlichem Grün

Abb. 26: Detail zur nebenstehenden Abbildung: Das reine Funktionsbauwerk »Lärmschutzwall« ist nutzbar gemacht als Aufenthaltsbereich

3 GEBÄUDEPLANUNGEN

3.1 Ökologisch und kostensparend

Heute stellt sich sowohl dem Nutzer wie dem Planer die Frage nach den Möglichkeiten, den Grenzen und den Kosten beim ökologischen Bauen. Wie weit sind ökologische Aspekte in einem konventionellen Projekt zu tragbaren Kosten umzusetzen – und dies, ohne andere wesentliche Faktoren des Bauens, der Gestaltung der Raumfunktion, der Flexibilität des Wohnens zu vernachlässigen?

Voraussetzung ist eine sorgfältige Auswahl der Baumaterialien und ihr richtiger Einsatz, denn eine falsche Anwendung der Baustoffe kann zum Beispiel das thermische Wohlbefinden der Bewohner beeinträchtigen. Die gängigen und neuen Baustoffe sollten nach genauen Kriterien beurteilt werden.

Die klassische Baustofflehre beurteilt nach Festigkeit, Brandverhalten, Wärme- und Schallschutz, Feuchtegehalt, Preis usw. Für die Bewertung biologischer Produkte sollte weit mehr berücksichtigt werden:

1. **Die negative und positive Wirkung von Baustoffen auf Wohlbefinden und Gesundheit der Bewohner**

   Es dürfen also keine toxischen Stoffe (Gifte, wie z. B. Formaldehyd in Spanplatten) vorhanden sein. Giftige Gase, die durch Erwärmung entstehen, oder giftige Lösungsmittel (in Anstrichstoffen) und giftige Holzschutzmittel (mit Arsen, Quecksilber, HCP usw.) sind durch geeignete Materialwahl auszuschließen. Jahrelang anhaltende schädigende Wirkungen all dieser Stoffe können die Gesundheit der Bewohner beeinträchtigen und zu Müdigkeit, Schlafstörungen und chronischen Atembeschwerden führen.

Abb. 27: Beispiel einer ökologischen und kostensparenden Wohnbebauung am Kurpark in Aachen

2. Geringer Energieaufwand und schadstofffreie Herstellung

Je mehr Energie bei der Baustoffproduktion benötigt wird, um so größer wird oft der Ausstoß an Schadstoffen. Auch lange Transportwege führen durch die Fahrzeuge zu höherer Umweltbelastung. Viele Produkte werden außerdem mit einer großen Anzahl von chemischen Reaktionen verarbeitet, so daß SO_2, SO_3, CO, Blei und Stickoxide emittiert werden. Die Umweltbelastung durch den Produktionsprozeß schlägt sich zwar nicht in den Kosten nieder, aber die Regeneration der Natur, soweit überhaupt möglich, geht auf Kosten der Allgemeinheit.

3. Verwendung regenerierbarer Stoffe

Baustoffe wie Holz, Kork, Naturwolle, Naturwachse, Korkschrot sind von Natur aus schadstofffrei. Meistens sind zu ihrer Verarbeitung nur geringe Kosten und geringer Energieaufwand erforderlich. Hinzu kommt, daß das Nachwachsen dieser Rohstoffe nicht mit weiterer Umweltbelastung einhergeht. Eine weitere Behandlung solcher Baustoffe zum Beispiel durch Streichen und Wachsen sollte mit natürlichen Produkten erfolgen, um die positiven Materialeigenschaften zu erhalten.

4. Angemessener Material- und Herstellungsaufwand

Viele umweltschädliche Materialien im Bauwesen sind bei sorgfältiger Konstruktion und gewissenhafter Ausführung unnötig. So sind viele gefährliche Holzschutzmittel bei werkstoffgerechter Konstruktion überflüssig oder durch biologisch unbedenkliche Stoffe zu ersetzen. Anstriche und Kunststoffe sind meist wegen ihrer geringen Dampfdiffusionsfähigkeit konstruktiv ungünstig. Metalle und Kunststoffe sollten wegen des hohen Energieaufwandes bei der Herstellung und der vorgenannten Umweltbelastung durch umweltfreundliche Materialien, zum Beispiel durch Holz, ersetzt werden.

5. Dezentrale Herstellung und kurze Transportwege

Ortsübliche Materialien sind meistens in bezug auf das Klima und auf eine gute Einbindung in die Landschaft die bessere Lösung. Dezentrale Herstellung mit weniger Abhängigkeit von Herstellern macht das Bauen unabhängiger von Preis- und Lieferdiktaten und fördert die Konkurrenzfähigkeit.

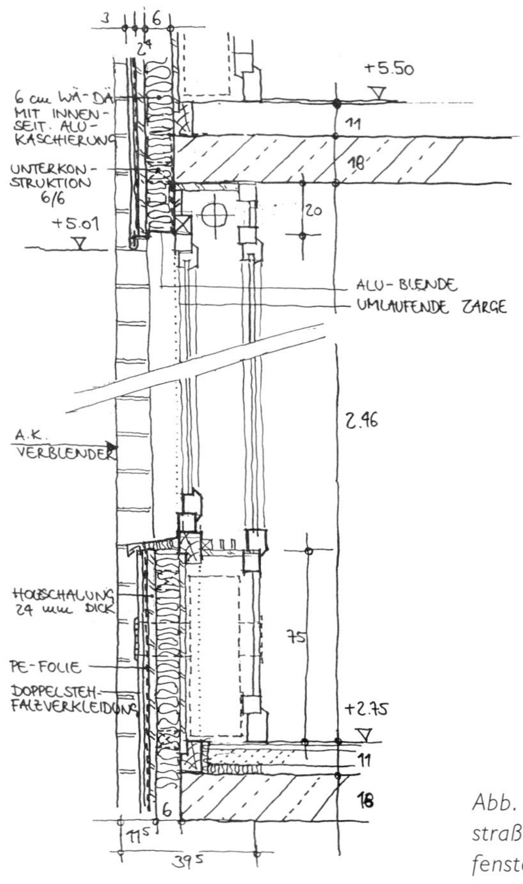

Abb. 28: Bauvorhaben Herne, Eschstraße; Fassadenschnitt mit Kastenfenster, Permanentlüftung und Rollo

3.2 Ökologisches Bauen im Geschoßwohnungsbau

An sechs Stadthäusern in Herne wird deutlich, daß ökologisches Bauen im Geschoßwohnungsbau zu günstigen Kosten möglich ist (Abb. 28 bis 37).

Städtebau

Das Grundstück ist eine Restparzelle innerhalb des gewachsenen Stadtgrundrisses. Es galt, eine Blockrandbebauung zu komplettieren, wobei der Bestand von zwei großen Platanen es erforderlich machte, die vorhandene Bauflucht zu verlassen. So konnten den Wohnräumen Gärten vorgelagert werden. Außerdem wertet die Südwestsonne die Lage auf. Die vorhandene Wohnbebauung mit drei Vollgeschossen und einem geneigten Dach wurde aufgenommen. Zugunsten der Westsonne auf der Wohnraum- und Kinderzimmerseite wurde eine hofseitige Erschließung gewählt.

Das nach Süden leicht ansteigende Gelände wird durch eine Höhenstaffelung aufgenommen. Die Rückstaffelung verdeutlicht die Straßeneinmündung.

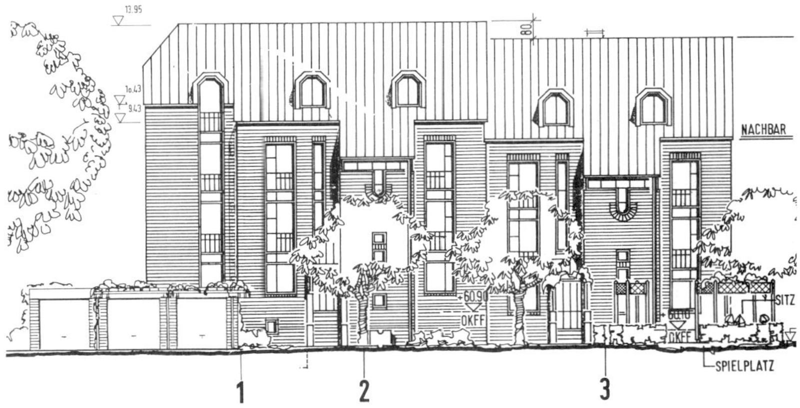

Abb. 29: Ansicht Eingangsseite

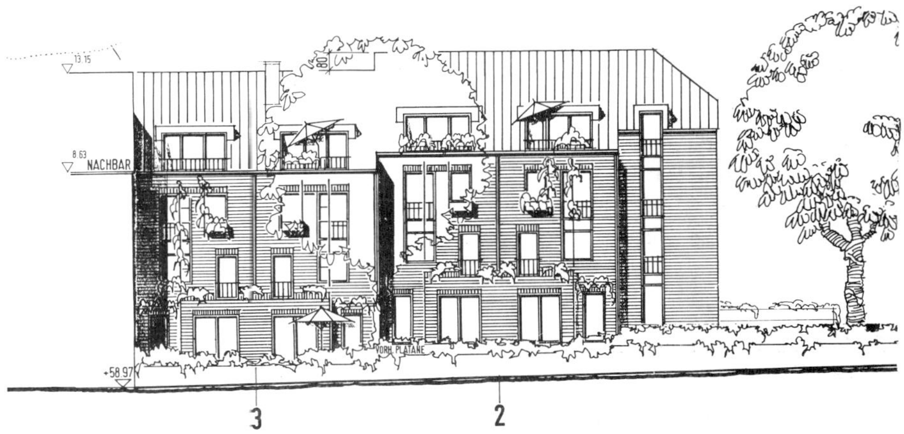

Abb. 30: Ansicht Gartenseite

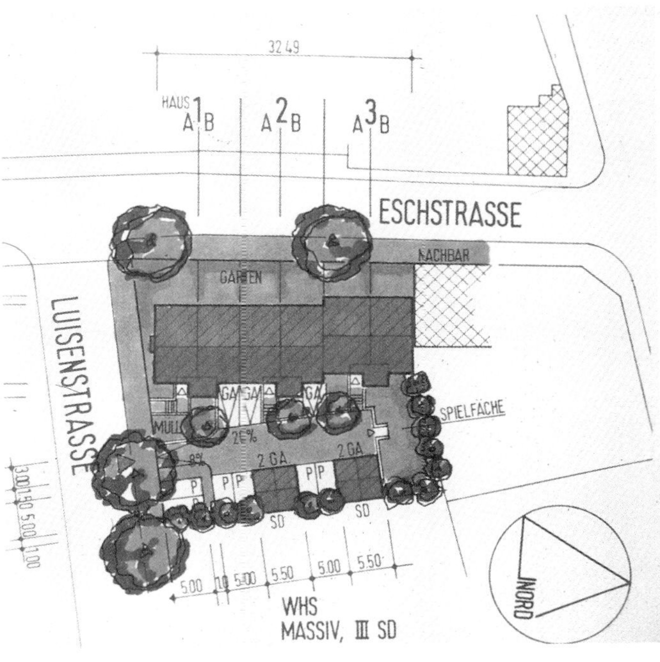

Abb. 31: Außenanlagen

Die vorhandene Planung

Ein vorhandener Gebäudeentwurf wurde der weiteren Planung zugrunde gelegt. Insgesamt entstanden zwölf Maisonette-Wohnungen, wovon immer die größeren Wohnungen eine direkte Gartennutzung erhalten, während die oberen über eine große Dachterrasse verfügen. Die jeweiligen Ruheräume der Wohnungen wurden benachbart angeordnet, um Schallübertragungen auszuschließen. Der Wohnraum der oberen Wohnung liegt direkt im Satteldachbereich und besitzt deshalb besondere räumliche Qualitäten.

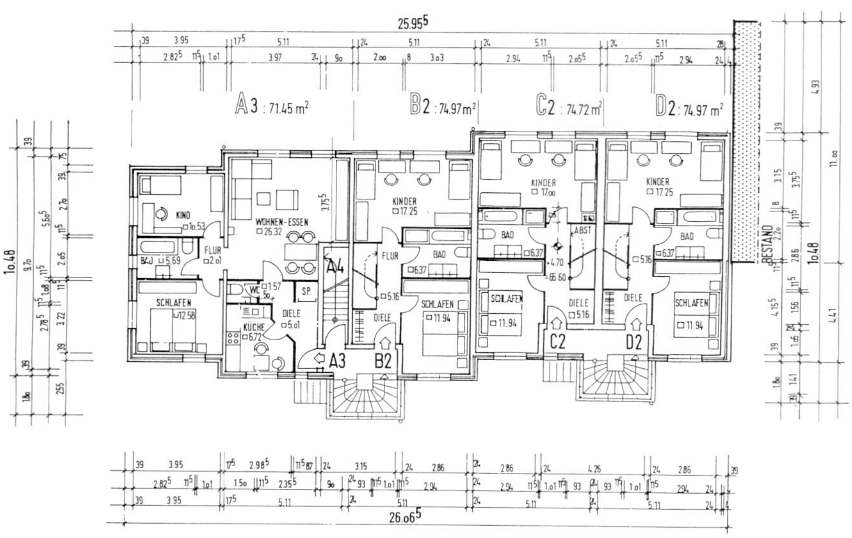

Abb. 32: Grundriß 2. Obergeschoß und ...

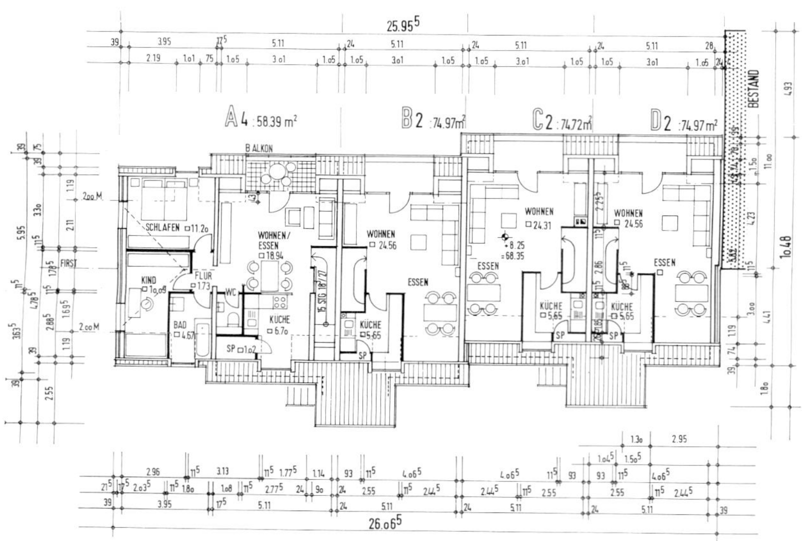

Umplanung zu einer ökologischen Bauweise

Unser Ziel bei der Umplanung war es, zu demonstrieren, daß das ökologische Bauen von Mietwohnungen in der Stadt auf kleinstem Grundstück zu niedrigen Kosten möglich ist.

Die Entwurfskonzeption blieb im wesentlichen bestehen, jedoch sind eine Fülle von Veränderungen und Ergänzungen vorgenommen worden:

Grundrisse

Die unteren Wohnungen erhielten einen teilweise zweigeschossigen Wintergarten, der nach Südwesten exponiert ist. Er dient der Erweiterung der Wohnfläche vor allem in der Übergangszeit sowie der passiven Energiegewinnung. Die Dachterrassen wurden mit einem nach Süden orientierten geneigten Dach versehen, welches Flächen für die Aufnahme von Sonnenkollektoren bietet. Die Dachterrasse kann natürlich auch als Wintergarten ausgebildet werden.

Die Grundrisse sind durch ein freies statisches System sehr flexibel. So können wahlweise ein großes oder zwei kleine Kinderzimmer gebaut, die Küche kann offen in den Wohnbereich eingebunden werden usw. (Abb. 32 und 33).

Abb. 33: ... Grundriß Dachgeschoß: Beide bilden die obere Maisonette-Wohnung

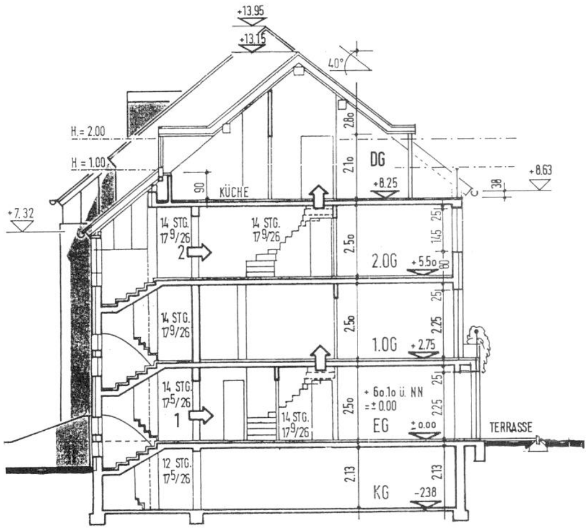

Abb. 34: Schnitt Eschstraße, zwei Maisonette-Wohnungen übereinander

Außenanlagen

Bei der Gestaltung der Außenanlagen wurde großer Wert auf die Reduzierung der versiegelten Flächen gelegt. Die befestigten Flächen sind sämtlich wasserdurchlässig. Als Materialien werden eingesetzt: Rasenpflaster aus Naturstein, Klinkerpflaster und wassergebundene Materialien.

Die Garagendächer werden als Grasdach ausgebildet.

Das Regenwasser der Dachflächen wird in einer offenen Rinne geführt und in einem kleinen Schilfteich gesammelt, wo es sowohl versickert als auch verdunstet.

Der Kinderspielplatz wurde in die Struktur der Freianlagen integriert. An den Fassaden wurden Rankgitter und -geräte installiert, so daß eine Verflechtung von Gebäude und Natur erfolgen kann.

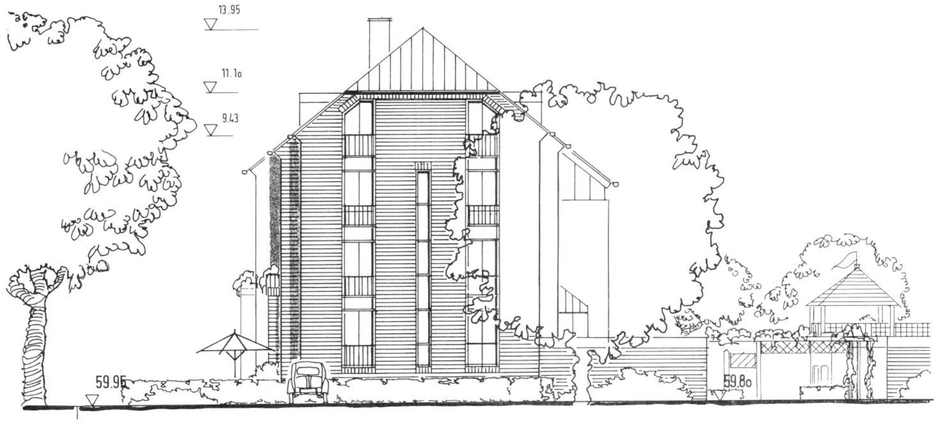

Abb. 35: Giebelansicht

Abb. 36: Detail Fußpunkt Gaube Küche, mit Verbundfenster

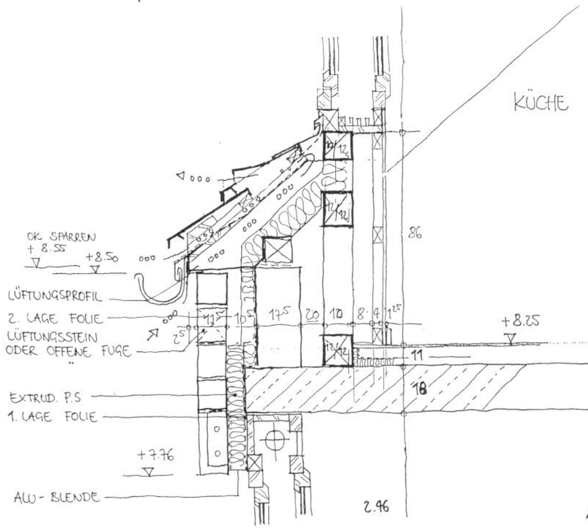

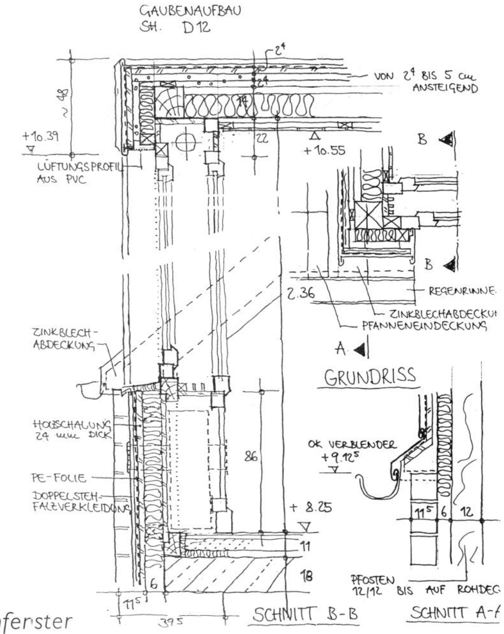

Abb. 37: Detail Gaube mit Kastenfenster

Technik

Die technischen Maßnahmen zur Ökologie lassen sich zusammenfassen in folgende drei Bereiche:

- Heizung als Gas-Zentralheizung in Niedertemperatursystem mit Brennwerttechnik. Eingebaut werden herkömmliche Radiatoren- oder Plattenheizkörper.

- Grauwassernutzung für alle WCs, wobei hier wegen des Mehrfamilienhauses das Regenwasser herangezogen wird. Zur Neutralisierung des sauren Regenwassers wird in geringen Mengen Soda zugesetzt.

- Die Brauchwassererwärmung kann teilweise durch Sonnenkollektoren (nach Süden ausgerichtet) unterstützt werden.

Baukosten und Mieten

Die ursprünglich sehr niedrigen Baukosten (herkömmliche Bauweise) werden sich bei der dargestellten ökologischen Bauweise um ca. 12.000,– DM pro Wohneinheit erhöhen.

Die Kosten der Außenanlagen erhöhen sich um ca. 30.000,– DM.

Damit liegen die Kosten noch im Rahmen des sozialen Wohnungsbaus. Es ergeben sich Mieten von 5,50 DM/m² WFL.

Somit läßt sich aufzeigen, daß ein »ökologischer, sozialer Wohnungsbau« auch in der Stadt möglich ist.

Baustoffe

Bauteil	Ursprünglich	Ökologisch
Außenwände	2schalig Innenschale 17,5/11,5 cm KS-Planblöcke, 6 cm Wärmedämmung, Steinwolle, 11,5 cm Ziegelverblendung	Nordost: KS-Planblöcke 17,5 cm, Wärmedämmung: Kork oder Isofloc, ortsüblicher Ziegel-Verblender, Südwest: Porosierte Ziegel 24 cm, Mörtelfuge 1,5 cm, ortsüblicher Verblender
Wohnungstrennwände	24 cm KS-Planblöcke	24 cm KS-Planblöcke
Innenwände	7 cm Gipsdielen	KS-Diele 7 cm teilweise Holzständerwerk
Decken	Stahlbeton	Holzbalkendecke (innerhalb einer Wohnung), sonst Stahlbeton (Brandschutz)
Dach	Satteldach 40°, Zementdachstein naturrot, System Stramitex, Steinwollematte, kaschiert, zwischen den Sparren, Gipskartonplatte, T-förmiger Sparren	Satteldach 40°, Tonziegel, Korkdämmung zwischen den Sparren, Fermacellplatte
Fenster	Holzfenster, Doppelfalz, Isolierglas	Holzfenster, Doppelfalz, Isolierglas k-Wert = 1,4
Bodenbeläge	PVC bzw. Teppich	Holzdielung mit Nut + Feder, Linoleumbelag auf Zementestrich

3.3 Flexible Grundrisse

Planerische Entwicklung

Als Voraussetzung für Geschoßwohnungsbauten mit flexiblen Grundrissen haben wir ein Tragraster mit einem Stützabstand von 3,80 m entwickelt (Abb. 38). Sowohl als Raummaß als auch unter Berücksichtigung der zulässigen Wohnflächen im sozialen Wohnungsbau hat sich ergeben, daß ein Raster von 3,80 x 3,80 m am günstigsten ist. Führt man das Treppenhaus gleichfalls in einem derartigen Raster aus, ist es möglich, einen Aufzug im Treppenhaus unterzubringen oder nachträglich einzubauen. Der flexible Grundriß ermöglicht die Verwandlung vom Drei- zum Vierspänner (Abb. 38 bis 40), Varianten der Wohnungsnutzung ergeben sich aus den Abbildungen 41 bis 43.

Abb. 38 bis 43: Schematische Darstellung flexibler Grundrisse

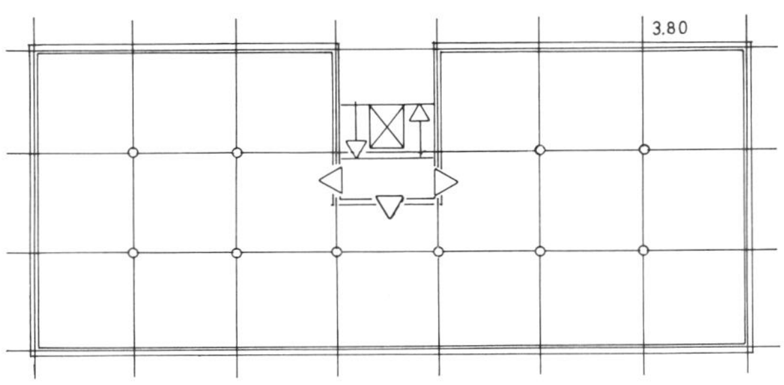

38

Abb. 38: Tragraster für flexiblen Wohnungsbau, Stützabstand 3,80 m. Im Treppenhaus läßt sich eventuell nachträglich ein Aufzug einbauen

41

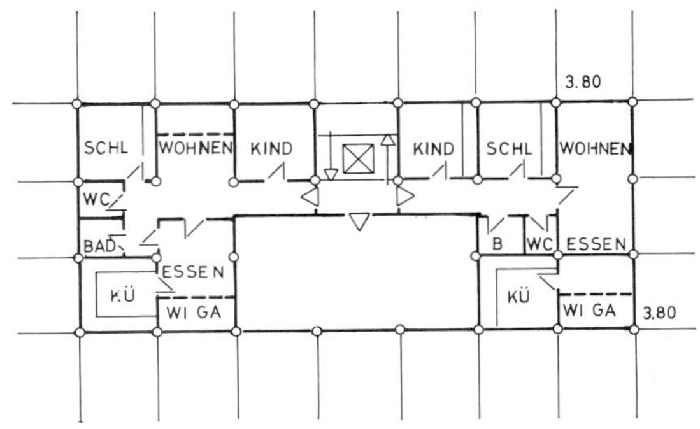

42

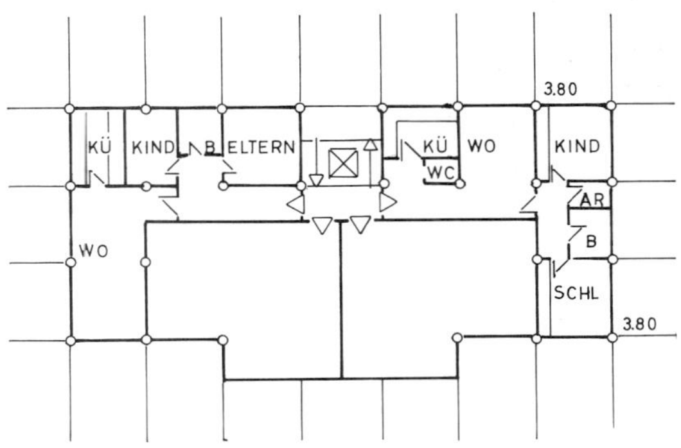

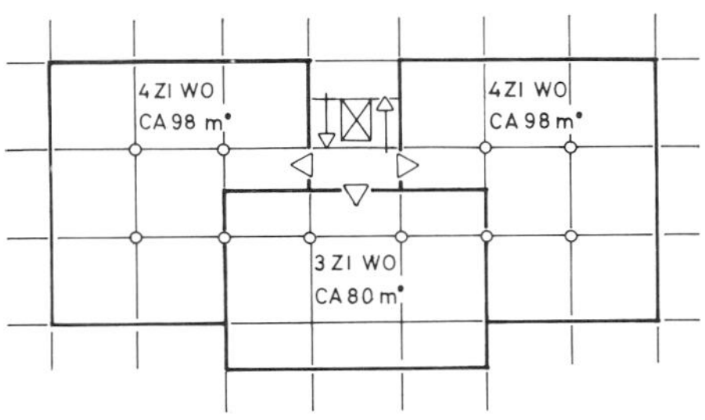

Abb. 39 und 40: Der flexible Grundriß ermöglicht die Verwandlung vom Drei- zum Vierspänner

39

43

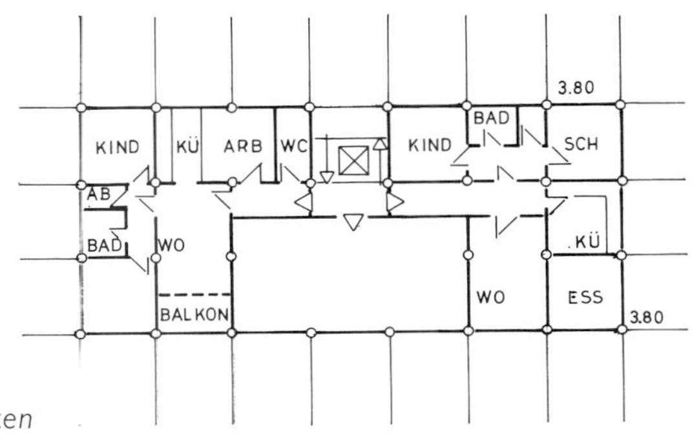

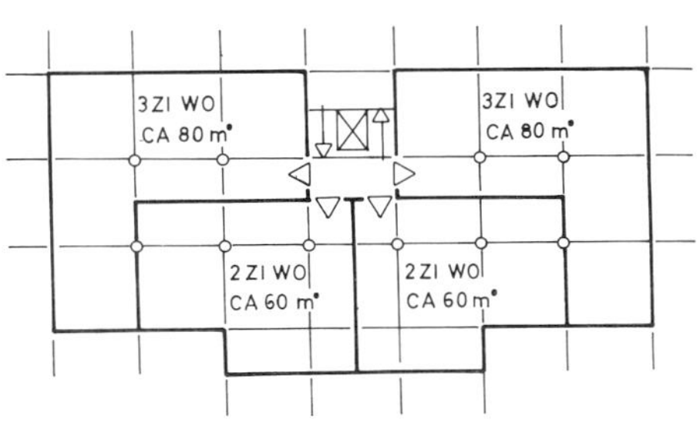

40

Abb. 41 bis 43: Varianten

Abb. 44: Bebauung, Herne, Kaiserstraße (Foto: Thomas Berendt)

Demonstrationsmaßnahme in Herne und Düren

Im Jahr 1984/85 haben wir in Herne und in Düren Geschoßwohnungsbauten mit flexiblen Grundrissen errichtet (Abb. 44 bis 48), deren innere Tragkonstruktion lediglich aus einer Stahlbetonsäule mit Pilzkopf-Konstruktion bestand (Abb. 45). Die Kosten für diese Art der Tragkonstruktion lagen um etwa 3.600,– DM je Wohnung über den vergleichbaren Kosten mit massiven Wänden. Dafür konnte jedoch ein Wohnflächengewinn von ca. 1,5 m² erzielt werden. Darüber hinaus lassen sich die Wohnungen flexibel nutzen. Die Möglichkeit, in den Geschossen die Wohnun-

Abb. 46: Südfassade Herne

Abb. 45: Grundriß-Beispiel mit Pilzkopfstütze

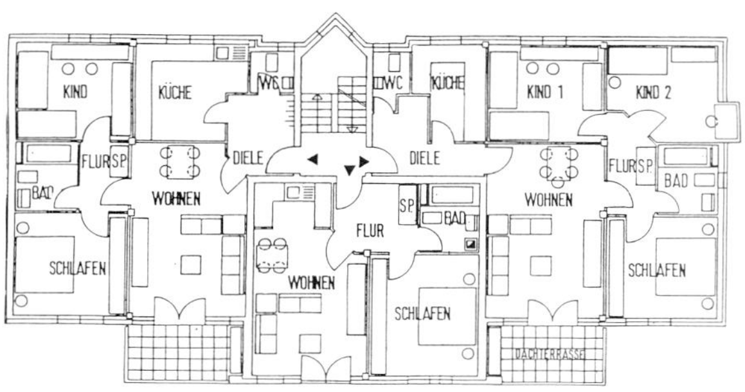

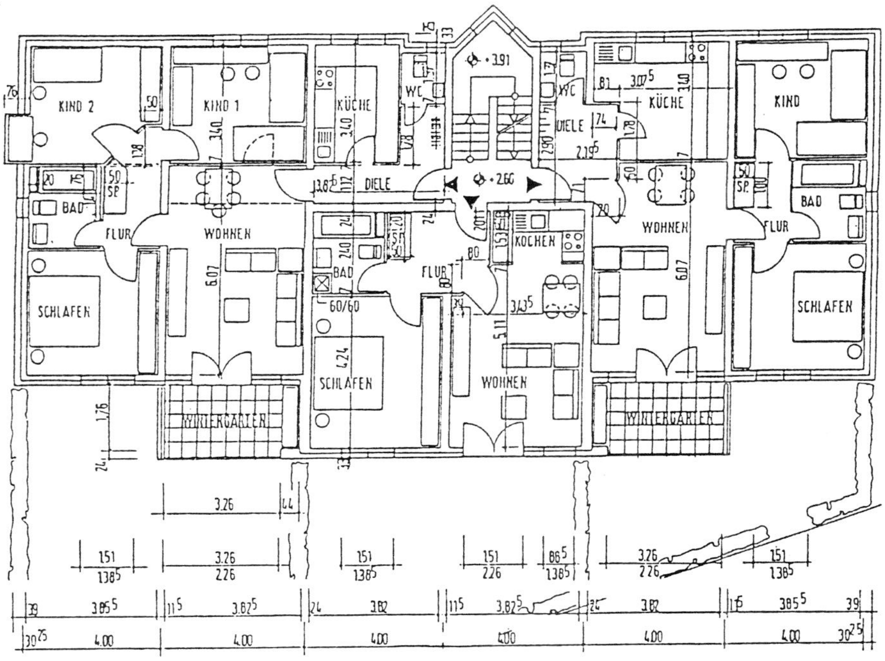

Abb. 47: Grundrißbeispiel in Schottenbauweise

gen zu verändern, zum Beispiel im Erdgeschoß alten- oder behindertengerecht zu bauen und in den oberen Geschossen Normal-Wohnungen anzuordnen, spricht gleichfalls für diese Lösung.

Abb. 48: Bebauung Düren, Monschauer Straße

3.4 Kostengünstige Garagen

Hinsichtlich Baurechts- und Brandschutzbestimmungen ist der Bau von Großgaragen oft unwirtschaftlich; Mittelgaragen ($\leqq 1000\ m^2$) sind meist wirtschaftlicher zu erstellen.

Besonders preisgünstig kann die Ausführung einer nur halb in das Erdreich abgesenkten Garage sein. Durch die Anordnung von Fensterbändern über dem Gelände, zum Beispiel bei einer 1,30 m über das Gelände ragenden Garage, kann auf aufwendige Lüftungsanlagen und zusätzliche Brandschutzvorrichtungen verzichtet werden.

Die Ausführung der Tiefgarage in beispielsweise 12 bis 15 cm starken Betonschotten mit daraufliegenden Elementdecken ist wirtschaftlich günstig. Als besonders vorteilhaft und nutzerfreundlich hat sich die Ausstattung der einzelnen Stellboxen mit luftdurchlässigen Toren erwiesen. Neben dem Autostellplatz wird so wertvoller Nebenraum zum Beispiel für Kinderwagen und Fahrräder usw. geschaffen.

Eine wasserundurchlässige Ausführung von Sohle, Außenwänden und Garagendecke kann die Möglichkeit bieten, auf Dränungen, Vertikalisolierung und Abdichtung (Abklebung) der Decke zu verzichten. Für einen Tiefgaragenplatz mit vollkommen abgeschlossener Parkbox können Kosten von ca. 18.000,– DM ausreichen.

3.5 Niedrigenergie- und Mehrgenerationenhaus

Diese Demonstrationsmaßnahme in Düren verfolgt drei Schwerpunkte:

1. Realisierung eines Niedrigenergiehauses unter Nutzung der passiven Sonnenenergie.
2. Wohnen von Jung und Alt unter einem Dach in der Gemeinschaft und der Individualität.
3. Verschiedene Wohnformen in einem Haus.

Diese Zielsetzungen sollen mit den üblichen Mitteln des sozialen Wohngsbaues umgesetzt werden und keiner zusätzlichen Förderung bedürfen.

Zur Planung und Verwirklichung des Projekts wird ein Bau-Team eingesetzt, das sich aus verschiedenen Disziplinen rekrutiert. Im einzelnen sollen folgende Maßnahmen ergriffen werden:

Ökologisches/energiesparendes Bauen

Als Energie-Spar-Konzept wurde die Anordnung der Wohnräume und der Kinderzimmer in Richtung Süden bzw. Südwesten, die Anordnung von Küchen, Bädern, WCs und Nebenräumen usw. in nördlicher und nordöstlicher Richtung vorgesehen. Durch diese Orientierung und eine entsprechende Ausbildung der jeweiligen Fassaden wird passive Sonnenenergie gewonnen und an den entsprechenden Stellen im Grundriß genutzt. Darüber hinaus wurde ein Pultdach gewählt, das sich nach Süden hin öffnet und noch einmal zusätzlich Möglichkeiten der Sonnenenergienutzung bietet.

Alle Wohnraumfenster werden als besonders wärmegedämmte Kastenfenster in Holz ausgeführt und sind mit einer Zwangsbelüftung ausgestattet. Die Konstruktion bürgt für erhöhten Schallschutz. So ist auch die Orientierung zu der Anliegerstraße gerechtfertigt.

Die Heizung wird als Niedrigtemperatur-Heizung in Brennwerttechnik ausgelegt. Ziel ist, die Energiekosten um mindestens 50% zu reduzieren. Dazu ist es notwendig, zentrale Warmwasserbereitung vorzusehen und die Außenwand- und Dachflächen hochwertig zu dämmen.

In einem Ingenieur-Gutachten wurden mögliche Primärenergie-Einsparungen untersucht. Dazu wurden Simulationsrechnungen des monatlichen Gebäude- und Warmwasserwärmebedarfs mit dem Programm »Statbil« (W. Feist) für zwei Baukörper ausgeführt. Dies geschah auf der Grundlage der k-Werte der einzelnen Gebäudehüllflächen und der Wärmespeicherkapazität des Gebäudes unter Berücksichtigung:

- der regionalen Klimadaten
- der passiv genutzten Sonnenenergiegewinne
- der nutzbaren inneren Gratiswärme von Personen und Geräten und des Warmwasserbereitungssystems und
- des Nutzerverhaltens der Gebäudebewohner (Nachtabsenkung, Luftwechsel).

So entstanden monatliche und über die Heizzeit summierte Heizenergiebilanzen (Nutzenergie). Diese Nutzenergieermittlung erlaubt die Berechnung des Brennstoffverbrauchs:

- eines zentralen Heizungssystems und
- des installierten Warmwassersystems.

Ferner wurden die Anteile der Wärmeverluste der jeweiligen Gebäudehüllflächen während der Heizzeit ermittelt.

Diese differenzierte Bilanzierung von Wärmeverlusten und -gewinnen ist insbesondere bei Gebäuden mit ver-

Abb. 49: Ansicht Laute-Dei-Straße

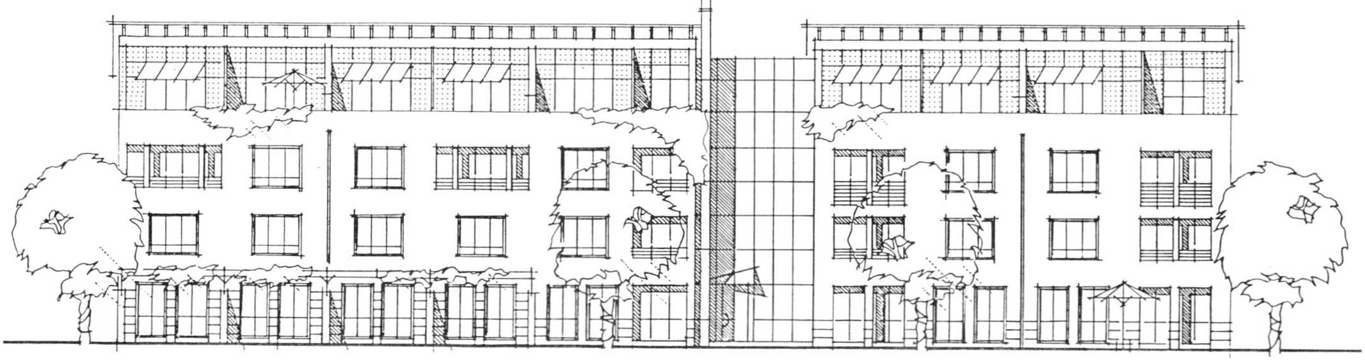

bessertem Wärmeschutz und großen Fensterflächenanteilen unverzichtbar und erweist sich als erheblich genauer als die Berechnung nach der VDI-Richtlinie 2067.

Einige Rahmendaten

Eine Gebäude-Basisversion ist Ausgang der Berechnung und dient als Vergleichsmaßstab für die Wirtschaftlichkeitsberechnung. Grundlage sind die k-Werte der Außenbauteile nach dem Bauteilverfahren der WSVO. Es wird in dieser Variante wie auch in allen folgenden Varianten davon ausgegangen, daß das Treppenhaus (Erschließungsfläche) nicht beheizt wird und die Wände zum Treppenhaus die gleichen thermischen Eigenschaften haben wie die sonstigen Außenwände.

	AW	DA	FB	AF
k (W/m²K)	0,75	0,3	0,5	2,9

Die Außenwand wird als monolithische 30-cm-Ziegel-Konstruktion verputzt angenommen.

Die Wärmedämmung des Daches entspricht ca. 12 cm Wärmedämmung zwischen den Sparren (WLG 040).

Luftwechsel = 0,7, angenommen (Voraussetzung Förderrichtl. MBW) Fenster isolierverglast mit g-Wert von 0,7.

Heizungsanlage mit atmosphärischem Gaskessel (Nutzungsgrad 88 %), an den indirekt ein WW-Speicher mit 1000 Litern angekoppelt ist.

Rohrleitungsverluste bei der Heizungsverteilung im Keller und den Steigeschächten sind berücksichtigt.

Anteilige Wärmeverluste im Warmwasserspeicher sind berücksichtigt; ebenfalls Rohrleitungsverluste im Haus.

Dämmung der Rohrleitungen nach Wärmeschutzverordnung.

Weitere Grundlagendaten:

- Tagessolltemperatur 22 °C (Altenwohnungen)
- Nachtsolltemperatur 19 °C (Altenwohnungen)
- Nachtsenkungsdauer 8 h
- Maximaltemperatur 28 °C (höhere Temperaturen werden weggelüftet)
- Warmwasserbedarf ca. 45 Liter pro Person und Tag à 60 °C.

Berechnet wurden lediglich Maßnahmen an der Gebäudehülle, der Heizungs- und Lüftungstechnik.

Abb. 50: Erdgeschoß

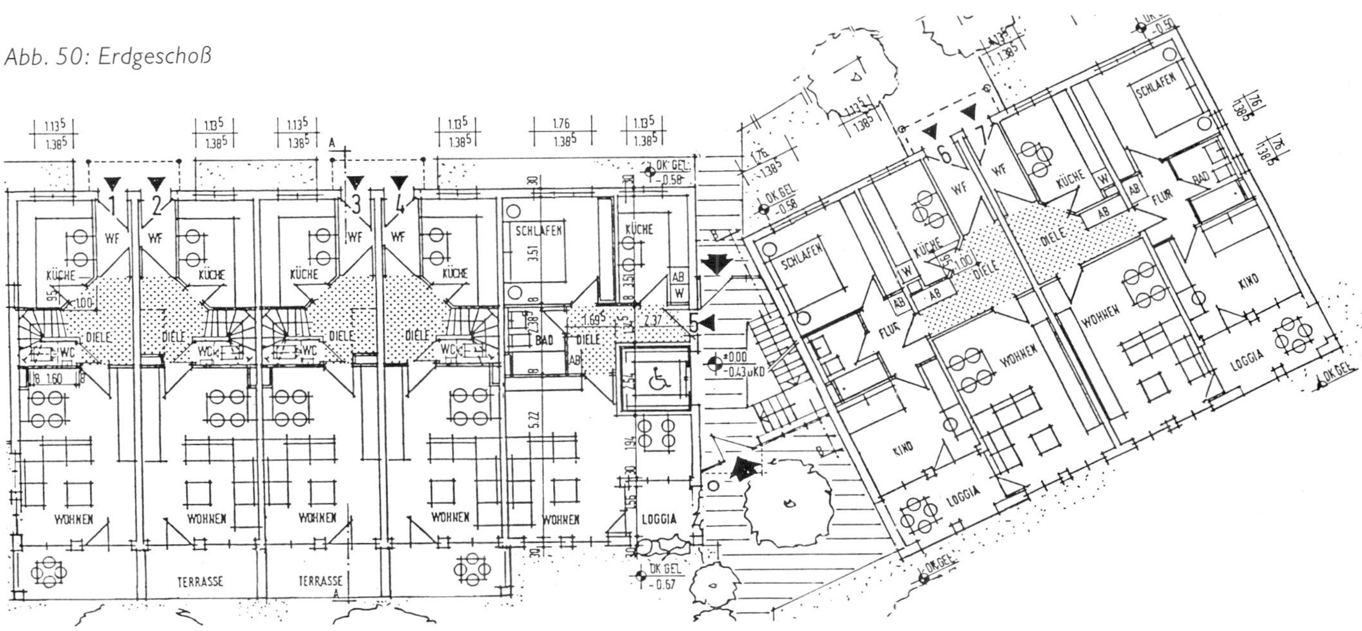

Es sollen entsprechend den Forderungen des Ministeriums für Bauen und Wohnen des Landes NRW folgende Werte erreicht werden:

- Reduzierung des Heizwärmebedarfs auf 50 W/m² bei einem Luftwechsel von 0,7 l/h
- Reduzierung der Energiekosten der Nutzer um 6,– DM/m²a
- Wirtschaftlichkeit der Maßnahmen.

Folglich wurden energiesparende Maßnahmen simuliert und auf das Erreichen der Forderungen hin untersucht. Bei der Wahl der Wärmedämmung wurde von der derzeit wirtschaftlich optimalen Dämmdicke ausgegangen.

Kostenermittlung

Die in der Tabelle ausgewiesenen Zusatzkosten für die Maßnahmen wurden nach Angaben des Architekturbüros, der Literaturangaben und Angaben des Herstellers ermittelt. Bei den technischen Einrichtungen basieren die Daten auf Erfahrungswerten vergleichbarer Anlagen. In den Kosten sind keine Fördermaßnahmen berücksichtigt.

Als Ergebnis der Berechnungen kann festgehalten werden:

Es sind Kosteneinsparungen von 6,– DM/m²a für den Nutzer ohne Schwierigkeiten zu erzielen. Das Erreichen der Kennzahl von 50 W/m²K ist mit den Maßnahmen Thermohaut, WS-Verglasung und Dachdämmung möglich. Die Kontrolle der Lüftung auf einfachste Art reduziert nicht nur die Lüftungsverluste, sondern auch bauphysikalische Schäden am Baukörper.

Bei der Wahl der Thermohaut ist zwar die Polystyrol-Thermohaut die kostengünstigere Variante, die Anfälligkeit gegen mechanische Beanspruchung (Vandalismus) ist jedoch erheblich höher. Aus diesem Grunde wurde auf die mineralische Thermohaut zurückgegriffen (siehe Tabelle Seite 32).

Materialien

Hier wurde auf baubiologisch einwandfreie Baustoffe Wert gelegt. Die Außenwände werden alternativ in porosiertem Ziegelmauerwerk oder in Kalksandstein mit einer Steinwolle-Wärmedämmung inklusive mineralischem Putz ausgeführt. Für die Fußböden ist Linoleum vorgesehen. Es werden ausschließlich lösungsmittelfreie Anstriche verwendet.

Sämtliche Geschoßdecken bestehen aus Stahlbeton.

Der Holzdachstuhl wird mit Salzen imprägniert, das Dach mit naturroten Tonziegeln oder Betondachsteinen

Abb. 51: 1. Obergeschoß

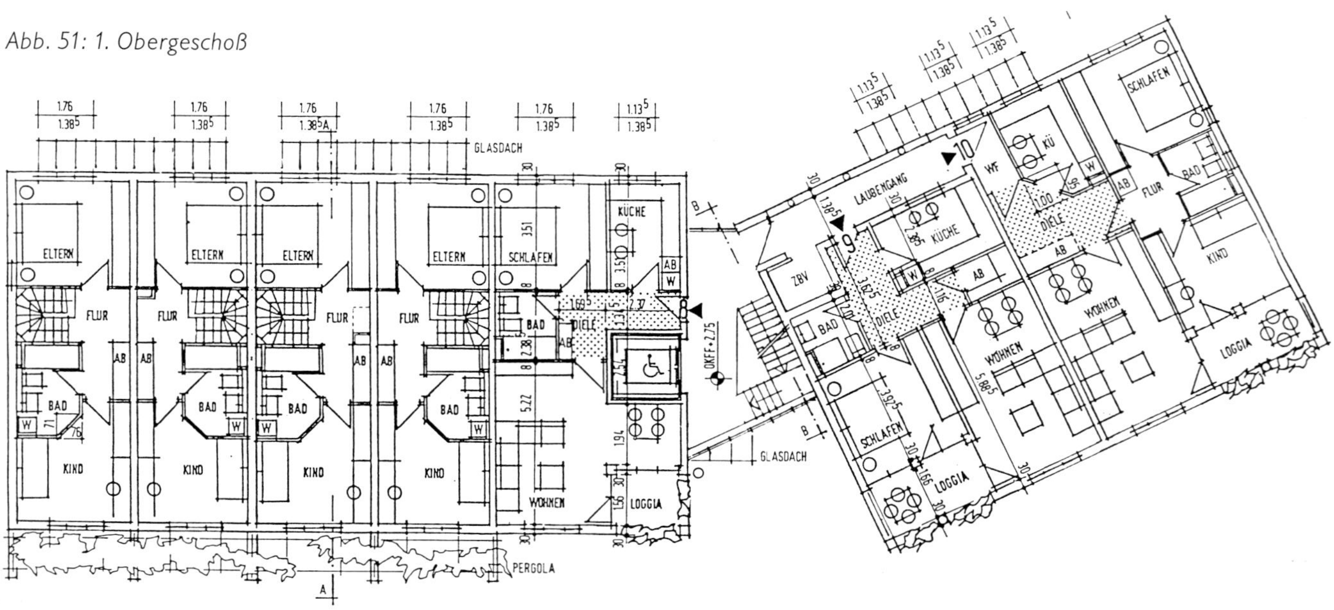

gedeckt. Ein Teil der Dachwässer wird aufgefangen und für die Gärten verwendet. Es sollen wassersparende Armaturen an allen Zapfstellen und Toiletten installiert werden.

Das dreieinhalbgeschossige Gebäude in Massivbauweise hat Teilunterkellerung.

Die äußere Gestaltung sieht hellen bis pastellfarbenen Fassadenanstrich vor. Die Fenster sollen weiß gestrichen werden.

Die Außenanlagen werden nach ökologischen Gesichtspunkten erstellt. Sämtliche befestigten Flächen werden wasserdurchlässig ausgeführt. Es sind Mietergärten vorgesehen. Die gesamte Anlage wird mit standortgerechten Pflanzen intensiv begrünt.

Jung und Alt unter einem Dach

Der sehr differenzierte Wohnungsschlüssel soll ein sich ergänzendes Wohnen von Jung und Alt unter einem Dach ermöglichen. Hierzu ist ein Aufzug vorgesehen, der alle Geschosse miteinander verbindet. Die Hauseingänge und alle Wohnungen sind barrierefrei (z.T. über kurze Rampen) erreichbar. Neben Normal- und Maisonettewohnungen existieren alten- und behindertenfreundliche Grundrisse im zweiten Obergeschoß und im Dachgeschoß.

Damit ist es möglich, daß mehrere Generationen in einem Gebäude miteinander wohnen und leben und sich in den verschiedenen Lebenssituationen ergänzen können.

Es soll möglich sein, sowohl eng zusammenzuleben als auch räumlich getrennt. Im Bedarfsfall soll man einander helfen können.

Liste der Maßnahmen

Version	Maßnahmen
1	Ersetzen des Standard-NT-Kessels durch einen Brennwertkessel mit einem Nutzungsgrad von 98 %
2	ergänzend zu Version 1: zusätzlich zu Version 1 erhöhter Wärmeschutz der Außenwand 17,5 cm KS mit 10 cm Wärmedämmung (k-Wert = 0,31 W/m²K)
3	ergänzend zu Version 2: Ersetzen der Isolierverglasung durch Wärmeschutzverglasung mit einem k-Wert der Fenster von 1,4 W/m²K und einem g-Wert von 0,5
4	ergänzend zu Version 3: Wärmedämmung des Daches mit 18 cm zwischen Sparren erhöhte Wärmedämmung von Loggien und Dachgärten, die an beheizte Räume grenzen
5	ergänzend zu Version 4: Einsatz einer hygieneorientierten Lüftung (siehe Beschreibung im Anhang)

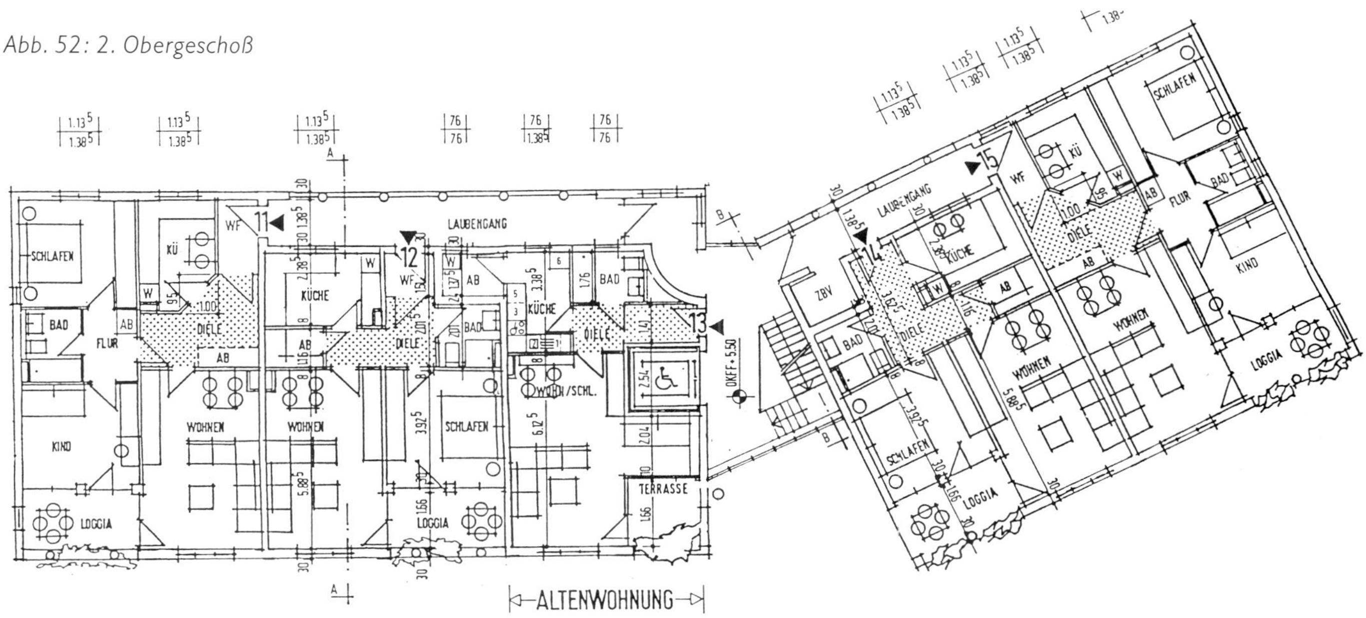

Abb. 52: 2. Obergeschoß

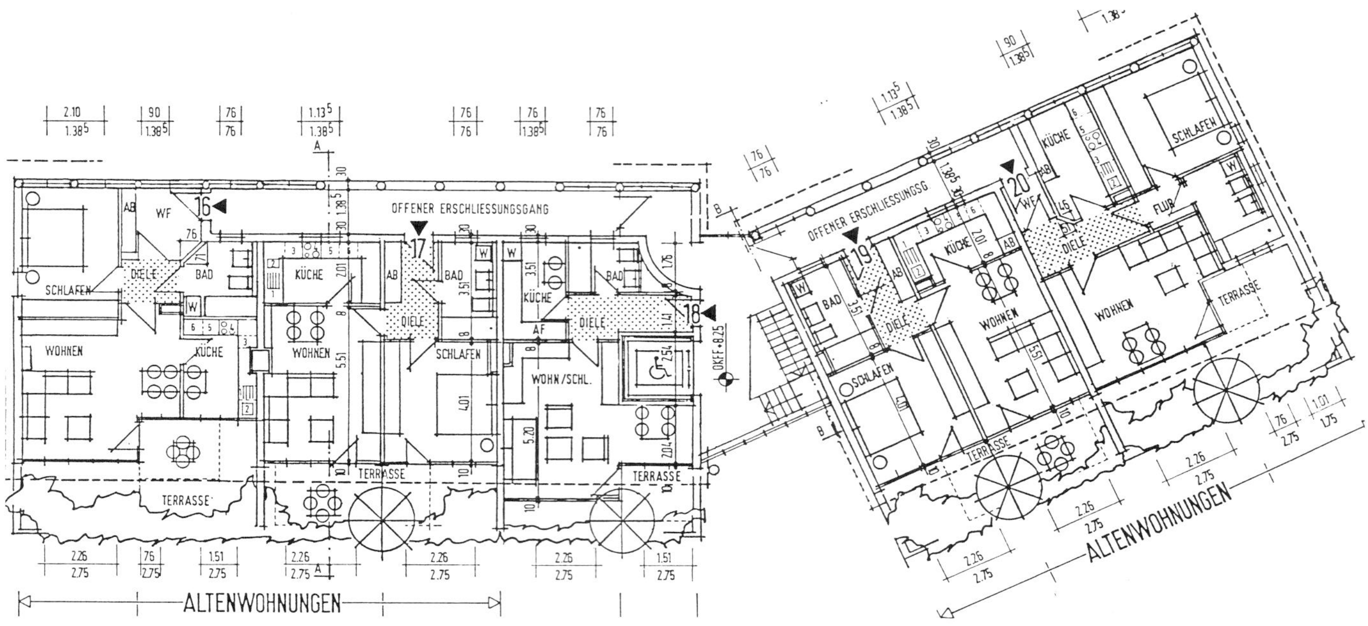

Abb. 53: Dachgeschoß

Kosten der Maßnahmen nach Absprache mit dem Architekten

Bauteil	k-Wert W/m^2K	m^2	Kosten/ m^2 des Bauteils	Gesamtkosten (DM)
30 cm Ziegel + Putz	0,78	1004	200	200.800
36,5 Porot. TE + Putz	0,44	1004	280	281.120
17,5 KS + 6 cm Thermo PS	0,40	1004	176	176.704
17,5 KS + 10 cm Thermo PS	0,32	1004	200	200.800
17,5 KS + 10 cm Thermo Min.	0,32	1004	216	216.864
AF-Isolierverglasung	2,9	402	400	160.800
AF-Wärmeschutzverglasung	1,4	402	490	196.980
Dachdämm. Mehrpreis	0,22	334	15	5.010
Loggien Mehrpreis	0,37	132	15	1.980
Hygieneorientierte Lüftung				22.000
Brennwertkessel incl. Fördermittel				7.000

Differenzierte Wohnformen

Die dreieinhalbgeschossige Bebauung erhält sehr differenzierte Erschließung und sehr verschiedene Arten der Raumkonzeption. Sämtliche erdgeschossigen Wohnungen erhalten einen direkten eigenen Eingang und eine Gartennutzung auf der Süd- bzw. Westseite. Damit wird im Grunde die Wohnform des Bungalows erreicht.

Im ersten und zweiten Obergeschoß werden dann Maisonette-Wohnungen angeboten, die ebenfalls direkt von außen über eine Zugangstreppe für jeweils zwei Wohnungen erschlossen werden. Sie erhalten auf der Südseite eine großzügige Terrasse. So entsteht annähernd die Wohnform des Reihenhauses, ein »Haus-im-Haus-Konzept«.

Im Dachgeschoß wird unter der Pultdachform penthouseartiges Wohnen ermöglicht, wobei vorgesehen ist, daß durch den Einbau des Aufzugs in dieser obersten Ebene Altenwohnungen untergebracht werden können. Dies ist deshalb sinnvoll, weil dort zweifellos die ruhigsten Wohnungen sein werden, die über eine großzügige Dachterrasse verfügen.

Demonstrationsmaßnahme Laute-Dei-Straße, Düren, im Rahmen des sozialen Wohnungsbaus.

Bauherr: Dürener Bauverein

Architekt: Planungsbüro Schmitz Aachen GmbH, Architekten Gerlach, Krings, Böhning, Heuss-Straße 23, 52078 Aachen

Energie und Haustechnik: Ingenieurbüro Inco, 52062 Aachen

Tragwerksplanung: Ingenieurbüro A. Schroers, 52134 Herzogenrath

Abb. 54: Nordwest- und Ost-Ansicht

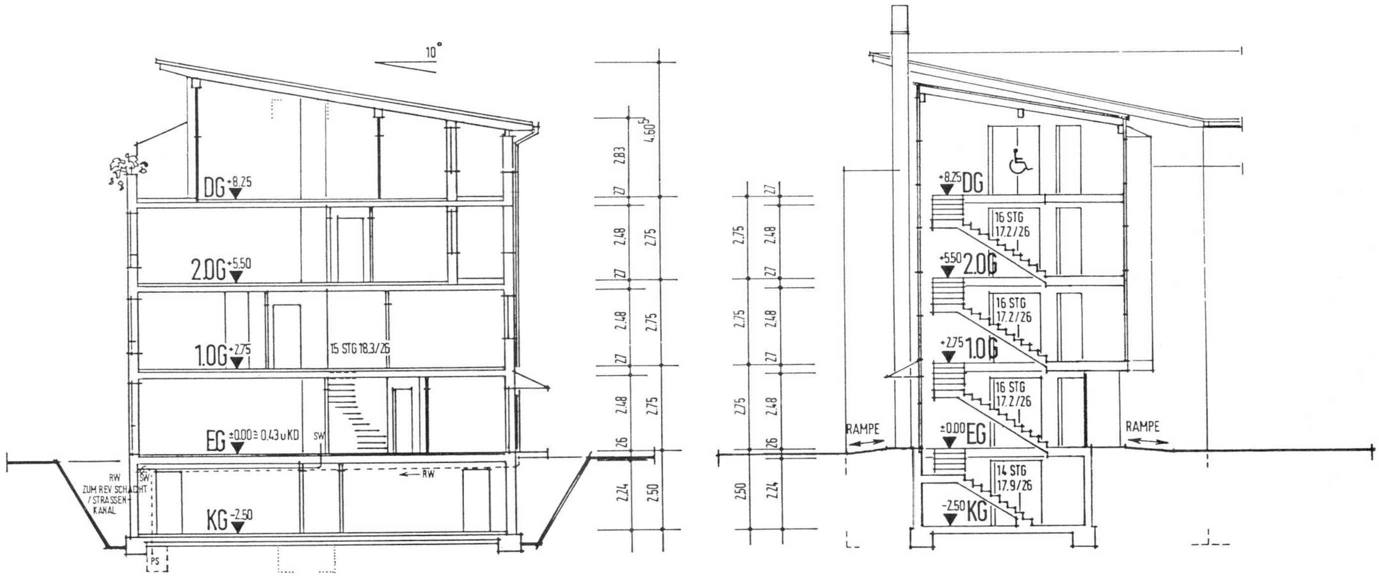

Abb. 55: Schnitte A-A und B-B

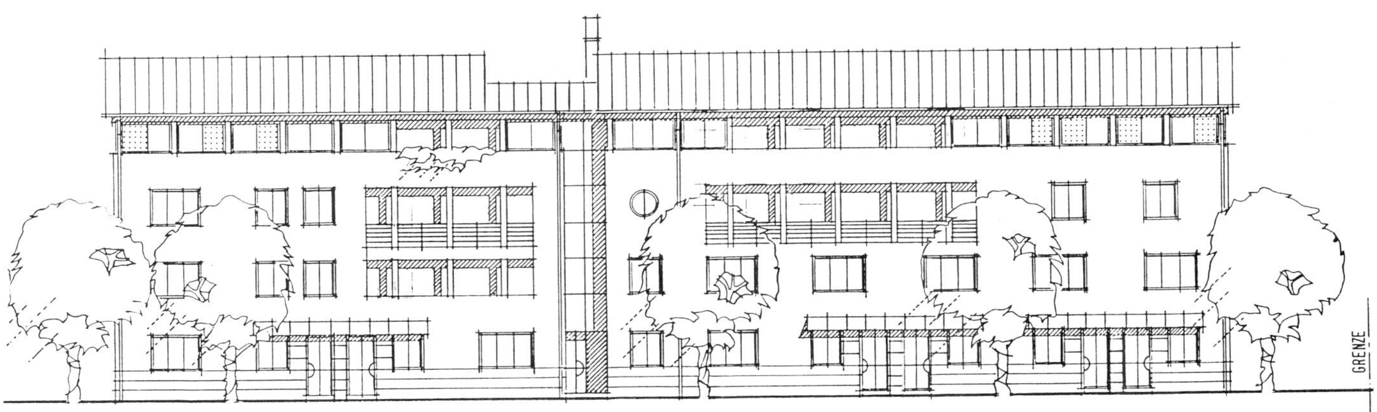

Abb. 56: Ansicht von Nordwesten

4 OPTIMIERUNG UND KOSTENSPARENDE LÖSUNGEN

4.1 Sparvorschläge für Neuplanungen

Kostengünstiges Bauen und Optimieren beginnen bei den ersten Planungsschritten, also bei der Bauleitplanung, dem Grundstückszuschnitt und der Bauplanung. Werden die Möglichkeiten zur Kosteneinsparung, die im folgenden zusammengestellt sind, bereits bei der Planung berücksichtigt, können besonders vorteilhafte Ergebnisse erzielt werden.

Grundstücksnutzung und Erschließung

1. Am Anfang steht die optimale Nutzung des Grundstücks durch volle Ausnutzung der zulässigen Geschoßfläche.
2. Wahl einer wirtschaftlichen Grundform für den Baukörper mit einem guten Verhältnis von umbautem Raum zur Wohnfläche. Dieses Verhältnis sollte etwa 4,0 bis 4,5 betragen, das Verhältnis von Hüllfläche zur Wohnfläche 2,2 bis 2,9.
3. Wahl der optimalen Geschoßzahl, zum Beispiel maximal viergeschossig, um Kosten für den sonst notwendigen Einbau eines Aufzuges und Brandschutzvorschriften zu umgehen.
4. Drei- und Vierspänner sind die wirtschaftlichste Gebäudetypologie.
5. Beschränkung auf wenige, immer wiederkehrende Bautypen.
6. Eventuell Einbeziehung des Dachgeschosses in die Wohnnutzung.
7. Gleiche und geringe Spannweiten zwischen Tragwänden verwenden.
8. Flure und Dielen auf ein Mindestmaß reduzieren.
9. Die lichte Geschoßhöhe kann gegebenenfalls auf 2,40 m verringert werden.
10. Bündelung von Ver- und Entsorgungsleitungen.

Wirtschaftliche Tragwerksplanung

Wirtschaftliches Tragverhalten, das bereits im Vorentwurf zwischen Architekt und Tragwerksplaner abzustimmen ist, führt zu wesentlichen Kosteneinsparungen (ausführlich behandelt in Teil II).

Zu beachten sind unter anderem:

1. Ein einfaches Tragsystem mit Stützweiten möglichst unter 5,00 m wählen.
2. Schottenausführung und Wahl immer gleicher Spannweiten ermöglichen Typisierung der Bauausführung und Bewehrung.
3. Wandstärken nach der DIN 1053 bis auf 11,5 cm minimierbar. Bei Planungsoptimierungen wurde nachgewiesen, daß hier 4 bis 6% Wohnfläche zusätzlich entstehen können.
4. Verkehrslasten durch geringe bzw. entbehrliche Trennwandzuschläge minimieren.
5. Auf Fensterstürze, Unter- und Überzüge kann zugunsten von deckengleichen Wechseln verzichtet werden.
6. Bei verschiedenen Baumaßnahmen haben sich Stützkonstruktionen mit deckengleichen Pilzkopfstützen als besonders wirtschaftlich erwiesen. Da der Preis nur geringfügig über dem der herkömmlichen Konstruktionen liegt,

2 bis 3 % Wohnfläche zusätzlich gewonnen werden können und eine flexible Grundrißgestaltung möglich wird, ist hier vielleicht ein wesentlicher Ansatz für zukünftige Planungen.

Wirtschaftliche Haustechnik
(ausführlich behandelt in Teil III)

1. Naß- und Installationsräume so anordnen, daß möglichst viele Badezimmer, Küchen usw. an einen Steigestrang angeschlossen werden können.
2. Typisierung der Sanitärzellen.
3. Planung auf Rohrregister abstimmen.
4. Vermeidung von Schlitzen durch Vorwandinstallation.

4.2 Kostensparende Lösungen im Detail

Die folgende Zusammenstellung zeigt Sparansätze ohne Standardreduzierung für die einzelnen Baukostengruppen nach der DIN 276 (Juni 1993).

4.2.1 Bauwerk

Kostengruppe 300

1. Das geneigte Dach mit ca. 35 bis 40 Grad Neigung bietet die Möglichkeit zu Raumreserven für einen Ausbau, der sich auch besonders für Selbsthilfearbeiten eignet.
2. Saubere Nachweise, mehrfaches Nachrechnen und intensive Gespräche mit den Beteiligten ermöglichen häufig erhebliche Kostenreduktionen beim Rohbau.
   Derartige Einsparungen können zum Beispiel in Form von reduzierten Deckenstärken, Stahlmengen und Wandstärken tragender Wände, entfallenden Bauteilen wie Ringankern oder optimierten Holzquerschnitten von Dachstühlen erfolgen.
   Hier zahlt sich Qualität statt Schnelligkeit der Nachweise durch den Tragwerksplaner aus, auch wenn damit zunächst Mehrkosten durch einen erhöhten Rechenaufwand verbunden sind.

4.2.2 Baugrube

Kostengruppe 311

1. Wenn Projektbedingungen die ebenerdige Anordnung von Kellerersatzräumen ermöglichen und sinnvoll erscheinen lassen, kann bei Verzicht auf Unterkellerung die Kostenstelle »Baugrube« erheblich reduziert werden.
2. Es sollte angestrebt werden, bei nicht unterkellerten Gebäuden auf Handschachtung zu verzichten.
3. Die Ausführung einer Filterschicht (Kies, Schotter, Schlacke) genügt manchmal nur mit ca. 10 cm Dicke gegenüber üblichen Stärken.
4. Bei Bodenaushub der Bodenklasse 3–4 kann eine Verfüllung von Arbeitsräumen mit diesem Aushub erfolgen, wenn eine ausreichende Verdichtung möglich ist, Kiesanfuhr kann eingespart werden.
5. Lichte Kellerhöhen von nur 2,10 bis 2,25 m erfordern geringere Aushubmassen der Baugrube.

4.2.3 Fundamente

Kostengruppe 322, 324

1. Verringerung der Auflasten durch Konstruktionsoptimierung und gleichmäßige Lastverteilung ermöglichen geringe Fundamentsabmessungen.
2. In Einzelfällen ist die Anordnung einer bewehrten Bodenplatte kostengünstiger als die Ausführung mit Streifen- und Einzelfundamenten.
3. Erhebliche Reduzierung der Fundamentbreite bei zweischaligen Gebäudetrennwänden ist möglich bei Verzicht auf Trennung der Baukörper im Fundament- beziehungsweise Bodenplattenbereich. Damit entfällt durch mittige Lastabtragung auch eine Zerrbewehrung gegenüber außermittiger Belastung.
4. Bei Vorliegen eines Bodengutachtens können Tragwerksoptimierungen erfolgen wie:

- Bessere Ausnutzung der zulässigen Bodenpressungen durch Ausschaltung von Risikozuschlägen.
- Reduzierung von Fundamentbreiten unter Haupttraggliedern bis auf 40 cm.

5. In Abstimmung mit dem Baugrundsachverständigen kann die übliche Fundamenteinbindetiefe von 50 auf 35 cm bei Ausbildung als Muldenfundament verringert werden. Dadurch kann auf Handschachtung verzichtet werden.

4.2.4 Bauwerkssohlen

Kostengruppe 324

1. Bodenplatten anstelle von Streifenfundamenten können sich als günstigste Gründungsarten ergeben. Die Kombination von Bodenplatte und niedrigen Streifen-, Muldenfundamenten hat sich besonders bewährt.
2. Bei unbewehrten Kellersohlen kann auf eine Sauberkeitsschicht verzichtet werden.
3. Für Bodenklasse 3–4 kann eine Filterschicht entbehrlich sein.
4. Der Verzicht auf Estrich im Keller beziehungsweise in der Tiefgarage bei lediglichem Abreiben der Betonsohle – zum Beispiel erst nach Rohbauerstellung eingebracht – senkt die Kosten.
5. Bei Verlegung von Abwasserleitungen unter Kellerdecke sind Revisionsschächte und Leitungsgräben reduzierbar.
6. Handschachtungen sollten nach Möglichkeit vermieden werden.

4.2.5 Tragende Außenwände

Kostengruppe 331

1. Bei Ausnutzung der Möglichkeiten gezielter Einzelnachweise unter Einbeziehung der DIN 1053 Teil 1 (1990) und Teil 2 (1984), sind tragende Außenwände über wenigstens zwei Geschosse in einer Dicke von 11,5 bzw. 17,5 cm realisierbar (zweischalige Konstruktionen).
2. Es ist heute möglich, sehr schlanke Wände über mehrere Geschosse zu bauen. Im einzelnen siehe dazu Teil II.
   - Dünnere Wände ermöglichen neben der Senkung der Bauteilkosten mehr Wohnfläche auf gleich großer Grundfläche oder gleiche Wohnfläche auf kleinerer Grundfläche (Schallschutz beachten).
   - Einschalige Wände erfordern bei Verwendung hochdämmender Steine und Dämmörtel eine Mindestdicke von 24 cm ohne zusätzliche Dämmschicht (z.B. Poroton). Nach der neuen Wärmeschutzverordnung (1995) reicht das natürlich nicht mehr.
3. Die Verwendung von großformatigen Steinen wie KS-Planelementen mit Einsatz von Hebezeugen kann die Baukosten senken, die Bauzeit verkürzen und ermöglicht die Anwendung von Spachtelputz. Voraussetzung ist die Abstimmung der Steinformate auf die lichte Höhe, das heißt schon zum Zeitpunkt der Planung eine Berücksichtigung der lieferbaren Formate sowie ein perfekt geschultes Fachpersonal.
4. Die Verwendung von Mauerwerkslehren, sogenannte Faulenzer, bringt rascheren Arbeitsfortschritt und damit Kostenersparnis.
5. Vermeidung von Installationsschlitzen, um eine Schwächung der Außenwände zu verhindern.
6. Verzicht auf Heizkörpernischen verkürzt die Bauzeit und senkt den Kostenaufwand.

4.2.6 Nichttragende Außenwände

Kostengruppe 332

1. Bei Vormauerungen bzw. Verblendungen sollten kostengünstige, großformatige Mauersteine verwendet werden.
2. Zierelemente wie Mauervorlagen, Rücksprünge und Lisenen erfordern zusätzlichen Aufwand und sollten sparsam eingesetzt werden.
3. Rollschichten als Sturzüberdekkungen können als vorgefertigte Elemente eingebaut werden.
4. Bei zweischaligem Mauerwerk kann durch Verzicht auf eine Luftschicht zwischen Verblendung und Wärmedämmung und bedingt durch den geringen Wandaufbau zusätzliche Wohnfläche geschaffen oder die erforderliche Grundstücksfläche verringert werden. Dabei können Blendrahmen von Fenstern und Türen sofort hinter die Vormauerung gesetzt werden, das Mauern von Leibungen oder Mauernasen kann dadurch entfallen.
5. Mehrere Geschosse sind heute in 11,5 cm Mauerwerk ausführbar. Ausführlich siehe Seiten 94, 95, 105, 106, 117 und 118 in Teil II.
6. Bei Anordnung einer Thermohaut ist eine Hintermauerungsstärke von mindestens 17,5 cm Dicke erforderlich.

4.2.7 Tragende Innenwände

Kostengruppe 341

1. Bei Ausnutzung gezielter Einzelnachweise sind tragende Innenwände bis zu vier Vollgeschossen in 11,5 cm Dicke möglich.
2. Zusätzlich ermöglicht eine rechnerisch berücksichtigte zweiachsige Lastabtragung der Decken eine gleichmäßige Verteilung auf alle tragenden Innenwände.

   Diese Verringerungen von Wanddicken auf die statisch wirklich erforderlichen Wandstärken senkt die Bauteilkosten und schafft zusätzliche Wohnfläche bei gleicher Grundfläche oder erfordert geringere Grundfläche bei gleicher Wohnfläche. Zu Einzelheiten siehe Teil II.
3. Die Verwendung von KS-Stein-Planelementen unter Einsatz von Hebezeugen senkt die Bauteilkosten, spart Bauzeit und ermöglicht Spachtelputz.
4. Wohnungstrennwände in 20 cm dickem Beton mit einer Rohdichte von 2,4 kg/dm^3 erfüllen die Anforderung an Brandwände und bieten bereits einen ausreichenden Schallschutz.
5. Mauerwerkswände in 24 cm dikkem Kalksandstein sind ebenfalls Brandwände, erfordern jedoch aus Schallschutzgründen eine erhöhte Steinrohdichte von 2,0 kg/dm^3.

4.2.8 Nichttragende Innenwände

Kostengruppe 342

1. Aussteifende Innenwände sind im Sinne der MW-Norm tragende Innenwände.
2. Werden aussteifende Wände durch Öffnungen geschwächt, so muß die verbleibende Mindestwandlänge ⅕ der Öffnungshöhe betragen (z. B. Türen).
3. Auf aussteifende Wände kann verzichtet werden, wenn ein statischer Nachweis nach DIN 1053 Teil 1 oder Teil 2, für eine unten und oben gehaltene Wand geführt wird.
4. Trennwände innen können in ihrer Dicke durchweg soweit verringert werden, wie es planerische und Schallschutzaspekte erlauben.
5. Je nach Art der Ausführung können die Trennwanddicken bei 5 bis 7 cm liegen.
6. Bei Verwendung von Planelementen oder geklebten Platten kann ein dicker Putzauftrag zugunsten eines 2 bis 4 mm dünnen Spachtelauftrages entfallen. Dies spart Kosten und erhöht die Wohnfläche.
7. Leichte Trennwände als Metallständerwerk mit Gipskarton-Beplankung erlauben eine problemlose Integration von Leitungen und sind gegen Durchbiegungen schlank dimensionierter Dekken unempfindlich. Ein Trennwandzuschlag ist nicht erforderlich.

4.2.9 Decken, Tragkonstruktion

Kostengruppe 351

1. Die Planung weitestgehend gleicher Deckenspannweiten ermöglicht die Serienfertigung und Kostensenkung durch Einsatz von Fertigteilen oder Schalungsserien. Gleiche Deckenspannweiten ermöglichen den Einsatz von Großflächen- oder Tunnelschalungssystemen.
   Bei Einsatz von Tunnelschalung können die parallel zu planenden Gebäudetrennwände kostensparend, zusammen mit den Deckenplatten betoniert werden.
2. Fertigteildecken erfordern meist niedrigere Bauteilkosten und tragen auch durch Reduzierung der Bauzeit zur Kostenersparnis bei.
3. Bei Fertigteildecken und Großflächenschalung ist unterseitig nur eine Spachtelung der Stoßfugen erforderlich. Auf den Putz kann meist verzichtet werden.
4. Gegenüber einachsiger Lastabtragung ermöglicht eine zweiachsige Spannrichtung eine erhebliche Verringerung der Deckenstärken.

4.2.10 Treppen, Tragkonstruktion

Kostengruppe 359

1. Gerade laufende Treppen sind kostengünstiger herzustellen als Treppen mit Wendelungen.
2. Bei gewendelten Treppen sollte die Zahl der gewendelten Stufen so gering wie möglich gehalten werden.
3. Eine Reduzierung der Geschoßhöhe durch Verringerung der lichten Raumhöhe und Optimierung der Deckenstärke kann Treppen-

stufen einsparen (z. B. 2,40 m im Lichten und 26 cm Deckenaufbau erlaubt eine Reduzierung auf 14 Steigungen je 19 cm hoch).

4. Eine Verringerung der Auftrittiefe vermindert die Lauflänge von Treppen und ermöglicht damit eine Reduzierung des Bauteilpreises.
   Weniger Treppenstufen und verkürzte Lauflängen ergeben mehr Wohnfläche und geringere Treppenhausfläche.

5. Vorgefertigte Hauseingangstreppen sind oft eine preiswerte Lösung.

6. Vorgefertigte Geschoßtreppen können zeitsparend montiert werden und sind geeignet, die Schallschutzanforderungen durch gelenkige Lagerung auf Neopren-Auflagen zu erfüllen.

4.2.11 Dächer, Tragkonstruktion

Kostengruppe 361

1. Bei einer Gebäudetiefe von 10 bis 12 m stellt das geneigte Satteldach mit ca. 35 bis 45 Grad Dachneigung die wirtschaftlichste Lösung dar; flachere oder steilere Neigungen erfordern einen höheren Aufwand.

2. Die Anordnung von Drempeln ist kostenaufwendig.

3. Sparren- und Kehlbalkendächer stellen gegenüber Pfettendächern die preisgünstigere Lösung dar und erfordern geringere Holzmengen. Konstruktive Zwänge (z. B. Auswechslungen, Dachgauben, Erker usw.) können die Einsparung jedoch verringern und ein Pfettendach sinnvoller werden lassen.

4. Die Vergrößerung von Sparrenabständen (ca. 1 m im Lichten) bei gleichzeitiger Verwendung von Doppel-Dachlatten (30 x 60 mm) kann bis zu 20 % Holzersparnis und eine erhebliche Reduzierung der Abbindelängen ergeben.

5. Auf die Ausbildung von Dachüberständen kann oft verzichtet werden, zumal die Dachfläche vergrößert wird und zusätzlich Bekleidungen erforderlich werden.

6. Durch die Anordnung beidseitiger Kopfbänder kann die Gesamtstützweite von Pfetten verringert und damit der Pfettenquerschnitt optimiert werden.

7. Bei Mauerwerksgiebeln kann durch Einbau von armierten U-Steinen unter den Pfettenauflagern zur Lastverteilung und Aussteifung auf die Ausbildung von Beton-Ringbalken verzichtet werden, wenn die Dachfläche als Scheibe angenommen werden kann (Rispenbänder).

8. Dach-Verbundelemente mit integrierter Wärmedämmung, Unterspannbahn und fertiger Untersicht als Tragglieder auf Pfetten aufgelegt, stellen bei entsprechenden planerischen Voraussetzungen, das heißt bei großen Dachflächen, ohne wesentlichen Anteil von Kehlen, Graten, Ausschnitten usw., eine zeit- und kostensparende Alternative zur konventionellen Dachausbildung dar.

9. Dachgauben und andere Sonderbauteile können als vorgefertigte Bauteile zeit- und kostensparend eingesetzt werden.

4.2.12 Außenfenster/-türen

Kostengruppe 334

1. Erhebliche Kosten spart die Beschränkung von Fensterflächen auf das für die Gestaltung und Belichtung erforderliche Mindestmaß. Fensterflächen sind teurer als Wandflächen.

2. Verzichtet werden sollte auf komplizierte Fensterformen mit Rundbögen und Dreiecken. Falls Sprossen Verwendung finden, sind beidseitig aufgesetzte Profile preiswerter als echte Sprossen.

3. Die Planung feststehender Verglasungen mit nur einem Lüftungsflügel je Anlage senkt die Elementkosten.

   Gestalterisch erforderliche Fensterteilungen können über feststehende Rahmenprofile in einflügeligen Fenstern erreicht werden. Bei Fenster-/Türenelementen (z. B. Terrassentüren) reicht eine Dreh-/Kippfenstertür aus. Die Seitenteile sollten als feststehende Verglasungen ausgeführt werden.

4. Der Verzicht auf mehrflügelige Fenster zugunsten einflügeliger Lösungen bei teilweisen Festverglasungen spart 25 bis 30 % an Kosten.

5. Die Anzahl der Fenstertypen sollte so gering wie möglich gehalten werden und den Standardmaßen entsprechen, um so möglichst große Serien zu erreichen. Selbst für ein größeres Mietobjekt dürften drei bis fünf unterschiedliche Fenstertypen ausreichen.

6. Die Anordnung von Rolläden sollte eventuell nur im Erdgeschoß erfolgen.

7. Verzicht auf Hebe-/Schiebetürenanlagen bei Terrassenaustritten

zugunsten von Fenstertüren mit Dreh-/Kippbeschlag führt zu Einsparungen.

4.2.13 Wandbekleidungen außen

Kostengruppe 335

1. Einschalige Außenwände mit einer Wandbekleidung als Verbundsystem (z. B. Putz oder Thermohaut) sind kostengünstiger als zweischalige Systeme mit Vormauerung oder hinterlüfteter Bekleidung. Im allgemeinen weisen sie auch eine geringere Dicke auf.
2. Auf die Wärmedämmung von Kellerwänden gegen Erdreich und gegen Außenluft kann verzichtet werden.
3. Bei Kelleraußenwänden in wasserundurchlässigem Beton kann bei untergeordneter Kellernutzung auf zusätzliche Außenabdichtung verzichtet werden.
4. Bei glattem Kelleraußenmauerwerk (z. B. Planelemente) ist das Aufbringen einer Schweißbahn ohne Unterputz oder einer Dichtbeschichtung kostengünstiger als ein Sperrputz mit Bitumenanstrich und bietet einen besseren Feuchteschutz.
5. Die Anordnung von Dränageleitungen im Fundamentbereich von Kelleraußenwänden erfordert erhebliche Zusatzmaßnahmen (Sammelschacht im Gebäude, Rückstausicherung, Pumpe über Rückstauebene) und sollte nach Möglichkeit, in Abhängigkeit von den Bodenverhältnissen und der Kelleraußenwandkonstruktion, entfallen.
6. An den Außenwänden von oberirdischen Kellerersatzräumen können geringere Dämmstärken geplant werden.

4.2.14 Fassadenelemente

1. In der Regel sollten nur maximal geschoßhohe Elemente verwendet werden, da andernfalls Transportprobleme entstehen.
   Große Fassadenelemente sind auf den Quadratmeter bezogen preiswerter als kleinere, die maximale Größe liegt in der Regel bei ca. 3 x 12 m.
2. Die preiswertesten Fassadenelemente sind diejenigen ohne Aussparungen (Fenster oder Türen). Jede Aussparung wird als Zulage auf den Elementgrundpreis berechnet.
   Je größer der Flächenanteil `von Fenstern, Türen oder Fassadenspiegeln wird, um so teurer wird das Gesamtelement.
   Aussparungen, Fenster- und Türelemente sollten in Regelgrößen geplant werden.
3. Neben einer Reduzierung des Bauteilpreises bei größeren Serien liegt ein Vorteil der Elementbauweise für Fassadenelemente in der erheblichen Verkürzung der Bauzeit durch parallele Erstellung des Rohbaues und der Elemente und sehr kurze Montagezeit auf der Baustelle sowie in dem schnellen Witterungsfestmachen des Baues. Durch trockene Bauweise entstehen weniger Koordinationsprobleme und Ablaufbehinderungen auf der Baustelle, die Innenbekleidung ist sofort tapezierfähig, Installationsleitungen sind integrierbar.
4. Bei Beton-Fassadenelementen ist die einschalige Bauweise mit Thermohaut-Verbundsystem erheblich kostengünstiger als ein zweischaliges System mit Kerndämmung (Sandwichkonstruktion).

4.2.15 Schutz-/Zusatzelemente Außenwand

Kostengruppe 339

1. Bei den Schutz- und Zusatzelementen für Außenwände handelt es sich meist um Bauteile, die nicht unbedingt erforderlich sind. Andererseits beeinflussen sie oft entscheidend die Gestaltung des Gebäudes und damit auch die Identifikation und das Akzeptanzverhalten der Bewohner, so daß ihre Anwendung überprüft werden muß.
2. Ohne größere Probleme sind in der Regel nachzurüsten: Pergolen, Markisen, Außenjalousien.
3. Auf Rolläden in Obergeschossen kann verzichtet werden, im Erdgeschoß sollten zumindest Rolladenkästen für nachträgliche Ausstattung vorgerichtet werden.
4. Vordächer können als Leichtkonstruktionen aus Holz oder Stahl/Glas vorgefertigt und montiert werden.
5. Lichtschächte sollten als Fertigteile zeit- und kostensparend eingebaut werden.
6. Balkone als vor die Fassade gestellte Leichtkonstruktion in Holz oder Stahl sind oft preisgünstiger als massive Kragplatten. Sie verursachen keine konstruktiven Zusatzmaßnahmen oder bauphysikalischen Probleme.

4.2.16 Wandbekleidungen innen, Außenwand

Kostengruppe 336

1. Bei Verwendung von glattem Beton, Gipsdielen, Gasbetonmauerwerk oder Planelementen kann auf den herkömmlichen 1,5 cm starken Putz verzichtet werden zugunsten eines dünnen Spachtelputzes. Das erhöht die Wohnfläche um bis zu 3 %.
   Betonwände in Tafel- oder Großflächenschalweise erfordern innen nur noch eine Spachtelung. Bei sorgfältiger Arbeitsweise kann auf Spachtelung sogar verzichtet werden.
2. Auf glatte Wandflächen von Planelementen oder Betonwände kann für untergeordnete Räume anstelle der Spachtelung und Tapete ein Spritz-Struktur-Anstrich aufgebracht werden.
3. Glatte Wandflächen oder Betonflächen können anstelle von Tapeten lediglich einen Anstrich erhalten.

4.2.17 Wandelemente innen

Kostengruppe 346

1. Trennwandelemente und Paneelwände als Zwischenwände erlauben durch Vorfertigung eine schnelle Montage auf der Baustelle.
2. Einfache Zwischenwand-Elementsysteme können kostengünstiger sein als Platten- oder Gipskartonmontagewände. Es sollten allerdings die Schallschutzanforderungen überprüft werden.
3. Flexible Trennwand-Elementsysteme sind fast immer teurer als fest montierte.
4. Die Planung von Trennwand-Elementsystemen sollte direkt unter Beachtung der typisierten Elementbreiten erfolgen.
5. Installationsführungen und Anordnungen von wandhängenden Gegenständen müssen sorgsam geplant werden. Nicht jede Wandkonstruktion eignet sich hierfür.
6. Schräge Ecken wirken sich meist wesentlich verteuernd aus.

4.2.18 Innentüren, Innenfenster

Kostengruppe 344

1. Raumhohe Umfassungszargen mit festverglastem Oberlicht sind meist kostengünstiger als Mauerwerk mit Sturzausbildung, Putz und Tapeten oberhalb der Tür.
2. In der Konstruktion von Türblättern gibt es eine vielfache Abstufung in der Qualität: von Lamellen und Wabentüren über Röhrenspan- und Vollspantüren bis zur Vollholztür.
   Ebenso besitzt die Oberflächengestaltung der Türblätter einen erheblichen Kosteneinfluß, hier werden vielfältige Lösungen angeboten.
3. Bei der Qualitätsfestlegung sollte beachtet werden, daß Türblätter leicht ausgetauscht und durch qualitativ andersartige ersetzt werden können.
4. Die Maulweite von Umfassungszargen (z. B. von der 7-cm-Wand bis zur 24-cm-Wand) wirkt sich auf den Bauteilpreis erheblich aus, demgegenüber ist der Einfluß der Türbreite relativ gering.

4.2.19 Bodenbeläge

Kostengruppe 352

1. Kellerfußböden können bei Ortbetonsohlen in abgeriebener Oberfläche ausgeführt werden, um einen zusätzlichen Estrich zu sparen; das gleiche gilt auch für Kellerersatzräume.
2. Auf aufwendige Bodenbeläge in Bädern, Küchen und WCs (Fliesen, Mosaik) kann zugunsten von verschweißten Kunststoffbelägen oder Noppenware verzichtet werden.
3. Bei Verwendung von Fertigteilen für Balkone oder Terrassen kann auf einen oberseitigen Fußbodenaufbau verzichtet werden.

4.2.20 Treppenbeläge

Kostengruppe 352

1. Bei Anwendung von Beton-Fertigteiltreppen, zum Beispiel Kelleraußentreppen, ist ein Verbundestrich nicht mehr erforderlich, die Stufenoberfläche kann in Sichtbeton belassen werden.
   Auch Ortbeton-Außen- und Kellertreppen brauchen in der Oberfläche nur noch abgerieben zu werden.
2. Bei Massivtreppen kann auf eine Bekleidung der Setzstufenansichten verzichtet werden.
3. Bei Stahl-Außentreppen mit Gitterrosten als Stufen wird kein Oberbelag mehr erforderlich, zusätzlich ist eine sichere Begehbarkeit gewährleistet (Rutschsicherheit).
4. Die Oberbeläge geradelaufender Treppen mit rechtwinkligen Stufen sind kostengünstiger als bei gewendelten Treppen.

4.2.21 Deckenbekleidung

Kostengruppe 353

1. Bei Verwendung von Betonfertigteilen oder sauberer Großflächenschalung kann ein konventioneller Deckenputz zugunsten einer dünnen Spachtelung entfallen. Eventuell brauchen nur die Plattenstöße gespachtelt zu werden.
   Außerdem kann lediglich ein Kunststoff-Spritzputz mit Oberflächenstruktur oder nur ein Anstrich aufgebracht werden.

4.2.22 Schutzelemente Decken/Treppen

Kostengruppe 359

1. Geradelaufende Geländer von Decken und Treppen sind kostengünstiger als gewendelte Ausführungen.
2. Bei freien raumseitigen Treppenwangen ist oft der raumhohe Treppenabschluß in Form einer »Harfe« kostengünstiger als ein um die Ecke gezogenes Geländer.
3. Bei Außenpodesten und Terrassen sollte durch Anschüttung eine geringere Absturzhöhe als ein Meter geplant werden. In diesen Fällen werden keine Geländer erforderlich.
4. Falls Außentreppen mit nicht mehr als fünf Steigungen geplant werden, eventuell mit Einschaltung von Podesten, wird ebenfalls kein Geländer erforderlich.

4.2.23 Dachbeläge

Kostengruppe 363

1. Durch Verzicht auf Dachüberstände an Traufen und Ortgängen sollte die Dachfläche auf das notwendige Mindestmaß beschränkt werden.
2. Bei Flachdachgauben ist durch Neigung des Gaubendaches zur Hauptdachfläche (Gegengefälle) der Verzicht auf Entwässerungsrinnen möglich.
3. Die Dachfläche sollte ohne aufwendige Kehlen oder Grate ausgeführt und auf einfache Formen beschränkt werden, ebenso Gauben- und Erkerdächer.
4. Dachaufbauten und Einschnittbreiten sind dem Dachraster und dem Pfannenmaß entsprechend zu dimensionieren.
5. Betondachsteine in Standardformen und -farben sind in der Regel kostengünstiger als Dachziegel.
6. Großformatige Well-Faserzementplatten stellen eine kostengünstige Alternative dar und bringen geringere Auflasten auf den Dachstuhl.

4.2.24 Dachbekleidungen außen

Kostengruppe 364

1. Bei Bekleidungen von Gaubenwangen oder Dacheinschnitten kann auf doppelschalige, hinterlüftete Konstruktionen verzichtet werden. Eine Verbundkonstruktion genügt im allgemeinen für derartige Bauteile.
2. Die Ausbildung von Kaminköpfen über Dach kann durch Fertigteile erfolgen, die keine zusätzliche Bekleidung mehr erfordern.
   Ebenso sind Bekleidungen von Kaminköpfen und Lüftungsauslässen als vorgefertigte Mantelkonstruktionen preiswert zu erstellen.
3. Großformatige Bekleidungen von Gaubenwangen und Kaminköpfen sind kostengünstiger als kleinformatige.
4. Auf besondere unterseitige Bekleidungen von Dachüberständen sollte verzichtet werden. Dabei sind die belüfteten Sparrenzwischenräume durch Siebe gegen Insekten zu sichern.

4.2.25 Dachöffnungen

Kostengruppe 362

1. Zur Optimierung der Dachkonstruktion ist bei der Festlegung der Abmessungen von Dachflächenwohnraumfenstern auf möglichst geringe Auswechslungsbreiten zu achten.
2. Das Sparren- oder Fertigteildachraster ist sorgsam zu beachten, um unnötige Auswechslungen zu vermeiden.
3. Vertikale Zusatzelemente als Unterlichter zu Dachflächen-Wohnraumfenstern bieten gute gestalterische Möglichkeiten, sind aber aufwendig und unterbrechen eventuell zusätzlich die Dachentwässerung (zusätzliche Fallrohre können erforderlich werden).
4. Abhängig von Fensterkonstruktionen und Beschlägen gibt es eine Reihe von kostengünstigen Alternativen bei Dachflächen-Wohnraumfenstern, die sorgfältig geprüft werden sollten.

4.2.26 Dachbekleidungen innen

Kostengruppe 353

1. Bei Verwendung von Fertig-Dachelementen mit integrierter Wärmedämmung und innenseitiger Holzwerkstoffplatte steht ohne weitere Zusatzmaßnahmen eine streich- oder tapezierfähige Oberfläche zur Verfügung.
2. Die Wärmedämmung der Dachfläche durch Dämmatten zwischen den Sparren ist kostengünstiger gegenüber Dämmsystemen auf der Sparrenlage.
3. Zwischen die Sparren eingepaßte Bekleidungen, um die Sparren sichtbar zu belassen, sind aufwendiger als flächige Bekleidungen unterhalb der Sparrenlage.
4. Die Sparrenquerschnitte sollten unter Berücksichtigung einer Dämmlage zwischen den Sparren in der Höhe ausreichend bemessen werden, zum Beispiel mindestens 16 cm. Nachträgliche Aufdickungen verteuern unnötig die Gesamtkonstruktion.
5. Gipskartonplatten bieten eine ausreichende Winddichtung durch verspachtelte Fugen. Auf eine Ausgleichslattung als Unterkonstruktion kann jedoch im allgemeinen nicht verzichtet werden.
6. Auf die Oberflächenbehandlung von Holzbekleidungen kann verzichtet werden, besonders unter Beachtung der Problematik von Holzschutzmitteln.

4.2.27 Baustelleneinrichtung, Gerüste

Kostengruppe 391, 392

1. Bereits in der Planung der städtebaulichen Situation sollten Aspekte einer wirtschaftlichen Baustelleneinrichtung mit einbezogen werden.
2. Hinsichtlich der Bildung von Bauabschnitten und Bauserien sollte der Rohbauunternehmer Vorgaben über optimalen Maschineneinsatz mit in die Planung einbringen.
3. Die Möglichkeit des Einsatzes von Kränen auf Rädern, wie sie in den Niederlanden und Skandinavien üblich sind, mit entsprechender Flexibilität, sollte alternativ zu stationären und Schienensystemen geprüft werden.
4. Der Arbeitsraum um die Gebäude sollte frühzeitig verfüllt werden, damit das Bauobjekt allseitig gut zugänglich ist. Erforderlich wird allerdings eine Abstimmung mit dem Tragwerksplaner.
5. Eine rechtzeitige Festlegung der Art der Baustelleneinrichtung mit detaillierter Beschreibung der verfügbaren Geräte, Lagerflächen usw. bei der Ausschreibung und der Mitbenutzungsmöglichkeiten anderer Gewerke kann auch bei den Ausbaugewerken kostensenkend wirken. Dies ist in den Niederlanden und Skandinavien gängige Praxis. Hier werden sämtliche Bauteile und Materialien (z. B. Treppen, Installationen, Trennwände) mit dem Kran an Ort und Stelle gebracht.

4.3 Baulückenschließungen

Etwas schwieriger wird die Optimierung der Planung und der Ausführung beim Schließen von Baulücken.

Hier sind die Zwänge der Anpassung an die Nachbarbebauung, aber auch an die vorgegebene Grundstücksbreite und die Bebauungstiefe oft sehr groß und verlangen in den meisten Fällen individuelle Lösungen.

Da es manchmal auf wenige Zentimeter ankommt, ist die Grundlage jeder Planung je eine detaillierte Vermessung, auch der Giebel der vorhandenen Anschlußbauten. So können beispielsweise nicht lotrecht stehende Giebel zu großen Problemen führen. Bei einem über 20 cm aus dem Lot stehenden Giebel ergaben sich zum Beispiel unterschiedliche Wohnflächen der übereinanderliegenden Wohnungen, was aufgrund der engen Richtlinien hinsichtlich der Wohnungsgröße bei der Förderung zu Schwierigkeiten führte – von technischen Fragen und Mehrkosten ganz abgesehen.

Außer einer detaillierten Vermessung ist jedoch, um Schwierigkeiten mit den Nachbarn aus dem Weg zu gehen, auch eine Beweissicherung der beiden Nachbargiebel und angrenzenden Häuser unabdingbar. Es hat sich dabei herausgestellt, daß die bloße Aufnahme des Zustandes allein nicht reicht, sondern daß das förmliche Verfahren einer gerichtlichen Beweissicherung zu empfehlen ist.

Bedingt durch das Bestreben, Parkplätze nicht auf dem Hof anzuordnen und diesen Hof statt dessen zu begrünen, wird bei einer Baulücke das Anordnen einer Tiefgarage fast immer erforderlich sein, um die geforderten Stellplätze anbieten zu können.

Hier sind die Kenntnisse und das Geschick von Planenden und Ausführenden besonders gefordert, da eine Tiefgarage in vielen Fällen Unterfangungen der Nachbarbebauung verlangt und hierfür die geeignete Konstruktionsmethode frühzeitig, das heißt schon im Planungsstadium, gefunden werden muß.

4.4 Optimierung bei vorhandenen Planungen

In vielen Fällen liegt bereits eine Planung vor, die, wegen zu hoher Kosten oder weil sie überholt ist, optimiert werden soll, wobei ihre Grundlage, zum Beispiel eine gültige Baugenehmigung beziehungsweise optimale Grundstücksnutzung, erhalten bleiben soll.

In diesen Fällen sind meist nicht die besonders kostengünstigen Lösungen wie bei einer Neukonzeption zu erreichen. Es lassen sich aber erhebliche Kosten durch eine kritische optimierende Überarbeitung einsparen.

Auch diese ist nur im Team von Architekt und Fachingenieur, besonders jedoch in enger Zusammenarbeit mit einem versierten und kompetenten Tragwerksplaner möglich.

Überarbeitungen derartiger vorhandener Planungen ergeben häufig Einsparungen zwischen 10 und 20 % der Baukosten, wie das folgende Beispiel zeigt.

Optimierung der Wandstärken

1. Außenwände
   geplant: 36,5 cm mit Heizkörpernische
   optimiert: 24 bis 30 cm »Poroton TE«
2. Wohnungstrennwände
   geplant: 30 cm Schallschutzziegel
   optimiert: 24 cm Ziegel mit einer Rohdichte von 2,0 bzw. Kalksandstein
3. Tragende Wände innerhalb der Wohnung
   geplant: 24 cm Ziegel
   optimiert: 11,5 und 17,5 cm Ziegel bzw. Kalksandstein
4. Haustrennwände
   geplant: 2 x 24 cm
   optimiert: 2 x 11,5 cm bzw. 2 x 17,5 cm mit 4 cm Fuge
5. Nichttragende Innenwände
   geplant: 10 cm porosierte Ziegel
   optimiert: 7 cm Ziegel oder KS-P7

Je Wohnung ergaben sich daraus 2 bis 4 m^2 Wohnflächengewinn.

Beispiel: 94 Eigentumswohnungen

In einem Planungsgutachten über 94 Eigentumswohnungen in einer süddeutschen Stadt wurden Vorschläge zur Optimierung der Planung und der Bauausführung mit dem Ziel einer Baukostensenkung gemacht.

Optimiert wurden Wandstärken, Grundrisse, Einzelkonstruktionen, Tragwerkskonzeption und Fassadengestaltung.

Aufgrund dieser Vorschläge wurde eine detaillierte Kostenberechnung nach Bauteilen für die vorhandene Planung und für die optimierte Planung erstellt.

Optimierung des Grundrisses

Die vorhandenen Grundrisse wurden überarbeitet. Dabei wurden die Flure an den Treppenhausseiten eliminiert und die Treppenhausbreite von 2,51 auf 2,26 m reduziert. In einigen Fällen wurden auch die Grundrisse im nichttragenden Bereich variiert (Abb. 57 und 58, Seite 44).

Dadurch gelang die Zusammenfassung von Küche und Bad und die Verbesserung der Installationsführung. Insgesamt ergab sich für das gesamte Projekt ein erzielbarer Wohnflächengewinn von 6 %, d. h. von 356 m^2. Hinzu kommen die erheblich geringeren Kosten.

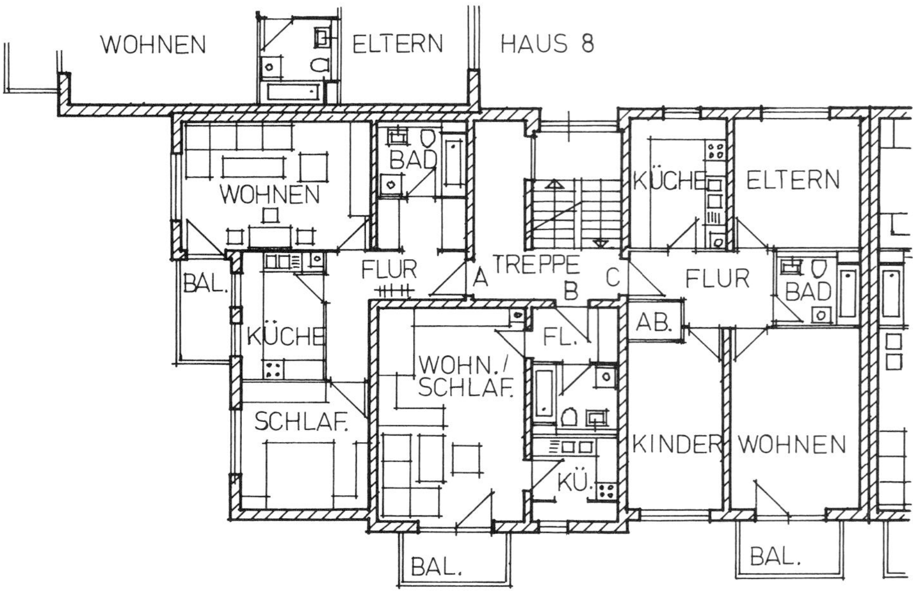

Abb. 57 und 58: Optimierung der Grundrisse

... vor der Optimierung

... nach der Optimierung

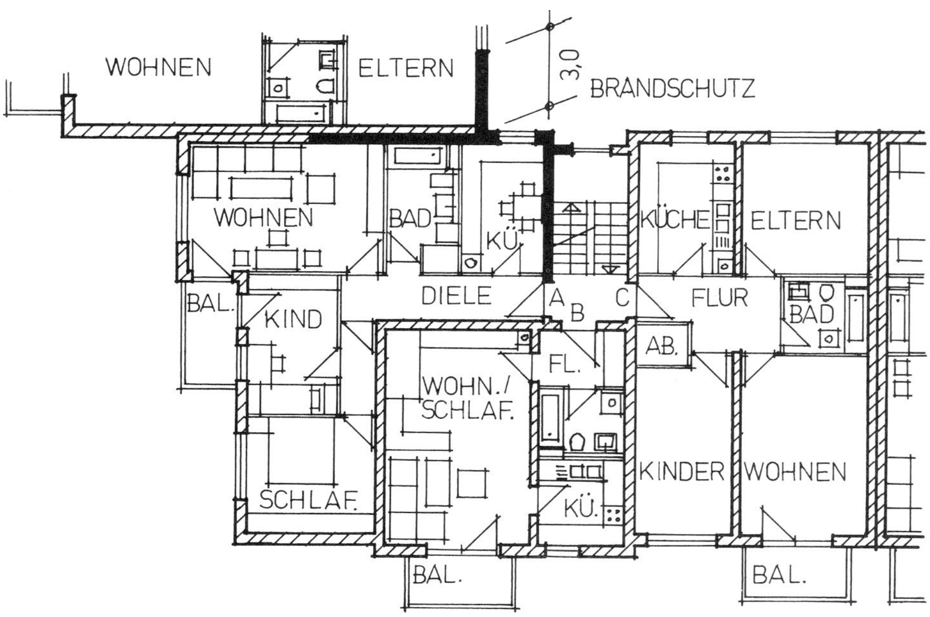

Verbesserung von Einzelkonstruktionen

Über die Veränderung des Grundrisses und die Reduzierung der Wandstärken hinaus wurden in folgenden Bereichen die Einzelkonstruktionen verbessert:

Treppen

Das Steigungsverhältnis der Treppen, geplant mit 17,2 × 29 cm und 16 Steigungen, ergibt eine Geschoßhöhe von 2,75 m. Bei einer Deckenstärke von 18 cm und einem Estrichaufbau von 9 cm verbleibt eine lichte Höhe von 2,48 m.

Vorschlag: Die lichte Geschoßhöhe sollte auf 2,42 m (6 cm Reduktion) verringert werden. Dieses ergibt in Verbindung mit einer 16 cm starken Decke und 8 cm Estrichaufbau eine Geschoßhöhe von 2,66 m.

Das Treppensteigungsverhältnis beträgt damit wahlweise 14 Steigungen 19,2 × 27 cm, alternativ 15 Steigungen 17,7 × 27 cm.

Der entscheidende *Vorteil* liegt darin, daß man über diese Aufbauhöhen eine Stockwerkshöhe zwischen den Geschoßdecken von 2,50 m erreicht. Dieses ergibt beim Steinschichtenmaß von 25 cm einen erheblichen Rationalisierungsvorteil. Die Zahl der Treppensteigungen läßt sich somit um ein bis zwei Stufen pro Geschoß reduzieren, so daß sich insgesamt eine Ersparnis beim umbauten Raum (nur überirdische Bauteile) von ca. 530 m^3 ergibt. Dieses wiederum bedeutet eine Kubaturersparnis von 3 %.

Balkone

Die Balkonplatten kragen als Betonplatte aus der Decke aus, unter Verwendung eines »Thermo-Balkens«.

Dies macht eine wasserdichte Abklebung und das Aufbringen eines Belages erforderlich.

Vorschlag: Balkone von der Tragkonstruktion lösen.

Auflagerung auf Konsolen und Stützen.

Vorteile: Keine Abklebung sowie keine Fliesenbeläge erforderlich mit zusätzlicher Gefahr des Auffrierens.

Eingangspodeste

Die Eingangspodeste sind anbetoniert.

Vorschlag: Nur Eingangsstufe ausbilden.

Vorteile: wie vor.

Optimierung der Tragwerksplanung

1. Dachstuhl

Sparrenabmessungen 8/18 cm

Vorschlag: Möglichkeiten einer Reduzierung auf 6/18 cm (25 % Holzminderverbrauch).

Einsatz von Kopfbändern oder Schrägstreben ermöglicht Reduzierung von Pfettenquerschnitten. Dann aber architektonische Akzeptanz erforderlich.

Querschnittseinsparungen durch Ausnutzung der um 10 % höheren Steifigkeit von BschH.

2. Deckentragwerke

Deckenstärken 18 cm

Vorschlag: Gleichmäßigere Ausnutzung der vorhandenen Mindestbewehrung durch d = 16 cm möglich (11% bzw. 160 m^3 Minderbeton), wenn zur Einhaltung des erforderlichen Luftschallschutzes genügend schwere Wände geplant sind.

Einheits-Trennwandzuschlag 1,25 kN/m^2

Reduzierung auf 0,75 kN/m^2 möglich für Leichtwände mit Flächengewicht < 100 kg/m^2. (Zur Gewährleistung ausreichenden Schallschutzes werden heute immer mehr schwerere Wände erforderlich.)

In Verbindung mit Punkt 1 Minderbelastung um 12% ohne Erhöhung der Bewehrung.

Verzicht auf Wandzuschlag für Deckenbereiche ohne Trennwände (21% Gesamtmindergewicht).

Ortbetondecken

Filigrandeckeneinsatz möglich. Einsparung der Schalkosten, Deckenputz größtenteils entbehrlich.

Bisherige Bewehrungsvorschläge wurden ohne Staffelung der Mattenlagen gemacht.

In Deckenfeldern mit l > 4,0 m wird zur Beton-Stahleinsparung Mattenstaffelung angeregt. Aber: Untere Betonüberdeckung mit 1,0 cm nicht zulässig, auch wegen Feuerschutz. Siehe dazu auch Bewehrungsvergleiche in Teil II.

Vorhandene Oberbewehrung ungestaffelt.

Keine durchgehende obere Feuerschutzbewehrung vorhanden. Gegebenenfalls Grundmatte mit Zulagen sinnvoll.

Vorhandene Zugstützen in Gebäudeecken der obersten Decke sollten durch weniger aufwendige Maßnahmen vermieden werden. Näheres in Teil II, Seite 96.

3. Mauerwerkswände

Vorhandene Außenwände d = 36,5 cm.

Vorschlag: Stärkenreduzierung bei Poroton TE möglich auf d = 24 cm.

Haustrennwände 2 x 24 cm.

Mögliche Wandstärke 2 x 11,5 cm bzw. 17,5 cm in Abstimmung mit Brandschutz. Näheres in Teil II.

Wohnungstrennwände d = 30 cm.

Vorschlag: Mögliche Wandstärke 24 cm für R'w = 55 dB gemäß DIN 4109 für erhöhte Anforderungen. (Wandrohdichte 2,0 kg/dm^3 zuzüglich 2 x 10 mm Gipsputz.)

Lastabtragende Innenwände d = 24 cm.

Vorschlag: Mögliche Wandstärke 11,5 bzw. 17,5 cm.

4. Betonwände

Kelleraußenwände d = 30 cm.

Bewehrung für Dichtigkeit bei höchstem Hochwasser (R 884i + R 377a = rd. 13 kg/m^2).

Vorschlag: Risikoabwägung beziehungsweise Einschaltung einer Fachfirma für »Weiße Wannen« kann zu einer Reduzierung des Stahlaufwandes beitragen.

Wandstärke resultiert nicht aus Bemessung. Reduzierung der Wandstärken auf 25 cm möglich. Rissegefahr dadurch eher geringer.

5. Gründung – Hochbau

Bodenplatten d = 30 cm.

Vorschlag: Einspann-Momente unter Wänden dürfen noch ausgerundet werden (ca. 8% Einsparung). Eine dem Momentenverlauf angepaßte Staffelung der Bewehrung bringt zusätzlich Stahlreduzierung.

6. Tiefgarage

Vegetationsschichtstärke 80 cm (Kies + Humus), Deckenstärke 36 cm.

Vorschlag: Reduzierte Bodengewichte z.B. von 1,8 auf ca. 1,4 t/m³ anstreben.

Reduzierte Mutterbodenstärken ca. 40 cm sowie Höherlegung der Gesamtkonstruktion.

Dünnere Decken möglich.

Überschlag einer möglichen Lastreduzierung auf Tiefgaragendecke:

infolge Anschüttungshöhe
$(0{,}8-0{,}4) \times 18 = 7{,}2\ kN/m^2$

infolge Anschüttungsgewicht
$0{,}4 \times (18-14) = 1{,}6\ kN/m^2$

infolge Weiterleitung Verkehr
$(5{,}0-3{,}5) = 1{,}5\ kN/m^2$

Abminderung von Deckenstärke (30 bis 38 cm) wurde hier nicht berücksichtigt.

Vorstellbare Gesamtminderlast
ca. $10{,}30\ kN/m^2$

Dadurch wesentlich günstigere Ausführung der erdüberschütteten Decke möglich.

7. Allgemeine Vorschläge

- Reduzierung der Haustrennfugen (z.B. Bereich 3 – 4)
- Abfangesituation im EG + TG von Haus 4a infolge Tiefgarageunterschnitt sehr aufwendig und stahlzehrend
- Abfangekonstruktionen Bereiche Haus 1, 2, 4 und 10
  Minderstärken bei Decken und Wänden führen zu geringeren Auflasten und reduzieren damit die Beanspruchung der Abfangungen.
- TG – Zufahrt Haus 10

  Mittenunterzug mit Stützen zwischen Fahrspuren wird eine wirtschaftliche Lastabtragung ermöglichen.

Fazit: Die Kostenberechnung für ein Haus, im Detail durchgerechnet, ergibt eine Kostenreduzierung von 8,17% oder 90.000,– DM.

Berücksichtigt man zusätzlich den Wohnflächengewinn mit nur je 1.500,– DM/m², kommen bei 3% Gewinn zusätzlich ca. 45.000,– DM hinzu. So ergibt sich bereits für ein Haus eine Kosteneinsparung von ca. 135.000,– DM, beim Gesamtprojekt eine Kosteneinsparung von ca. 1,5 Mio. DM, d.h. 15% der veranschlagten Kosten.

In diese Berechnung sind noch nicht eingegangen die Vorschläge zur Optimierung der Tiefgarage sowie eventueller Stahlminderbedarf.

Empfehlungen für zukünftige Projektbearbeitungen

Abschließend wurden im Gutachten dem Bauherrn und seinem Planer noch weitere Empfehlungen gegeben, die im allgemeinen bei Neuplanungen berücksichtigt werden sollen:

1. Bereits in der Konzeptionsphase sollten rationelle Bauproduktionsmethoden berücksichtigt werden.
2. So früh als möglich sollten alle Planungsbeteiligten mit eingeschaltet werden, um einen ganzheitlichen Konzeptions- und Entwurfsprozeß zu ermöglichen. Dieses betrifft neben den Architekten den Tragwerksplaner, den Planer der Haustechnik, die Versorgungsträger und den Bodengutachter.
3. Die Tragwerksplanung ist zu optimieren unter Berücksichtigung des aktuellen Standes der Mauerwerksnorm DIN 1053 Teil 1 (1990) sowie Teil 2 (1984). Näheres in Teil II.
4. Die Planung sollte möglichst lange offen sein für verschiedene Bauweisen, um das jeweilige Knowhow der verschiedenen Rohbauunternehmen nutzbar zu machen.
5. Die Wahl der einzelnen Konstruktionen sollte sich auf das technisch und vorschriftenmäßig Notwendige beschränken, ohne »Experimente« in Kauf zu nehmen.
6. Die Fassadengliederung und -gestaltung sowie die Standardfestlegung sollten frühzeitig durchdacht werden.

Die vorgenannte Planungsoptimierung führte zu Kosteneinsparungen von ca. 1,5 Mio. DM. Der Aufwand für das von den Autoren dieses Buches erarbeitete Gutachten lag bei 2% dieses Betrages.

4.5 Sozialer Wohnungsbau in Witten-Annen

Im Rahmen eines Architektenwettbewerbes zum Mietwohnungsbau sollte das Planungsgebiet in Witten-Annen mit 120 Wohnungen beplant werden. Der im folgenden dargestellte Entwurf errang den ersten Preis (Abb. 59 bis 71).

Abb. 59: Städtebauliche Einbindung der Wohnanlage in Witten-Annen

Städtebaulicher Aspekt

Grundüberlegung war, den im Norden des Planungsgebietes vorhandenen Grünzug großzügig durch das Planungsgebiet hindurchzuführen. Dieser dominierende Grünzug wurde auf die Westseite des Planungsgebietes gelegt, damit sich die Grünstruktur der angrenzenden Höfe zwischen den viergeschossigen Zeilenbauten mit dem neu zu schaffenden Grünzug verbindet und so eine üppige Grünzone geschaffen werden kann. Um eine Verzahnung des Grünzuges auch mit der Neuplanung zu erreichen, wurden Wohnhöfe als Baustruktur vorgeschlagen, die sich nach Südwesten hin zum Grünzug öffnen (Abb. 59).

Diese hofartige Ausbildung der Neubebauung hat eine Vielzahl von Vorteilen:

- Es wird eine Reihe von unterschiedlich qualitätsvollen Außenräumen geschaffen, die eine feine Abstufung von öffentlich, halböffentlich und privat ermöglichen.
- Darüber hinaus haben sämtliche Wohnungen eine Orientierung nach Süden oder Westen zum geplanten Grünzug, der in Nord-Süd-Richtung verlaufen wird. Dadurch entsteht für jede Wohnung die Möglichkeit, relativ großzügige Grünräume einzusehen.

Die Verkehrserschließung ist auf die Ostseite des Planungsgebietes verlegt worden. Somit verbleibt auf der Südwest-Seite eine absolut ruhige grüne Zone. Auch der ruhende Verkehr wird in Parktaschen auf der östlichen Grunstücksseite untergebracht. Die Erschließung wird von der Freiligrathstraße aus vorgenommen, wobei angeregt wird, eine weitere Erschließung in die östlich gelegene Siedlung hinein vorzunehmen. Dieses ist sehr leicht über den dortigen Spielplatz möglich, der ersatzweise auf dem Planungsgebiet geschaffen werden kann. Im Grundstücksbereich an der Freiligrathstraße wird bewußt auf eine zu große Baumasse verzichtet, um den Grünzug von Norden kommend möglichst weit nach Süden fortführen zu können.

Eine weitere Verdichtung über das vorgeschlagenen Maß hinaus sollte zugunsten der Durchgrünung und der damit ermöglichten Wohnqualität vermieden werden. Alternativ kann der ruhende Verkehr selbstverständlich in vertieften Sammelgaragen, zum Beispiel unterhalb der Höfe, untergebracht werden. Dieses erscheint aus städtebaulicher Sicht zwar wünschenswert, ist aber wohl im Rahmen des sozialen Wohnungsbaus nicht finanzierbar.

Abb. 60: Darstellung der Außenraum- und Wohnumfeldqualität Witten-Annen

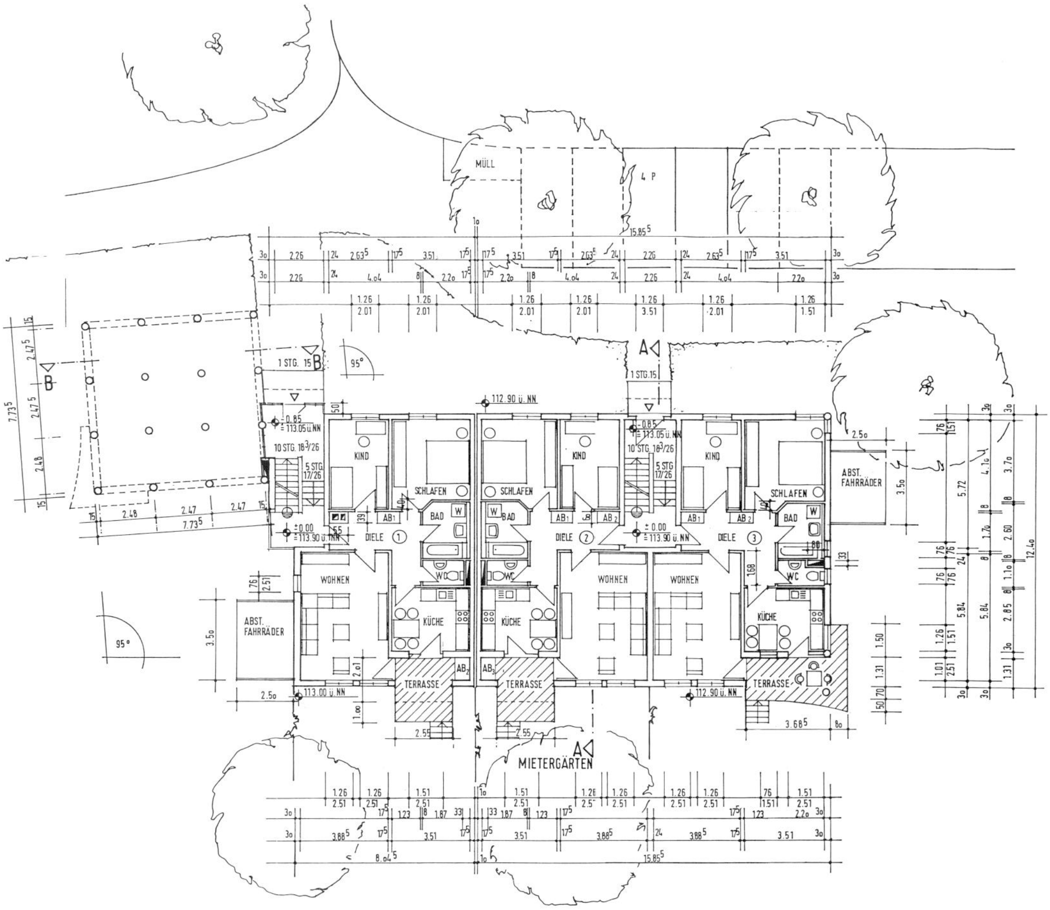

Abb. 61: Grundriß Erdgeschoß. Grundrißqualitäten trotz strenger Schottenbauweise

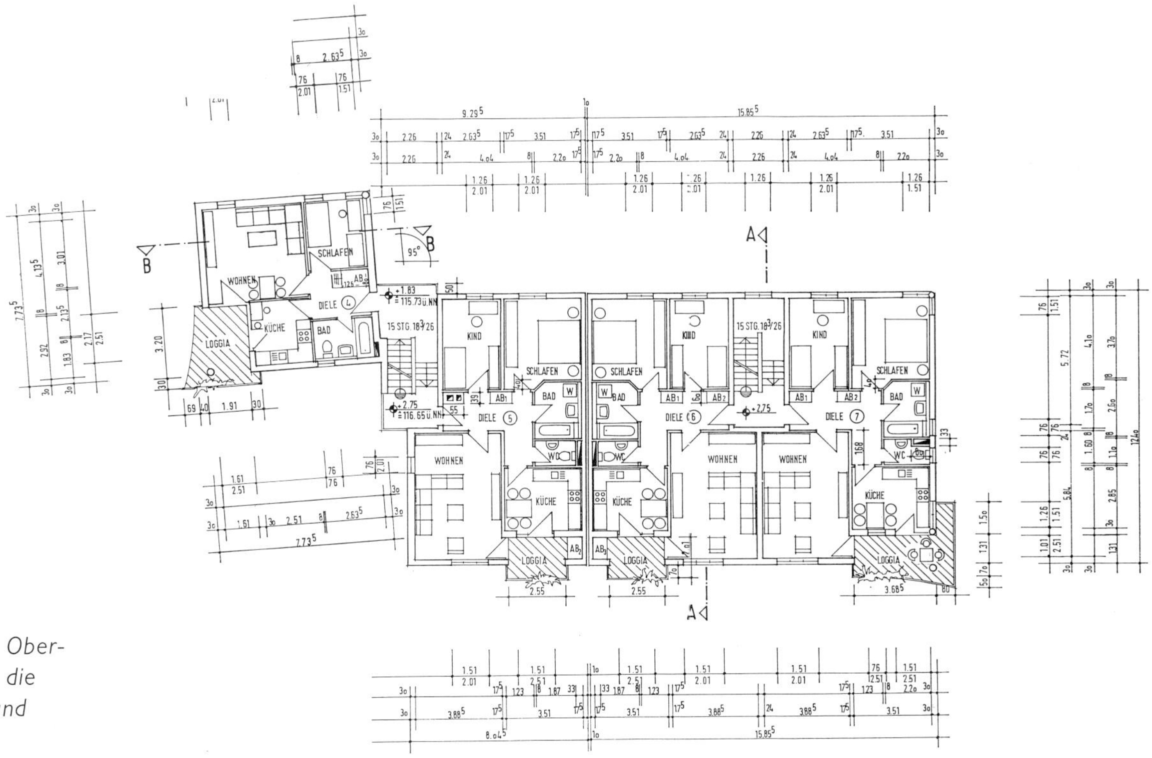

Abb. 62: Grundriß 1. Obergeschoß; Beispiel für die Bündelung der Ver- und Entsorgung

Abb. 63: Giebel-Ansicht; Mauerwerksbau mit Lochfassade

Wohnungsangebot, Wohnungsgrößen, Wohnungsschlüssel

Es wird weitgehend eine viergeschossige Bebauung als Zwei- und Dreispänner angeboten. Die Wohnungsgrundrisse sind so zugeschnitten, daß jede Wohnung nach Süden bzw. Westen die Hauptwohnräume hat, von denen aus ein Einblick in die geplanten Grünanlagen und den Grünzug möglich ist. Es wird eine Vielzahl unterschiedlicher Wohnungsgrößen für unterschiedliche Benutzergruppen angeboten, von der Einpersonen-Wohnung bis zur Wohnung für fünf bis sechs Personen.

Um das Wohnen durchlässiger zu gestalten, werden jeweils an den Ecken die Gebäude auf Stützen gestellt. Durchblicke und Durchlüftungen sind hierdurch möglich.

Der Wohnturm an den Ecken ist als Maisonette-Wohnung gestaltet.

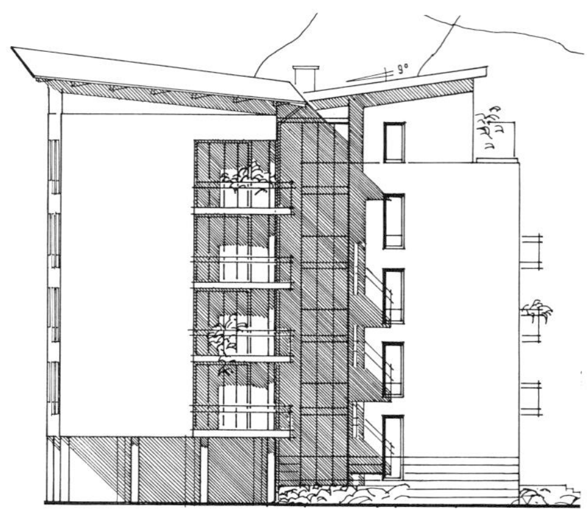

Abb. 64: Ungewöhnliche Dachlandschaft (Westseite)

Abb. 65: Relativ große Fensteröffnungen nach Süden und Westen, hier: Ansicht von Westen

Sämtliche Wohnungsgrößen und Grundrisse berücksichtigen die Förderrichtlinien des Landes Nordrhein-Westfalen.

Die kompakten Baukörper werden zum größten Teil mit Pultdächern versehen, so daß das fünfte Geschoß nicht als Vollgeschoß ausgeführt ist, aber diese Ebene besonders gut für qualitätvolle Wohnungen (Penthouse-Form) geeignet ist. Dieses »quasi Dachgeschoß« soll frei finan-

Abb. 66: Orientierung der privaten Freiräume zum ruhigen Hofbereich (Grundriß Erdgeschoß)

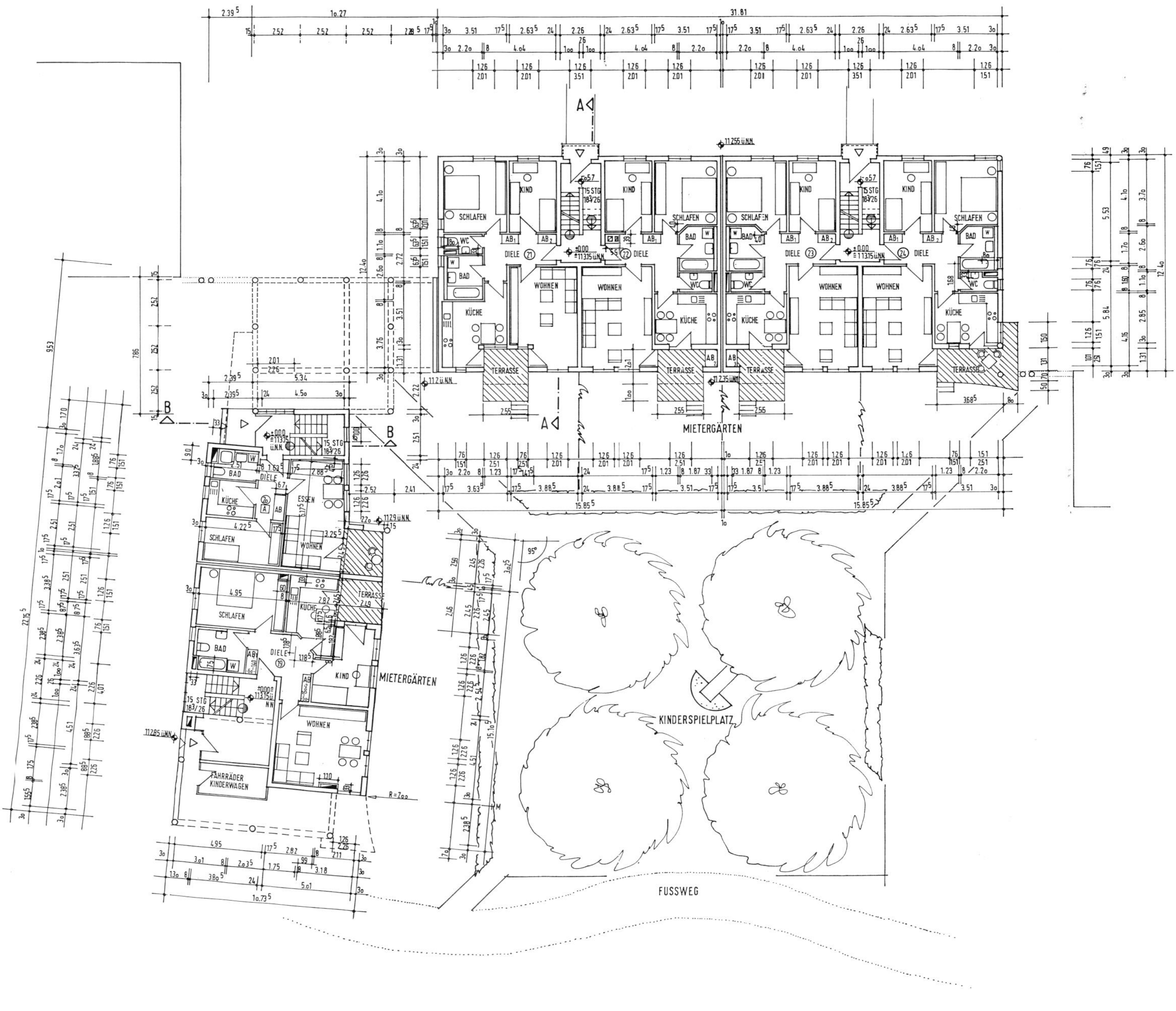

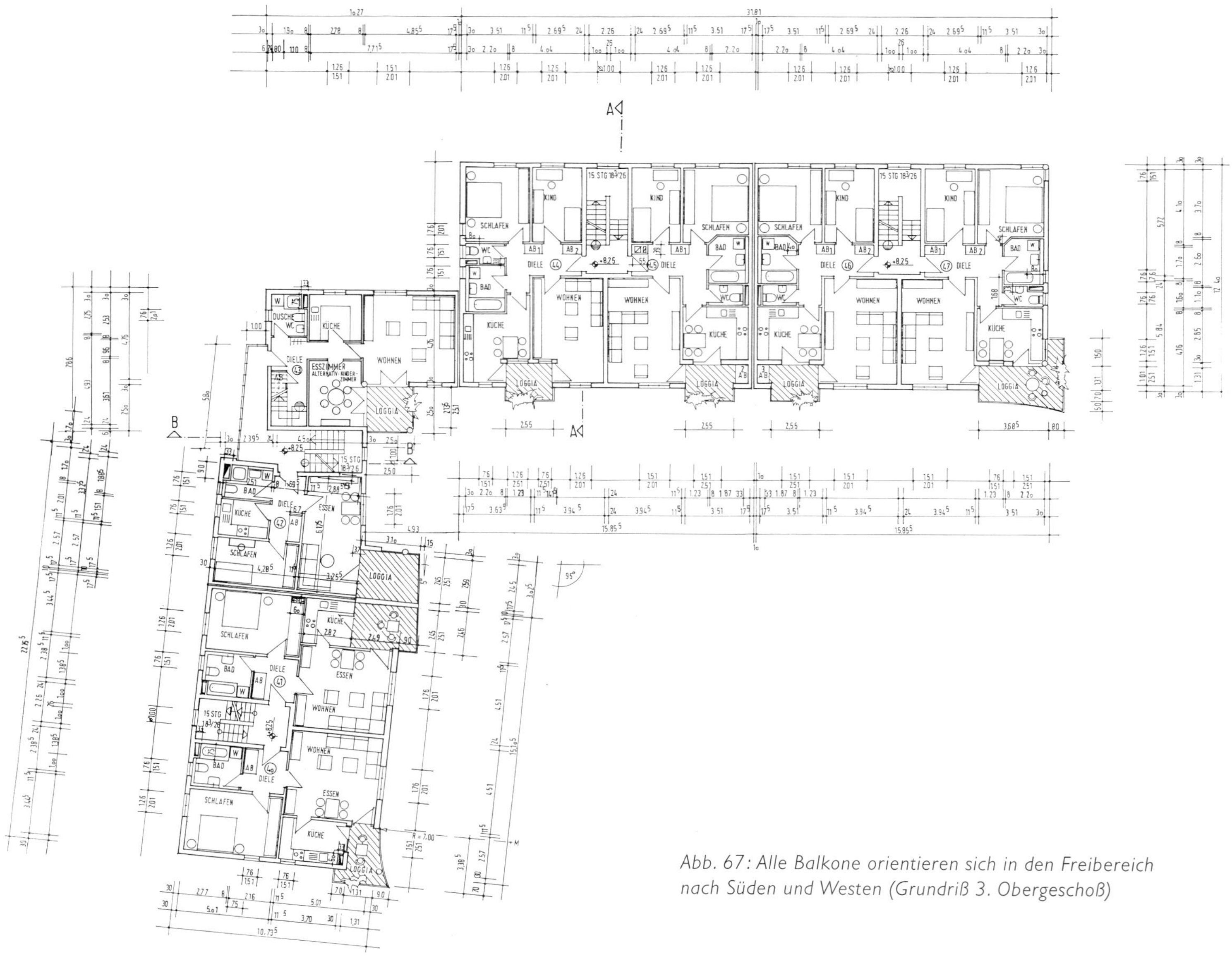

Abb. 67: Alle Balkone orientieren sich in den Freibereich nach Süden und Westen (Grundriß 3. Obergeschoß)

ziert und vermietet werden. Neben Wohnungen könnten beispielsweise – mit sehr geringen Mitteln gestaltet – jeweils ein Gemeinschaftsraum oder auch Hobbyräume angeboten werden. Darüber hinaus ist es denkbar, daß innerhalb der Pultdachstruktur auch Gewächshäuser oder kleine Bereiche für eine individuelle Nutzung angeboten werden.

Die Baukörper sollen mit einer schlichten Putzfassade versehen werden. Nach Süden und Westen hin werden die Fassaden großzügig verglast, um passive Sonnenenergie zu gewinnen. Nach Norden und Osten hin erhalten die Gebäude eine außerordentlich gute Wärmedämmung.

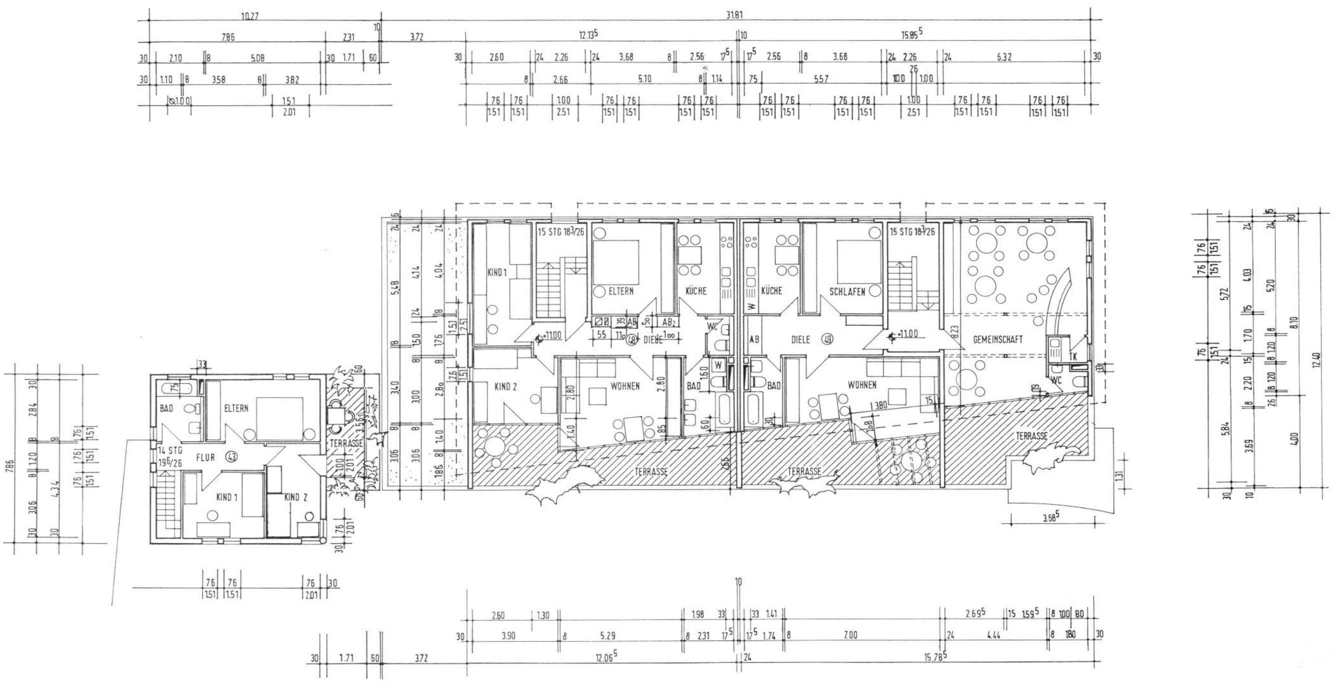

Abb. 68: Penthouse-Wohnungen und Gemeinschaftswohnungen im Dach

Abb. 70: Schnitt B–B; Dachneigung für Dachbegrünung geeignet

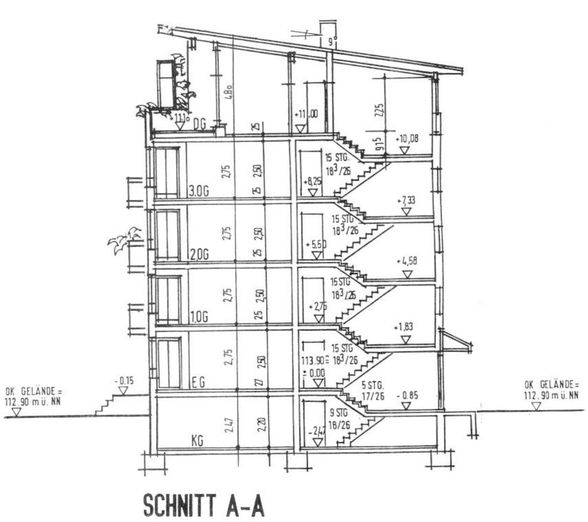

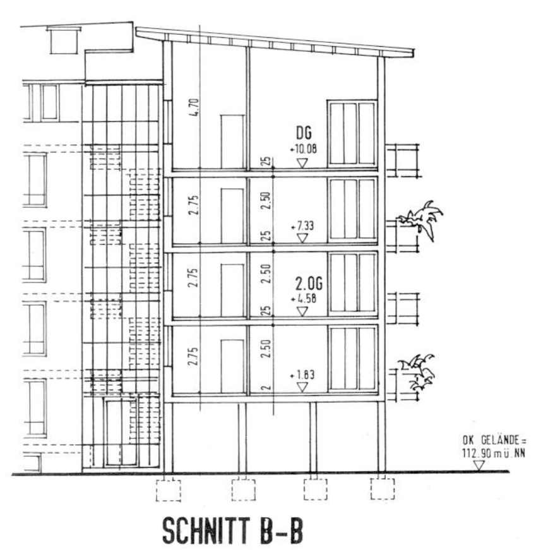

Abb. 69: Schnitt A–A; Großzügige Öffnung nach Süden und Westen

Abb. 71: Bescheidene Fenstergrößen nach Norden, extensiv begrünte Dachflächen

Mit diesen beiden Maßnahmen wird ein sehr geringer Wärmebedarf für die Wohnungen erreicht. Die Pultdächer sind so geneigt, daß als Ausgleich für den Eingriff in die Natur hier Grasdächer geschaffen werden können.

Darüber hinaus sollen nach Möglichkeit natürliche Baustoffe zum Einsatz kommen, um auch ökologische Ansätze zu befriedigen. So werden für die Außenwände porosierte Ziegel verwendet, die Fassaden werden mit mineralischem Außenputz versehen, es sollen Holzfenster eingebaut werden, die Fußböden erhalten einen Linoleumbelag.

Bei der Gestaltung der Außenanlagen werden wenige Flächen versiegelt, Rasenpflaster oder auch wassergebundene Oberflächen bilden nach Möglichkeit die Oberfläche. Es wird vorgeschlagen, nur einheimische und standortgerechte Bepflanzung zu wählen. Denkbar ist auch, daß die Fassaden mit Kletterpflanzen begrünt werden.

4.6 Sozialer Wohnungsbau in Köln-Ehrenfeld

Städtebauliches

Da in der näheren Umgebung des Baugrundstücks keinerlei städtebaulich prägnante Formen erkennbar sind, wurde eine Bebauung vorgeschlagen, welche aus der grundriß-technischen Organisation heraus – Orientierung zur West- und Südseite – entwickelt wurde.

Es ergab sich fast zwangsläufig der Abschluß zur Frohnhofstraße im Norden mit einer dreigeschossigen Bebauung sowie die Orientierung von drei gleichförmigen Gebäudekörpern in Nord-Süd-Richtung (Abb. 72).

Hierdurch wird verdeutlicht, daß

- jede Wohnung eine klare Ausrichtung zur bevorzugten Himmelsrichtung erhält,
- ein Bezug der halböffentlichen Bereiche auf dem eigenen Grundstück zum stark begrünten Bereich des Schulgeländes im Süden existiert.

Abb. 72: Lageplan Köln-Ehrenfeld

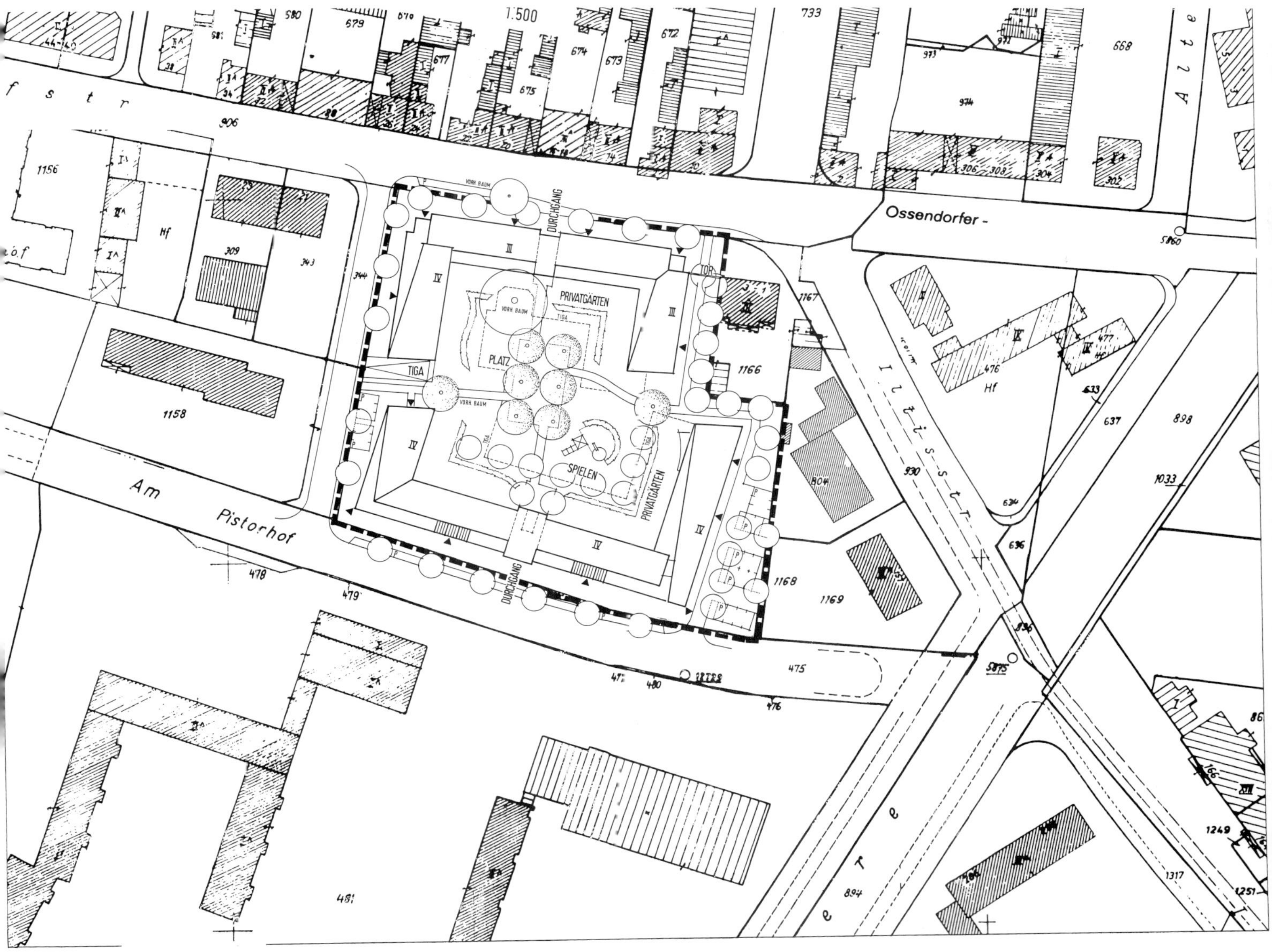

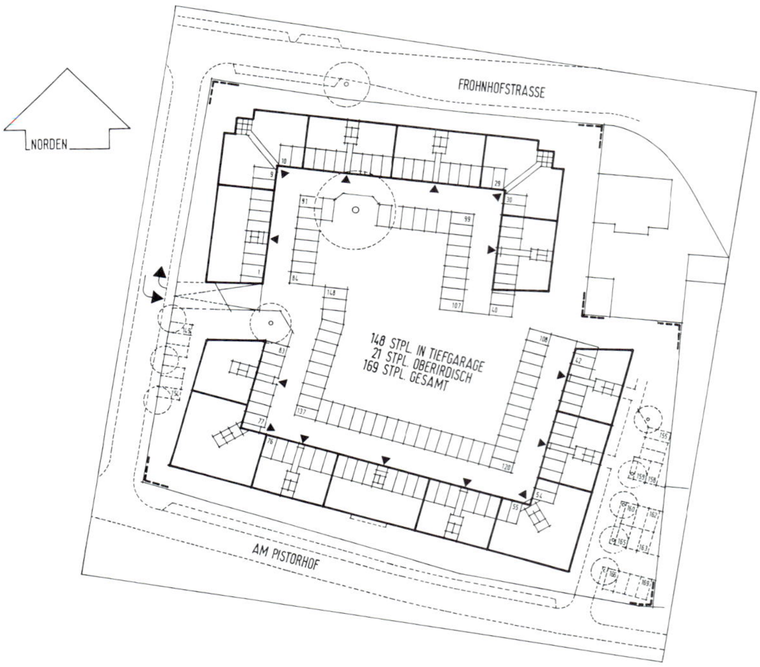

Abb. 73: *Schema-Grundriß des Garagengeschosses*

Die notwendigen Stellplätze wurden in der Tiefgarage untergebracht, Besucherstellplätze befinden sich oberirdisch in geringer Anzahl Am Pistorhof.

Die Zu- und Ausfahrt der Tiefgarage wurde bewußt auf die Nord-/West-Ecke des Grundstücks geplant, da über die Frohnhofstraße eine relativ gute Verkehrsanbindung existiert. Die Anbindung wurde aber nicht direkt zur Frohnhofstraße vorgesehen, da es hier zu Störungen des fließenden Verkehrs kommen könnte. Die Straße Am Pistorhof wird nicht mit zusätzlichem Verkehrsaufkommen belastet (Abb. 73).

Grundrißgestaltung und -organisation

Die Bebauung ist drei- bis viergeschossig, zusätzlich gibt es ein ausgebautes Dachgeschoß, welches jedoch nur im dreigeschossigen Teil förderfähig ist. Die gesamte Bebauung besteht aus Zwei- oder Dreispännern, welche alle möglichen Wohnungsformen und -größen zulassen. Aufgrund des einläufigen Treppenhauses läßt sich behinderten- und altengerechtes Wohnen durch Garten/naturnahe Erschließung ermöglichen. Die Wohnungsgrößen und -grundrisse berücksichtigen die Förderrichtlinien des sozialen Wohnungsbaus Nordrhein-Westfalen (Abb. 74 bis 78).

Die Baukörper sind nach Süden und Westen mit Balkonen und einem großen Fensterflächenanteil ausgestattet. Es werden einschalige Putzbauten mit erhöhter Dämmung nach Norden und Osten vorgeschlagen. Dies ermöglicht einen hohen Grad von Energieeinsparung durch Nutzung passiver Sonnenenergie.

Die Gebäude werden über ein zentrales Wegenetz erschlossen. Die Anbindung der Tiefgarage an jedes Treppenhaus ist vorhanden. Das Deck der Tiefgarage selbst wird mit Erdreich angeworfen und reichhaltig begrünt.

Auch dieses Projekt errang den ersten Preis des Ideenwettbewerbes.

Abb. 74: *Teilansicht Innenhof/Schnitt*

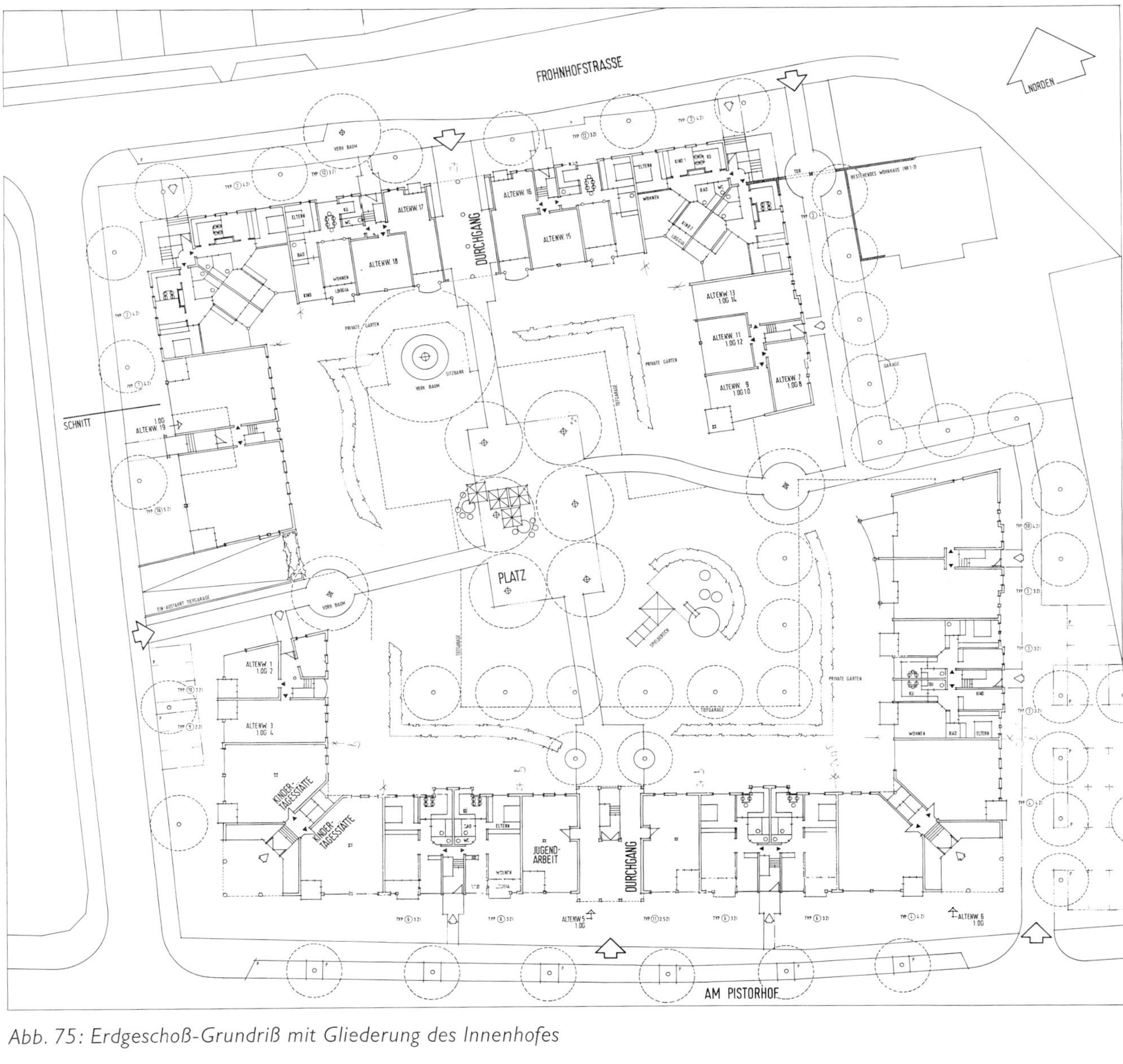

Abb. 75: Erdgeschoß-Grundriß mit Gliederung des Innenhofes

Abb. 76: Relativ geschlossene Nordfassade mit Durchgang zum Innenhof

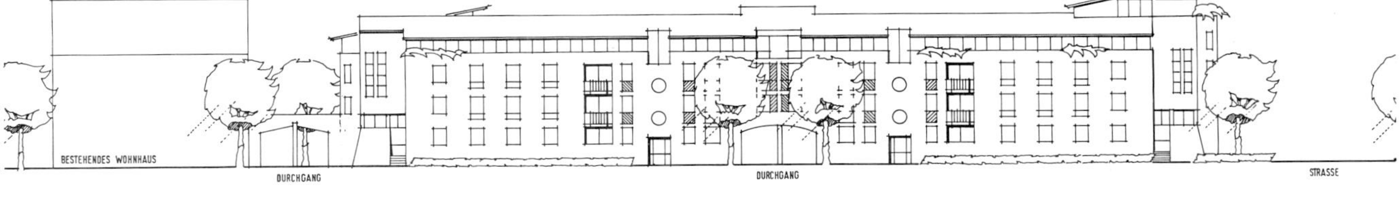

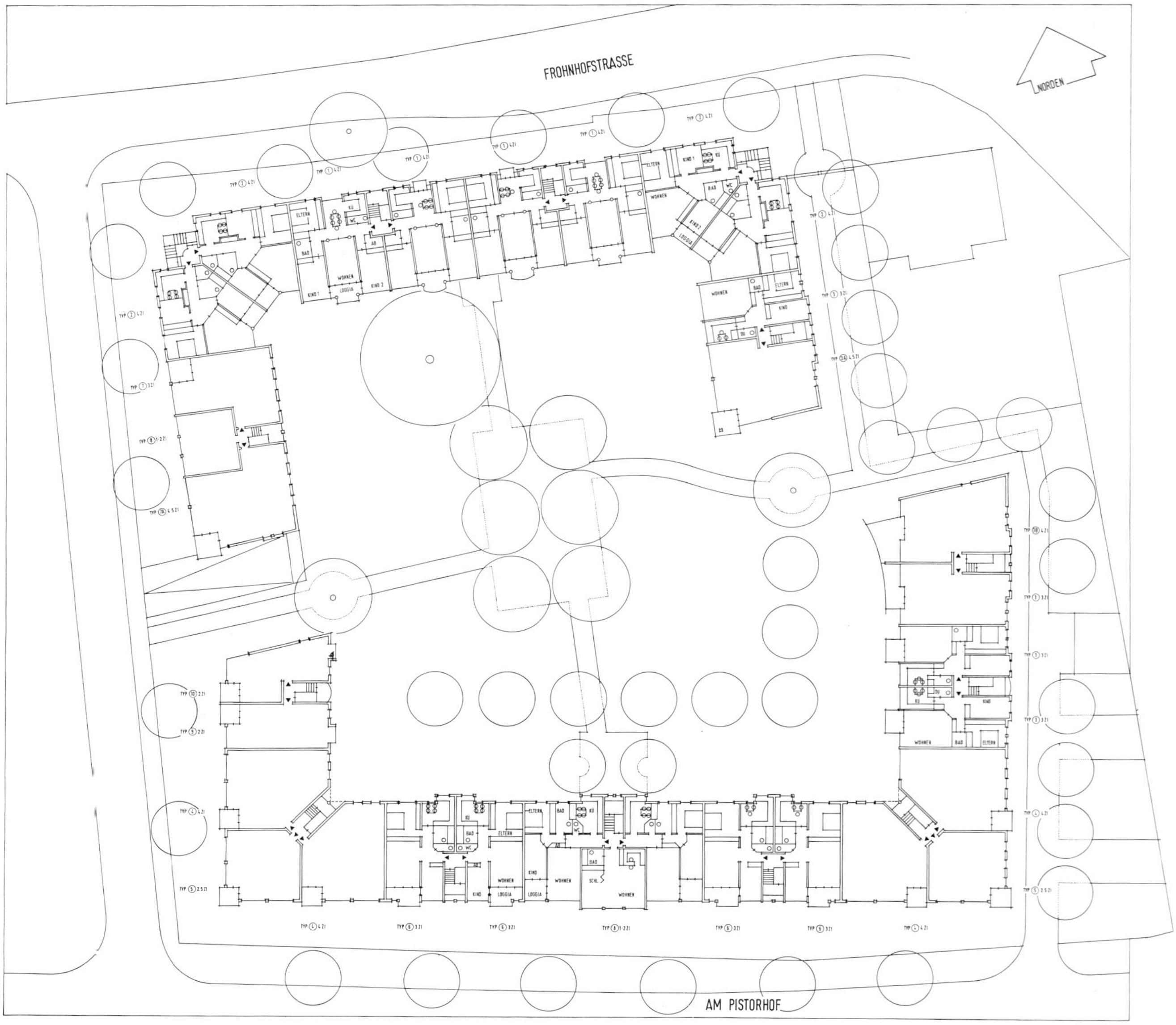

Abb. 77: Grundriß Normalgeschoß

Abb. 78: Fassadengliederung der Westseite

4.7 Kostenreduzierung durch Planungsoptimierung bei einer Appartementwohnanlage in Würzburg

An einem Beispiel aus der Praxis soll gezeigt werden, daß durch Planungsoptimierung erhebliche Baukosten eingespart werden können ohne jeglichen Qualitätsverlust.

Bei der im folgenden aufgezeigten Detailüberlegung handelt es sich um eine Appartementwohnanlage in Würzburg. Hier bestand die Aufgabe, ca. 300 Appartementwohnungen möglichst kostengünstig zu errichten.

Bei dem für diese Wohnanlage zunächst entwickelten Grundriß der Badezimmereinheit bestand die Auflage des Bauherrn, sämtliche Ver- und Entsorgungsschächte von der jeweiligen Flurseite aus revisionierbar auszubilden. Über die Optimierung des Badezimmergrundrisses entstand die Grundrißlösung, die in der Abbildung 80 dargestellt ist. Dabei ist zu beachten, daß nach der Schallschutz-DIN 4109 (11.89) Trennwände, an denen Sanitärgegenstände befestigt sind, mindestens ein Flächengewicht von 220 kg haben müssen. Dieses bedeutet, daß mindestens eine Wand von 11,5 cm Stärke bei einer Rohdichte von 2,0 erstellt werden muß.

Durch eine entsprechende Ummöblierung des Badezimmers wurde die Trennwand vom Badezimmer zum Wohn-/Schlafraum von jeder Installation freigemacht. Das Waschbecken wurde auf die Wohnungstrennwand, die ohnehin aus Schallschutzgründen 24 cm dick ausgeführt werden muß, verlegt, so daß die Wand zwischen Badezimmer und Wohn-/Schlafraum von der Wandstärke her auf 6 cm Gasbeton reduziert werden konnte.

Dieses ergab zum einen Einsparungen bei den Stoffkosten der Wand selbst, und zwar einerseits beim Wandbaustoff, andererseits auch dadurch, daß die 11,5-cm-Wand hätte beidseitig geputzt werden müssen, wobei die Gasbetonwand nur einen Spachtelputz erhält und von der Badezimmerseite aus die Verfliesung direkt im Dünnbett erfolgen kann. Unabhängig davon ergibt sich durch die Reduzierung der Wandstärke für jedes Appartement ein Wohnflächengewinn von 0,275 m². Bezogen auf das Gesamtprojekt von etwa 300 Wohneinheiten ergibt dieses einen Wohnflächengewinn von 82,5 m², wohlgemerkt bei geringeren Baukosten. Bewertet man nun den Wohnflächengewinn mit etwa 3.000,– DM, so ist hiermit ein Zusatzgewinn von 247.500,– DM erzielt worden.

Berücksichtigt man ebenfalls die geringeren Stoffkosten für die gewählte Lösung, so ergibt sich ein Gesamtgewinn von 300.000,– DM.

Dieses Beispiel zeigt sehr deutlich, daß ganz erhebliche Kosteneinsparungen durch Planungsrationalisierungen im Detail erreicht werden können.

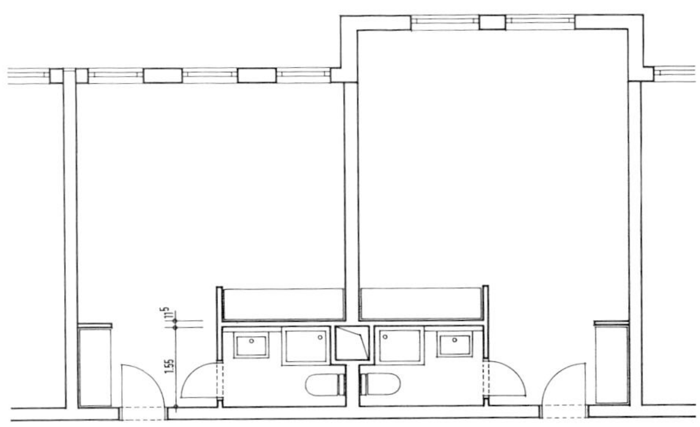

URSPRÜNGLICHE PLANUNG

Abb. 79: Grundriß-Ausschnitt vor …

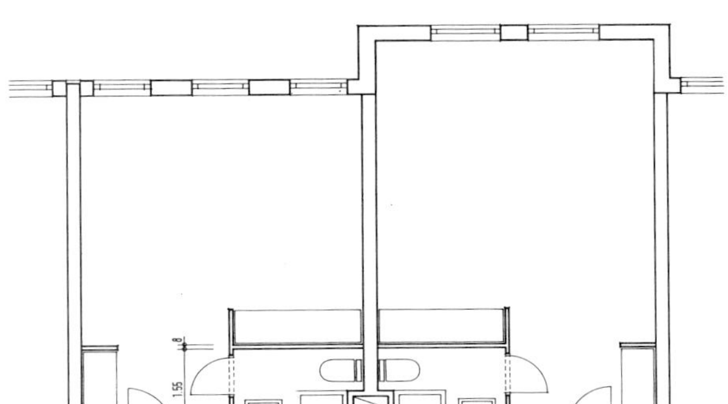

OPTIMIERTE PLANUNG

Abb. 80: … und nach der Optimierung

4.8 Kostentabellen

Geschoßwohnungsbau (drei- bis viergeschossig)

Kosten der Gewerke je m² WFL lt. DIN 276 (Ausgabe 04/81, Kostengruppe 3.1 bis 3.5) einschließlich Mehrwertsteuer
Auswertung der Durchschnittskosten von drei Jahren (1991 bis 1993)

Gewerk			von	Rechenwert	bis
1	Erd-Mauer-Beton	*von – bis Rechenwert*	576	705	1.150
2	Zimmerer	*von – bis Rechenwert*	37	44	80
3	Dachdecker/Klempner	*von – bis Rechenwert*	75	93	141
	Zwischensumme		688	842	1.371
4	Thermo-Außenhaut einschl. Außenanstrich	*von – bis Rechenwert*	99	109	133
5	Putz/Trockenbau	*von – bis Rechenwert*	79	98	122
6	Fliesen + Naturstein	*von – bis Rechenwert*	28	52	88
7	Treppenanlage (Kunststein)	*von – bis Rechenwert*	35	44	57
8	Estrich + Bodenbeläge	*von – bis Rechenwert*	57	71	105
9	Schreiner (einschl. Türen/Zargen)	*von – bis Rechenwert*	35	61	87
10	Fenster (einschl. Glas)	*von – bis Rechenwert*	120	153	224
11	Metallbau – außen	*von – bis Rechenwert*	20	25	31
12	Metallbau – innen Briefkastenanlage	*von – bis Rechenwert*	–	26	40
13	Maler	*von – bis Rechenwert*	35	57	101
	Zwischensumme Ausbau		508	696	988
14	Heizungsinstallation	*von – bis Rechenwert*	70	82	131
15	Sanitärinstallation	*von – bis Rechenwert*	59	110	135
16	Elektroinstallation	*von – bis Rechenwert*	52	64	84
	Zwischensumme Haustechnik		181	256	350
17	Sonstiges	*von – bis Rechenwert*	29	67	85
	Reine Baukosten	*von – bis Rechenwert*		1.861	

Preisstand: Januar 1994

Kostenvergleich nach Gewerken
Geschoßwohnungsbau

Nr.	Gewerk-Nr.	Gewerk	Kosten DM/m² Wohnfläche					
			Proj. 1 DM/m² WE 12 WFL 987	Proj. 2 DM/m² WE 8 WFL 622	Proj. 3 DM/m² WE 33 WFL 2300	Proj. 4 DM/m² WE 60 WFL 4649,46	Proj. 5 DM/m² WE 20 WFL 1324	Durch-schnitt
1 1.1 1.2	300/330 331	Erd-, Mauer-, Beton Ersch. Gründung	695	816	890	664	704	754
2	334	Zimmerer	36	46	35	49	39	41
3	338 339	Dachdecker + Klempner	54	82	*1) 123,91	82	78	84
		Zwischensumme Rohbau	785	944	1.048	795	821	879
4	350	Thermo-Außenhaut einschl. Außenanstrich	91	82	134	92	113	102
5	350	Putz/Trockenbau einschl. Gipsdielen	126	117	124	136	144	129
6	352/332	Fliesen + Naturstein	37	61	119	68	72	71
7	352	Treppen (Kunststein)	29	46	34		in Nr. 11+12	22
8	353/ 365	Estrich + Bodenbeläge	68	61	76	65	68	68
9	355/360	Türen/Zargen	39	41	47	58	60	49
10	355/ 361	Fenster/Glas Außentüren	92	128	124	110	113	113
11	360	Metallbau außen	23					5
12	360	Metallbau innen Briefkastenanlage	11	31	40	34	42	32
13	363	Malerarbeiten innen	31	51	68	52	53	51
		Zwischensumme Ausbau	547	618	766	615	665	642
14	380	Heizungsinstallation	85	92	118	98	204	119
15	381	Sanitärinstallation	103	102	131	100	in Nr. 14	87
16	382	Elektroinstallation	79	51	86	55	71	68
		Zwischensumme Haustechnik	267	245	335	253	275	274
17		Sonstiges + Reserve	37					
		Gesamtsumme Rohbau/Ausbau	**1.636**	**1.807**	**2.149**	**1.663**	**1.761**	**1.795**

Stand: April 1994

*1) inklusive Gründach

Kostenvergleich nach Gewerken
Mieteinfamilienhäuser mit einfachem Standard

Nr.	Gewerk-Nr.	Gewerk	Kosten DM/m² Wohnfläche Proj. 1 DM/m² WE 7 WFL 735	Proj. 2 DM/m² WE 17 WFL 1870	Proj. 3 DM/m² WE 20 WFL 2220	Proj. 4 DM/m² WE 8 WFL 840	Proj. 5 DM/m² WE 4 WFL 480	Proj. 6 DM/m² WE 6 WFL 830	Proj. 7 DM/m² WE 6 WFL 830	Durchschnitt
1 1.1 1.2	300/330 331	Erd-, Mauer-, Beton Ersch. Gründung	768	717	670 1)±	844 3)±	793	818	1.030 2)±	815
2	334	Zimmerer	47	67	69	52	50	59	57	53
3	338 339	Dachdecker + Klempner	73	63	112	69	76	86	81	81
		Zwischensumme Rohbau	888	847	851	965	919	963	1.168	949
4	350	Thermo-Außenhaut einschl. Außenanstrich		65						
5	350	Putz/Trockenbau einschl. Gipsdielen	153	188	180 94 1)±	172	172	160	72 2)±	174
6	352/332	Fliesen + Naturstein	30	46		23	18	44		35
7	352	Treppen (Kunststein)	65	58 4)±	64	66	67	63	67	64
8	353/ 365	Estrich + Bodenbeläge	76	69	70	68	75	77	69	76
9	355/360	Türen/Zargen	100	29	35	36	47	39	48	41
10	355/ 361	Fenster/Glas Außentüren Rolläden	77 11	101	78	88	101	109	113	92 12
11	360	Metallbau außen		36						
12	360	Metallbau innen Briefkastenanlage								
13	363	Malerarbeiten innen	36	52	41	45	55	63	56	58
		Zwischensumme Ausbau	487	644	562 1)±	498	535	555	425 2)±	552
14	380	Heizungsinstallation	106	109	120	91	125	105	104	105
15	381	Sanitärinstallation	87	92	86	100	102	88	83	92
16	382	Elektroinstallation	37	61	50	39	58	45	39	46
		Zwischensumme Haustechnik	230	262	256	230	285	238	226	243
17		Sonstiges + Reserve	31		36	33	35	30	33	30
		Gesamtsumme Rohbau/Ausbau	**1.636**	**1.753**	**1.705**	**1.726**	**1.774**	**1.786**	**1.852**	**1.774**

Stand: Januar 1994

1)± die Gipsdielen wurden separat ausgeschrieben

2)± die Häuser wurden verklinkert, Rohbau erhöht, Putzer niedrig

3)± die Keller wurden in WU-Beton ausgeführt

4)± die Treppen wurden in Holz ausgeführt

5 BEISPIELE ZUM KOSTEN- UND FLÄCHENSPARENDEN GESCHOSSWOHNUNGSBAU

5.1 Prämierter sozialer Wohnungsbau in Herne, Freisenstraße – 1. Preis im Landeswettbewerb NRW kostengünstiger Mietwohnungsbau, 1990

In der Innenstadt von Herne wurde in einer Baulücke sozialer Wohnungsbau in Form von Mietwohnungen errichtet. Entsprechend den bestehenden dreigeschossigen Gründerzeithäusern bot sich für die Bebauung ein viergeschossiges Gebäude mit einer kleinmaßstäblichen Fassade an. Es entstanden fünf nebeneinanderstehende, durch Erker- und Fensterstrukturen sowie Regenfallrohre gegliederte Einzelhäuser. Es handelt sich um Dreispänner mit je sechs Wohnungen im Normalgeschoß (Abb. 81 bis 87).

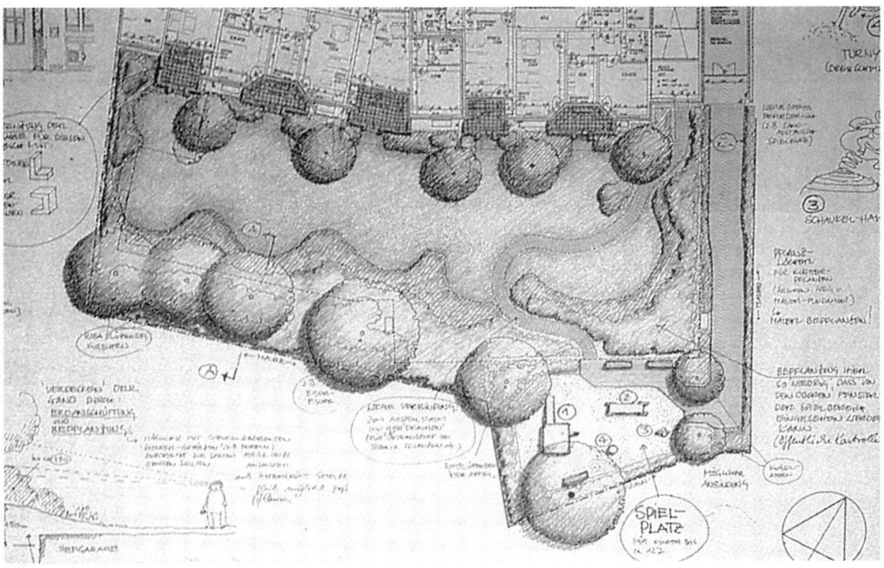

Abb. 81: Planungsbeispiel für Außenanlagen und des nahen Wohnumfeldes

Abb. 82: Glaserker auf der Straßen-/ Nordseite

Abb. 83: Gartenansicht der Bebauung Freisenstraße

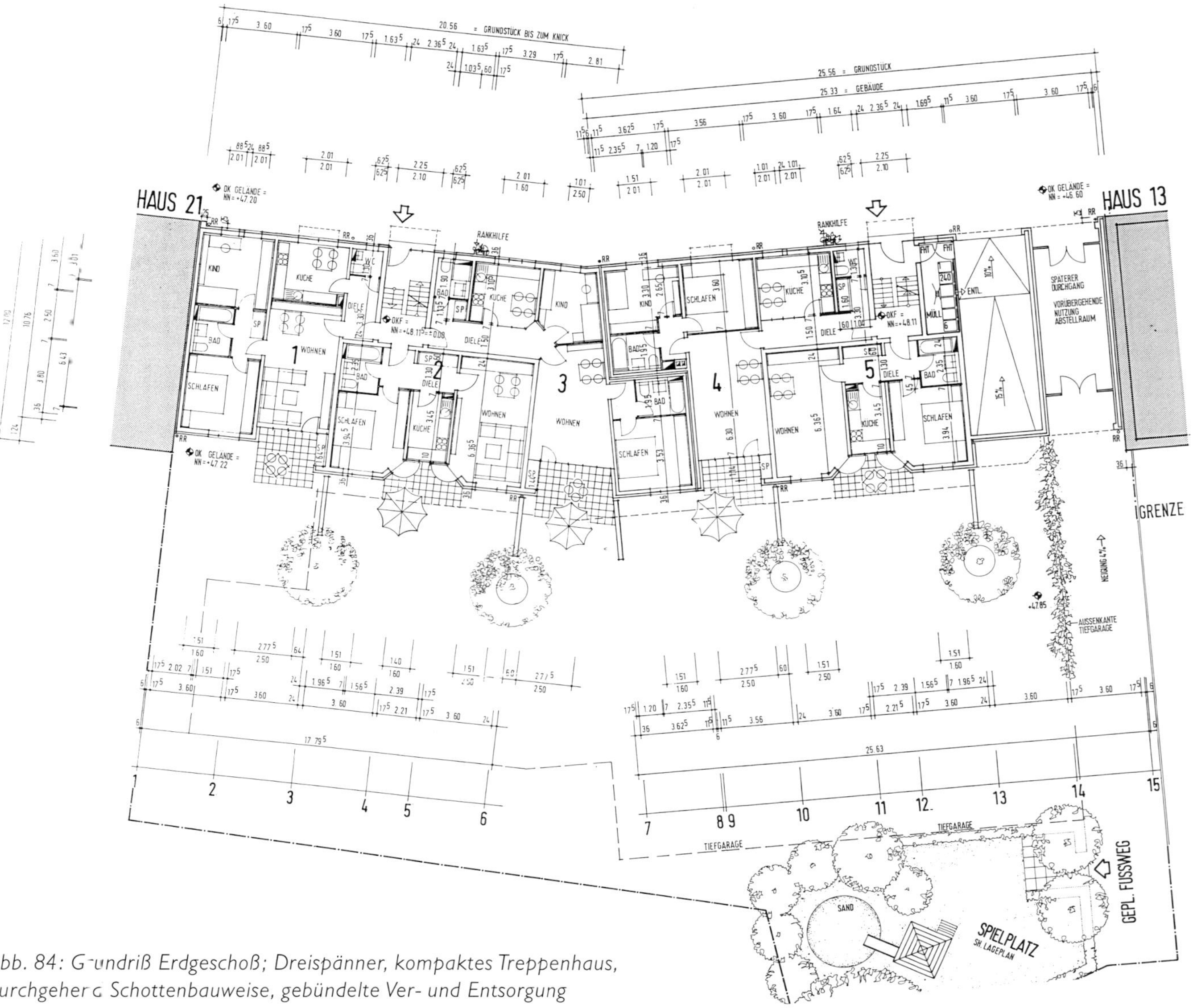

Abb. 84: Grundriß Erdgeschoß; Dreispänner, kompaktes Treppenhaus, durchgehende Schottenbauweise, gebündelte Ver- und Entsorgung

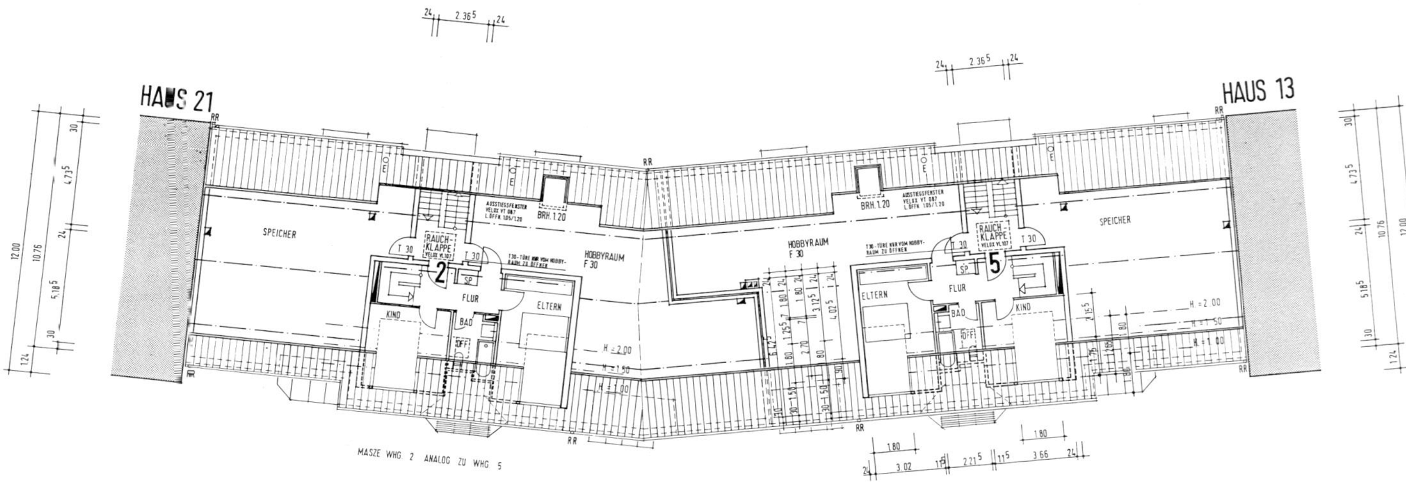

Abb. 85: Grundriß des ausgebauten Dachgeschosses

Fast alle Grundsätze des kostensparenden Bauens konnten bei dem Projekt realisiert werden:

- Mit einem Tragraster von 3,80 m,
- Dreispänner,
- viergeschossig,
- das Dach zusätzlich zum vierten Obergeschoß als Maisonette-Wohnung mitgenutzt (Abb. 85),
- alle Installationen an einem Strang,
- Ausnutzung aller baurechtlichen Bestimmungen,
- Wandstärken von 11,5 cm, teilweise über vier Geschosse,
- vorgefertigte Wände und Treppen,
- jedoch: hohe Wohnumfeldqualität,
- mit Außenanlagen, die über 10 % der Kosten in Anspruch nahmen.

Anstelle der vorgeschriebenen Schallschutzfenster an der Gartenseite wurde die Lärmbelästigung einer Bäckerei ausgeschaltet, indem in deren Schornstein- und Abluftanlage eine Lärmschutzanlage eingebaut wurde.

Das Projekt hat eine Tiefgarage, die ohne jede Dichtung als Sperrbetonlösung errichtet wurde, zu Kosten des Einstellplatzes von 15.000,– DM und zehnjähriger Gewährleistung gegen Undichtigkeiten.

Das Ergebnis: Baukosten unter 1.400,– DM je m² Wohnfläche und Mieten von 4,30 DM bei hoher Nutzungsqualität. Die Mieter im Erdgeschoß haben ihren Mietergarten sowie jeder in der Unterflurgarage eine Einstellbox mit eigenem Garagentor.

Detailangaben Tragwerk siehe Teil II, Seite 117 und 118.

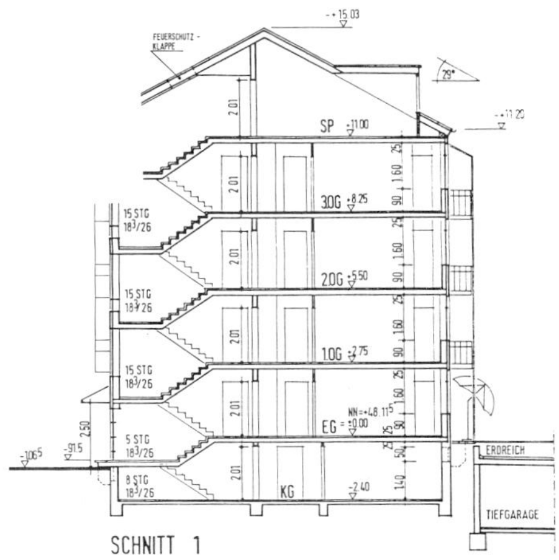

Abb. 86: Schnitt; Ausbau bis zum Spitzboden

Abb. 87: Ansicht vom Garten mit Schnitt Tiefgarage

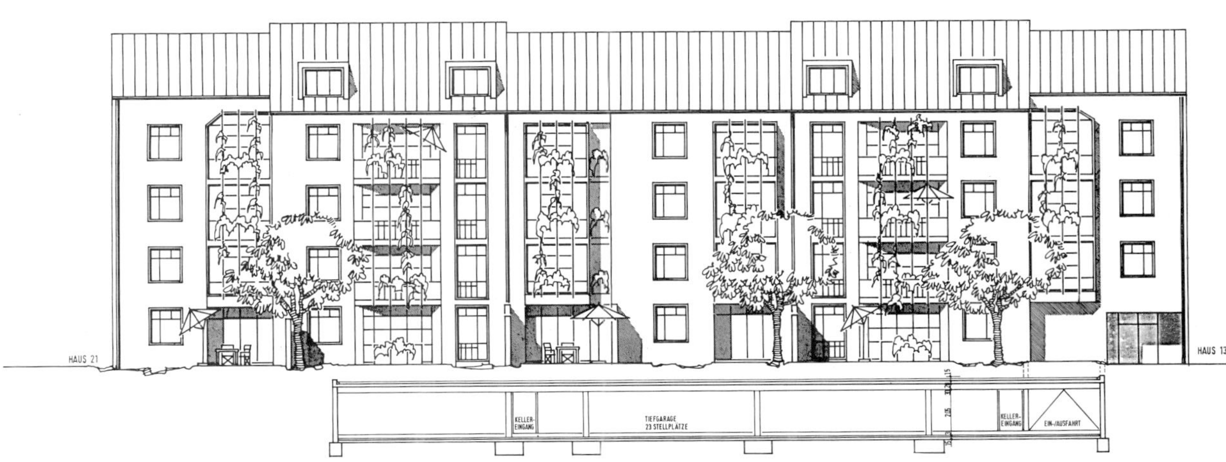

5.2 Sozialer Wohnungsbau mit Mietermitwirkung in der Teutoburgia-Siedlung in Herne – Projekt der Internationalen Bau-Ausstellung Emscher Park

Für die ehemaligen Bewohner der Abriß-Siedlung wurde hier als Modellfall ein Projekt mit Mietermitwirkung verwirklicht. Neben dem Wohnangebot für verschiedene Nutzer sollte Mietermitbestimmung bei flexiblen Grundrissen unter Beachtung ökologischer Ansätze durchgeführt werden. Regenwassernutzung und Energie-Einspartechnologien sollten erprobt werden.

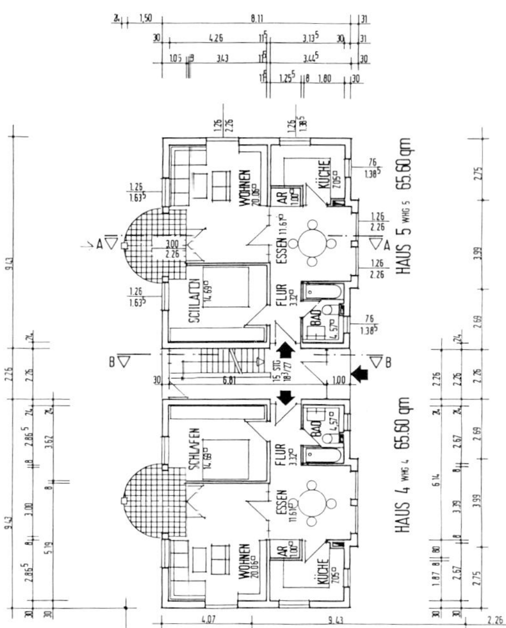

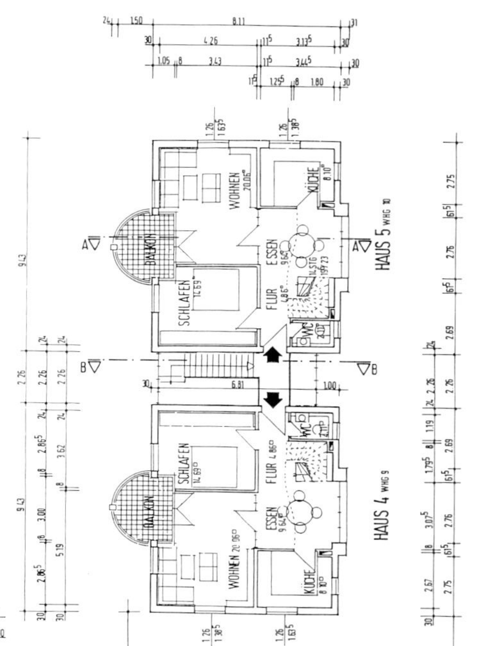

Abb. 88: Wohnen wie im Einfamilienhaus mit flexiblen Grundrissen: Die Einzelgebäude sind ablesbar. Mitteltragwand über alle Geschosse 11,5 cm

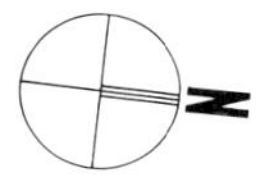

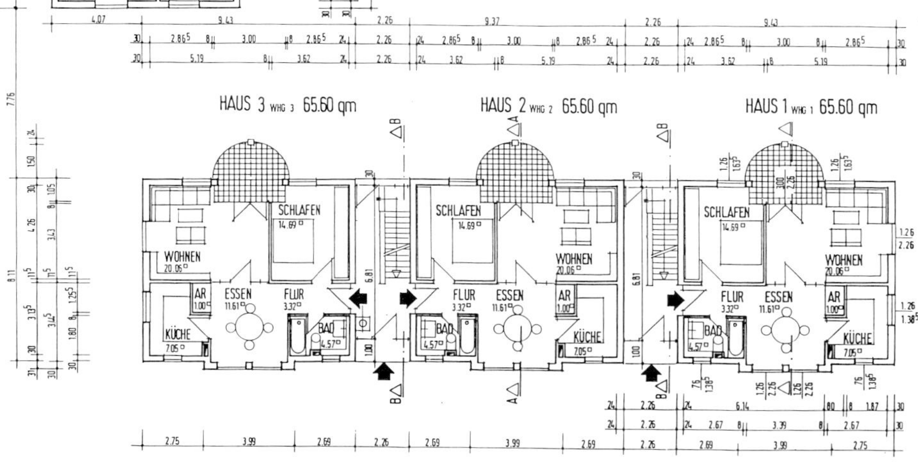

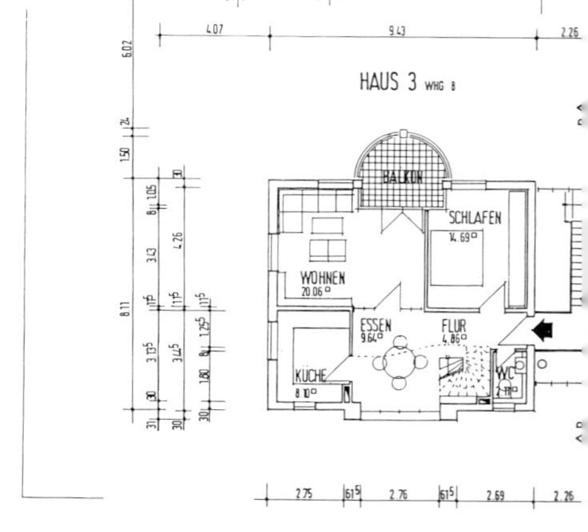

Abb. 89: Lageplan der Teutoburgia-Siedlung

Die Lösung: Wohnen wie im Einfamilienhaus in flexiblen Grundrissen. Zwischen den einfamilienhausartigen Wohnungen jeweils das freiliegende Treppenhaus. Im Erdgeschoß eine Wohnung für Ältere (Abb. 88), im ersten Obergeschoß als Maisonette mit dem Dachgeschoß verbunden, die größeren Wohnungen (bis zu drei Kinderzimmer) (Abb. 90, 91 und 95).

Lange hat es gedauert, die verschiedensten Wünsche der Bewohner in die Planung zu integrieren. Viele Mühen waren erforderlich, alle Beteiligten zufriedenzustellen. Doch die Planung und die Baudurchführung ist gelungen. Das Projekt konnte zu den üblichen Kosten des sozialen Wohnungsbaus erstellt werden.

Abb. 90: Grundriß 1. Obergeschoß; Eßdiele mit Luftraumverbindung bis ins Dachgeschoß

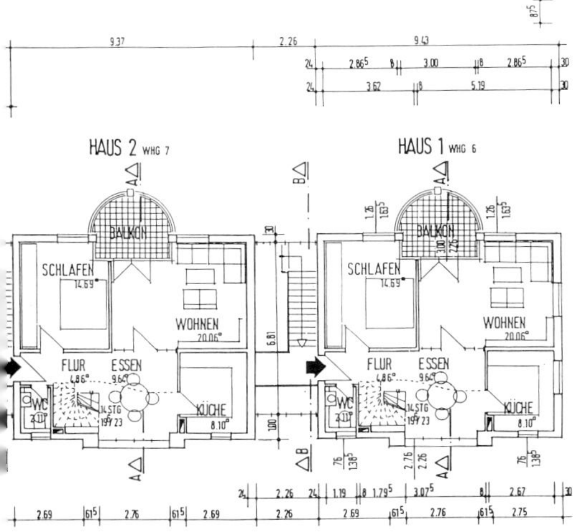

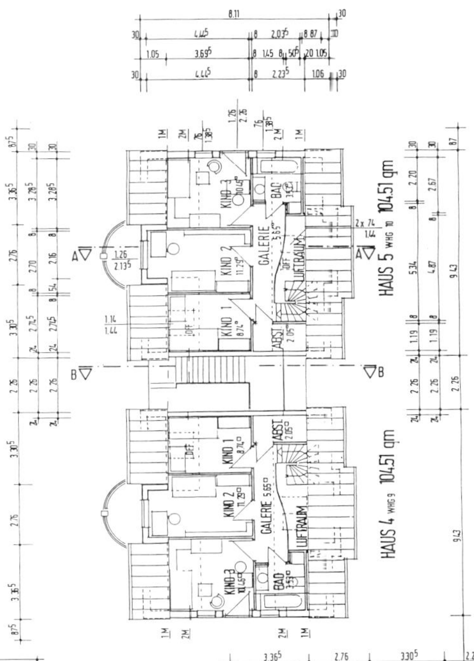

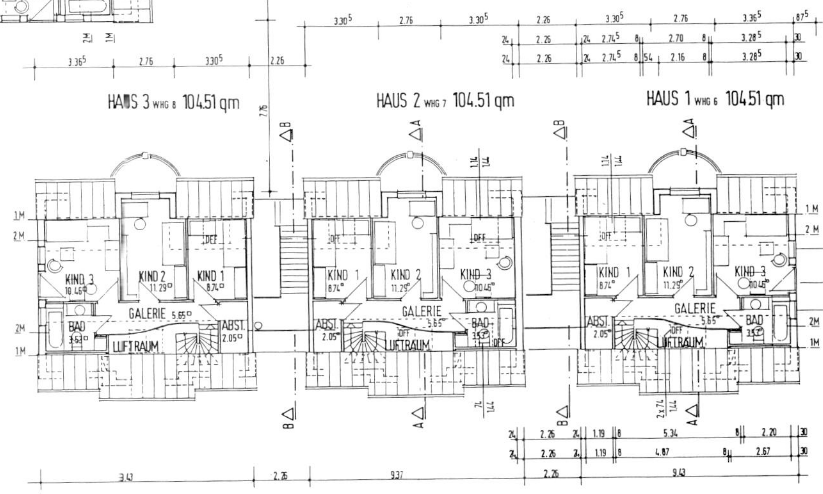

Abb. 91: Grundriß Dachgeschoß; Maisonette-Wohnungen für jeweils fünf Personen im 1. Obergeschoß und Dachgeschoß

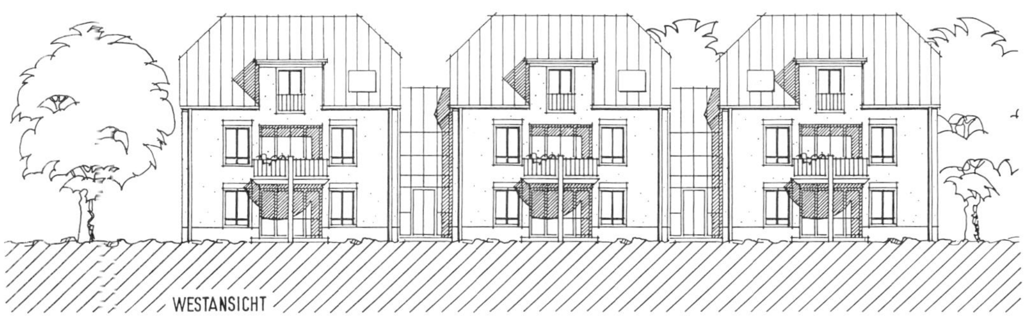

Abb. 92 und 93: Fassaden-Typologie in Angleichung an die umgebende Struktur der Arbeitersiedlungen

Abb. 94: Allseitig verglaster Zwischenraum, als Erschließungsbereich genutzt

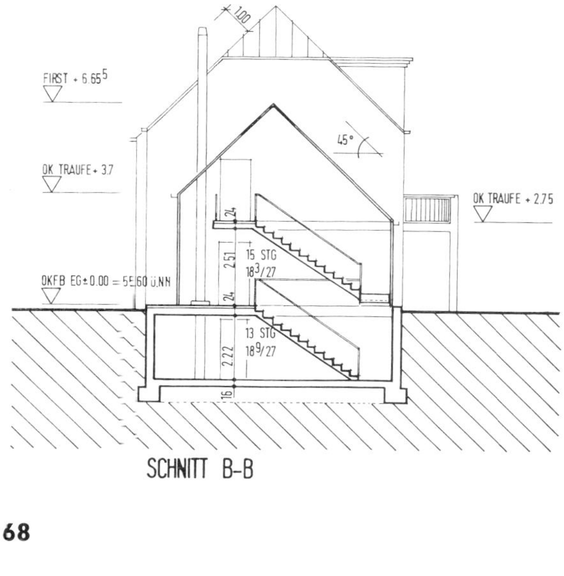

Abb. 95: Maisonette-Wohnung in den oberen beiden Geschossen

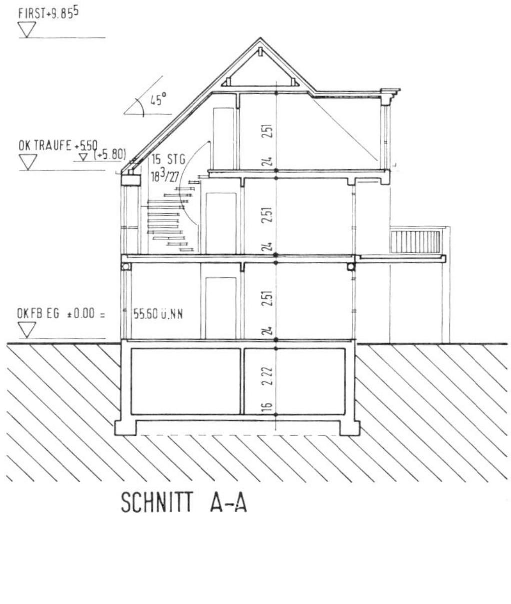

5.3 Arbeitersiedlungshaus in Essen-Karnap als Mietdoppelhaus

Dieses ist eine Modellmaßnahme der Veba-Wohnen, Bochum, mit der bewiesen werden soll, daß innerhalb von Arbeitersiedlungen, auf vorhandenen Brachflächen, eine Einpassung zu günstigen Kosten und ökologisch verträglich möglich ist (Abb. 97 bis 101).

Abb. 96: Giebelansicht

Abb. 97: Straßenansicht

Abb. 98: Schnitt A–A

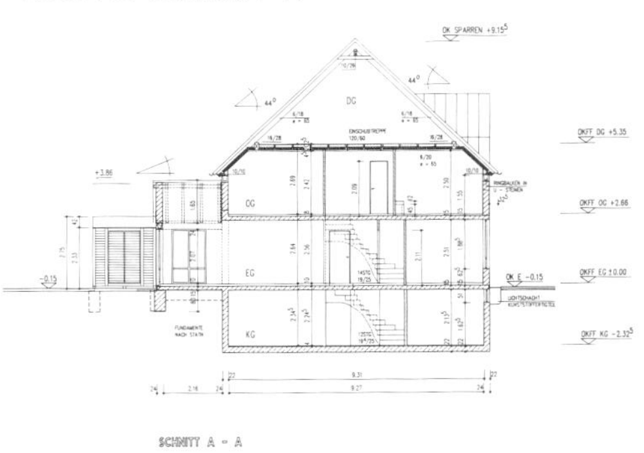

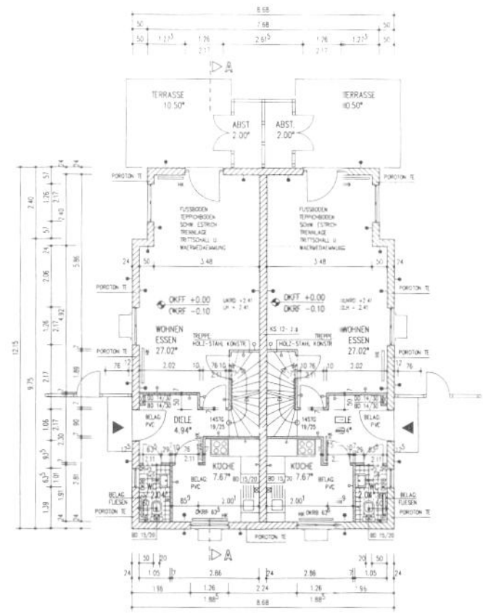

Abb. 99 und 100: Bis ins letzte ausgereifter Grundriß auf vorgegebenem engem Raum; oben Erdgeschoß, unten Obergeschoß

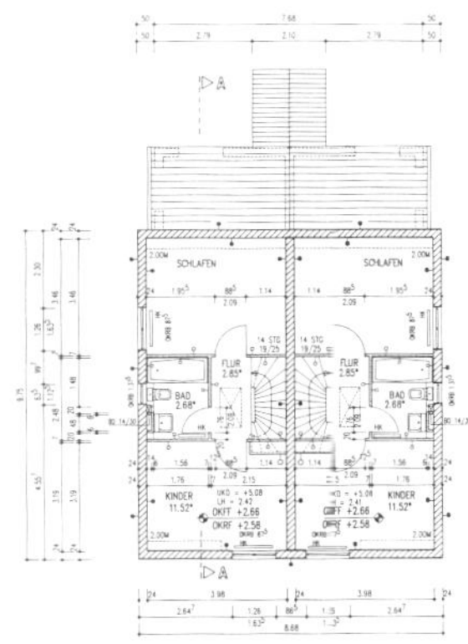

Dabei sollten die vorhandene Baukörperstruktur und die Gestaltung der Siedlungshäuser übernommen werden. Die erprobten Grundrisse der alten Arbeitersiedlung dienten als Vorbild. Das Gebäude mit einer Wohnfläche von ca. 85 m² konnte im Herbst 1990 zu Kosten von ca. 165.000,– DM und damit zu den üblichen Mieten des sozialen Wohnungsbaus fertiggestellt werden.

Ein ähnliches Projekt für Altenwohnungen ist zur Zeit in Herne, Teutoburgia in der Planung und kurz vor Baubeginn. Der große Vorteil dabei: Die alten Menschen in der Siedlung bleiben in ihrem angestammten Wohnquartier und ziehen aus den größeren Einfamilienhäusern gern in die Altenwohnungen. Sie machen damit ihre großen Einfamilienhäuser für kinderreiche Familien frei.

Abb. 101: Siedlungshaus kurz nach der Fertigstellung

5.4 Übergangswohnheim als späteres Mietwohnungsprojekt in Hattingen

Mit Mitteln des Sozialministers, als Übergangswohnheim geplant und gebaut, zeigt dieses Beispiel deutlich, daß es nicht billige Baracken und Container sein müssen, die Raum für Aus- oder Übersiedler schaffen. Es wurde ein Grundriß für Wohnheimplätze entwickelt, die später in Sozialwohnungen umgewandelt werden können. Die Investition ist nicht vertan, sondern kann im wesentlichen später weiter genutzt werden (Abb. 102 bis 108).

Der Vergleich der beiden Grundrisse im Detail (Abb. 107 und 108) zeigt deutlich, daß dabei keinerlei Grundrißveränderungen erforderlich sind und nach der Nutzung als Übergangsheim nur noch das Finish verändert werden muß.

Abb. 102: Von Geschoß zu Geschoß differenzierte Ausbildung von Stahlbeton-Fertigteilbalkonen

Abb. 103: T-förmige Grundrißkonzeption zur Erschließung von drei großen Wohnungen über ein Treppenhaus

Abb. 104: Südseite

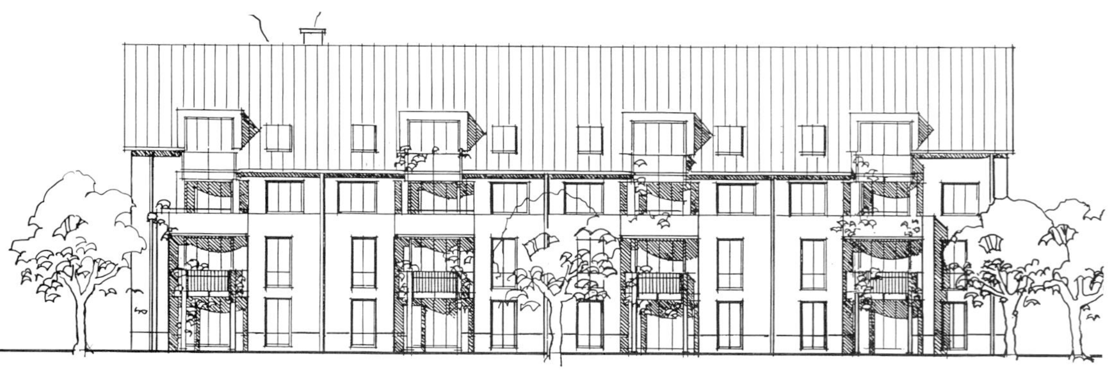

Abb. 105: Südansicht

Abb. 106: Nordansicht

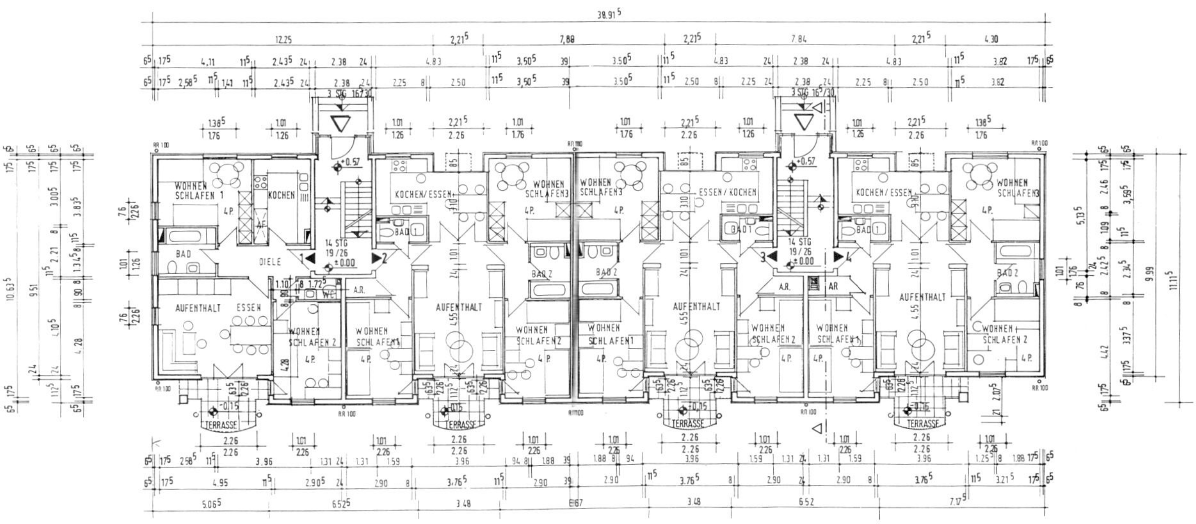

Abb. 107: Grundriß Erdgeschoß; Nutzung als Übergangswohnheim für Aussiedler

Abb. 108: Dachgeschoß, gleiche Nutzung wie Erdgeschoß

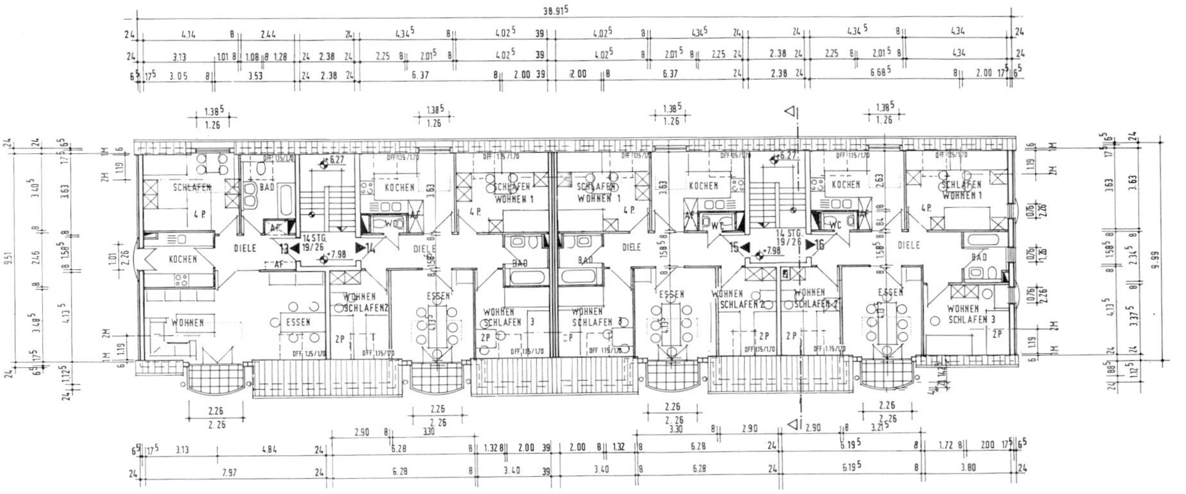

5.5 Wohnbebauung in Essen-Katernberg – Ankauf beim Landeswettbewerb NRW kostengünstiger Mietwohnungsbau, 1993

Das folgende Planungsbeispiel zeigt eine kostengünstige Gesamtlösung unter Berücksichtigung einer soliden Gestaltqualität.

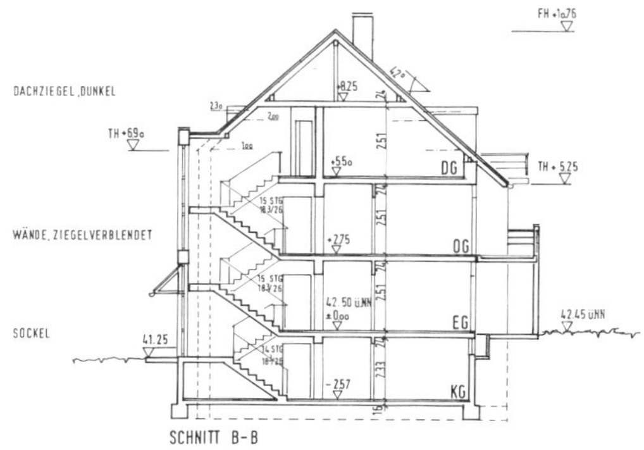

Abb. 109: Schnitt B–B mit dem knapp bemessenen Treppenhaus

Abb. 110 und 111:
oben: Rückansicht
unten: Eingangsfront
Die kompakte Bauform zeigt die wenigen, immer wiederkehrenden Fensterformate, die die Fassade diszipliniert gliedern, wie auch die Betonfertigteil-Balkone in thermisch getrennter Konstruktion

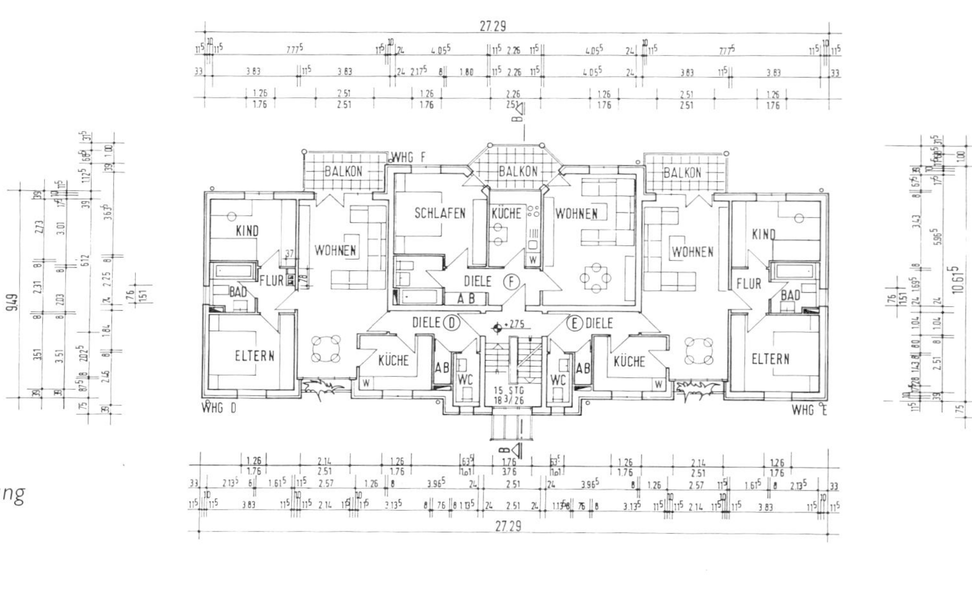

Abb. 112: Grundriß 1. Obergeschoß; Lösung als Dreispänner als Voraussetzung für ein wirtschaftliches Ergebnis

Abb. 113: Ausgebautes Dachgeschoß

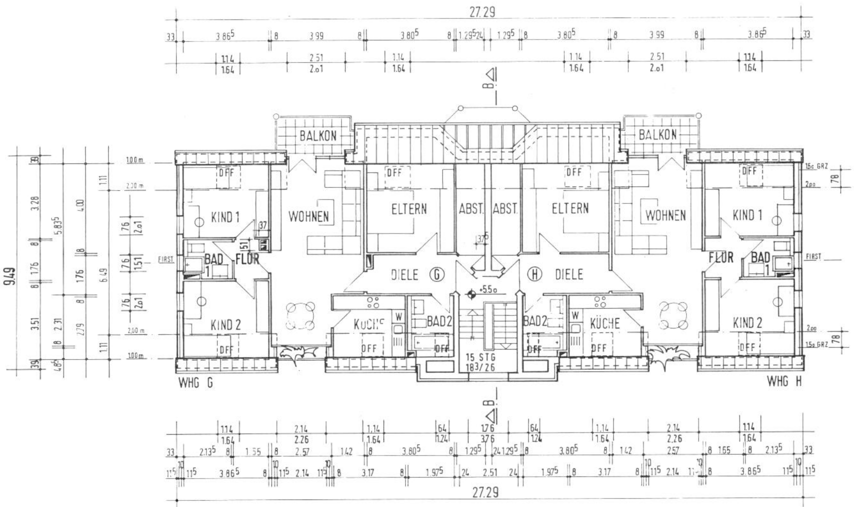

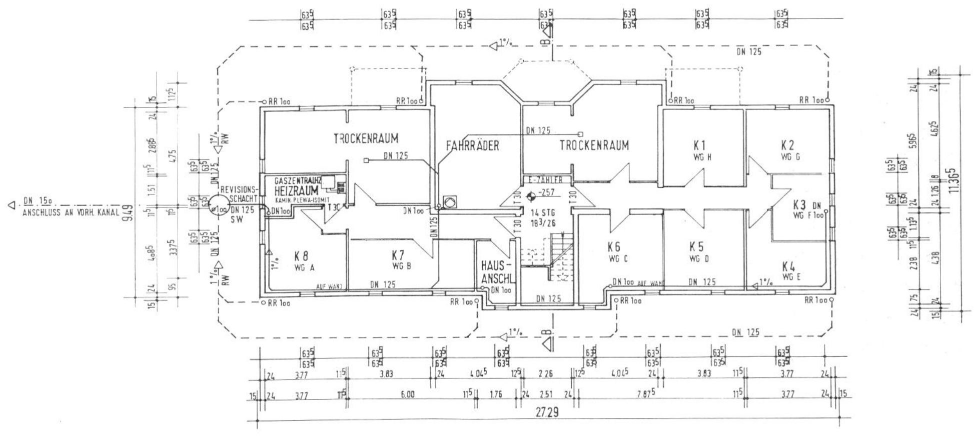

Abb. 114: Kellergeschoß; strenge Schottenbauweise als Voraussetzung wirtschaftlicher Planung

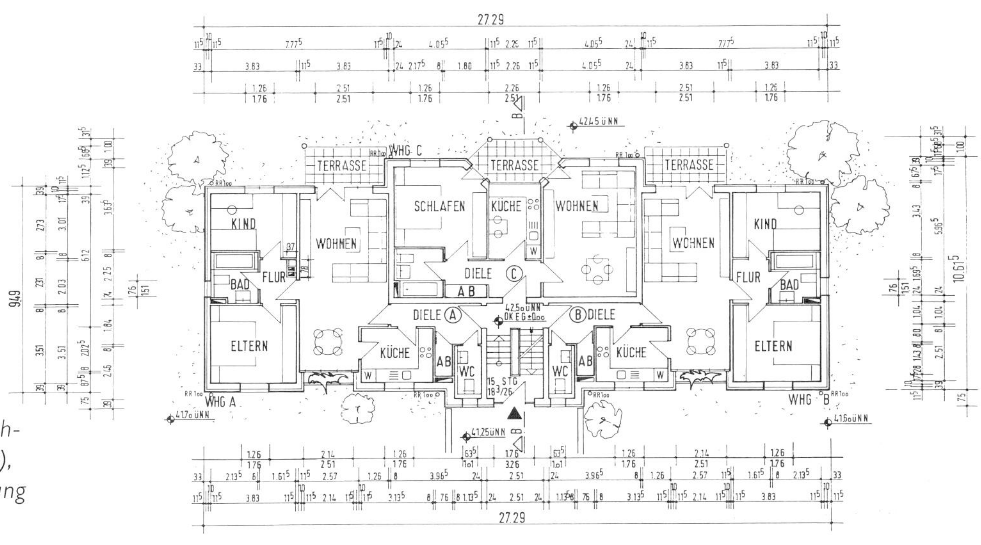

Abb. 115: Erdgeschoß; zweiseitig belichteter Wohn-Eßraum (»Durchwohnen«), tragende Wände innerhalb der Wohnung in allen Geschossen 11,5 cm

Abb. 116. Lageplan

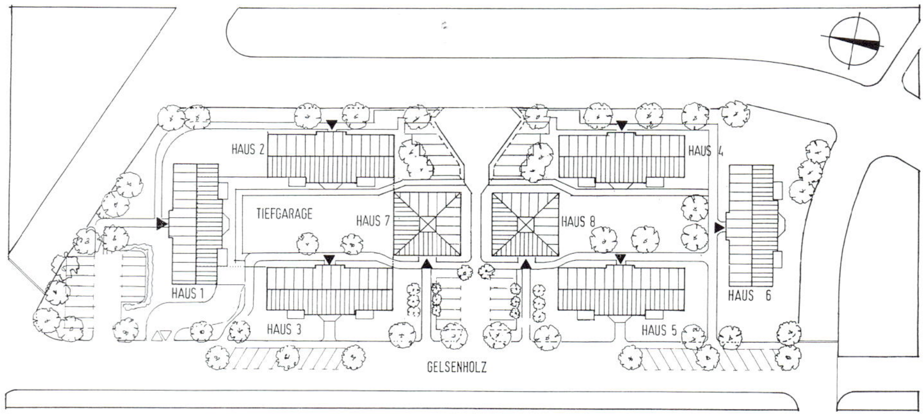

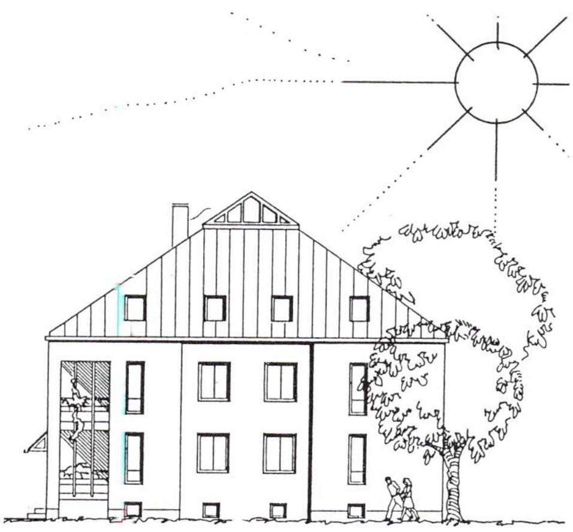

Abb. 117: Seitenansicht Haus 7 und Haus 8

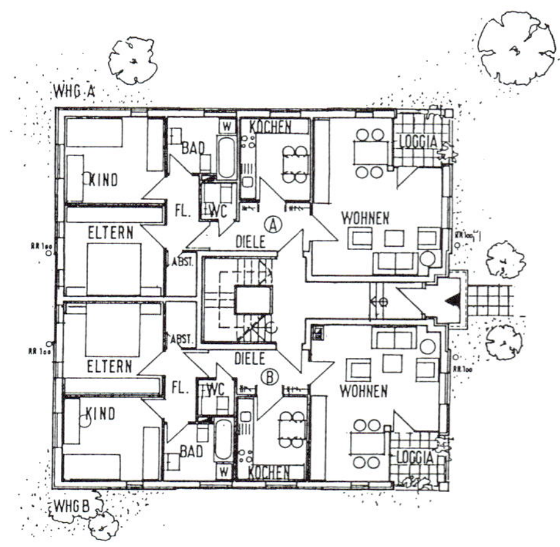

Abb. 119: Dachgeschoß

Abb. 118: Eingangsansicht Haus 7 und Haus 8

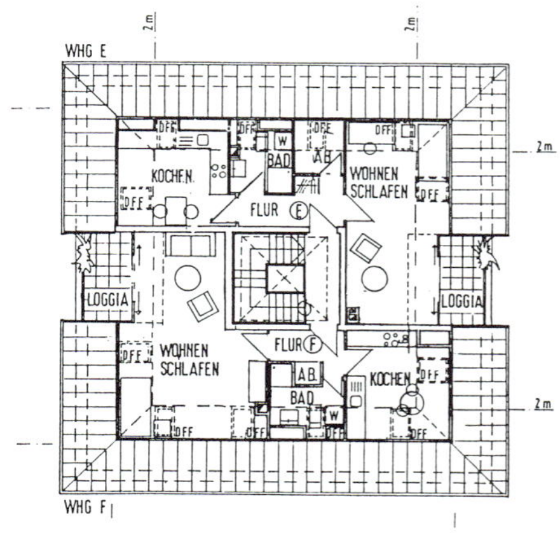

Abb. 120: Erdgeschoß

5.6 Prämierter sozialer Wohnungsbau in Herne, Wilhelmstraße

Das hier gezeigte Bauvorhaben wurde im Jahre 1993 beim Landeswettbewerb »Kostengünstiger Mietwohnungsbau in Nordrhein-Westfalen« mit einem 1. Preis ausgezeichnet.

Das Bauvorhaben umfaßt insgesamt 17 Wohneinheiten unterschiedlicher Größe. Es sind sowohl Wohnungen für Kinderreiche, Wohnungen für junge Familien, Einpersonenwohnungen als auch Wohnungen für alte Menschen vorgesehen.

Abb. 121: Hoher Fassadenstandard mit Ziegelverblendung

Abb. 122: Mit Wintergärten und Loggien gegliederte Südseite

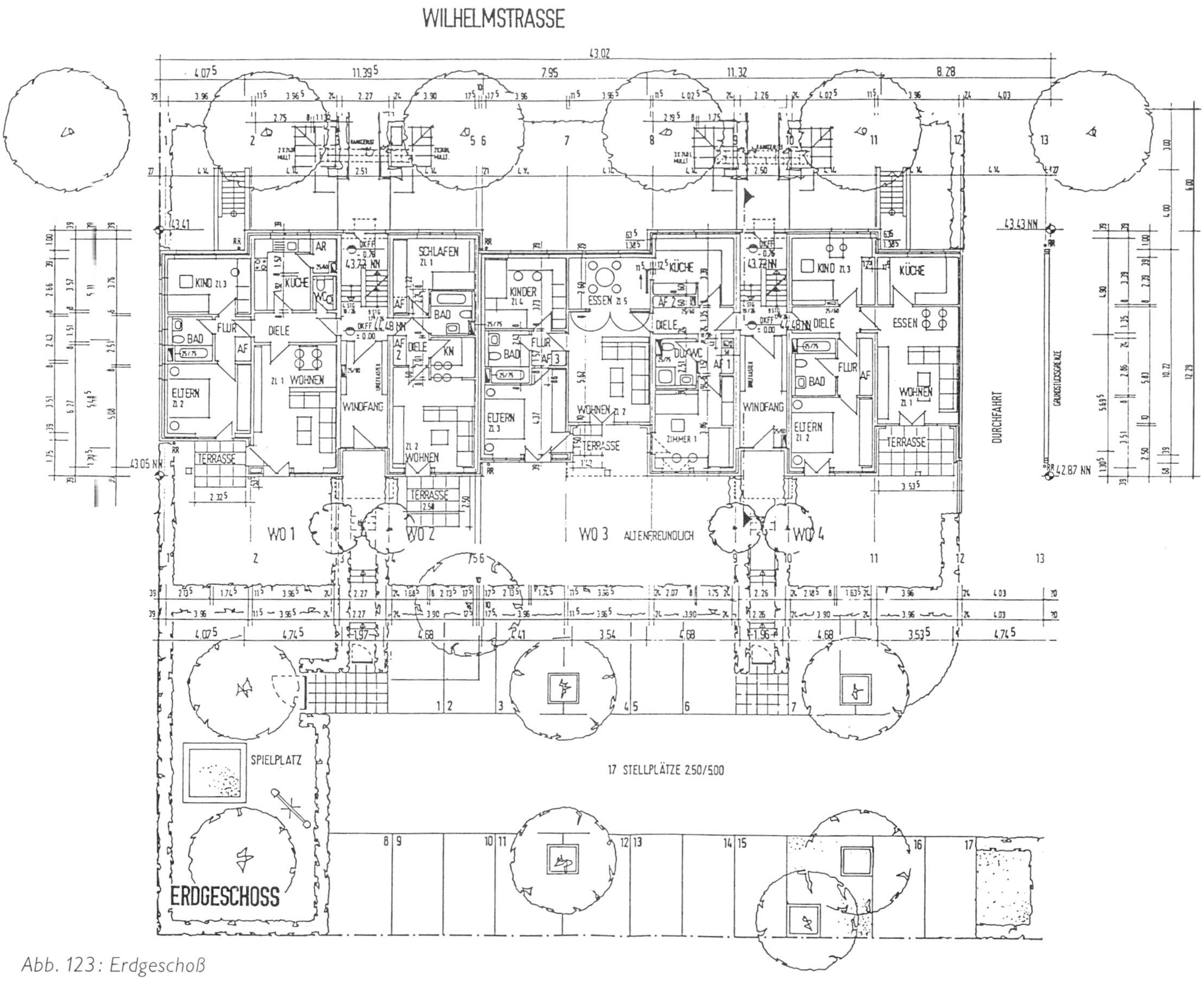

Abb. 123: Erdgeschoß

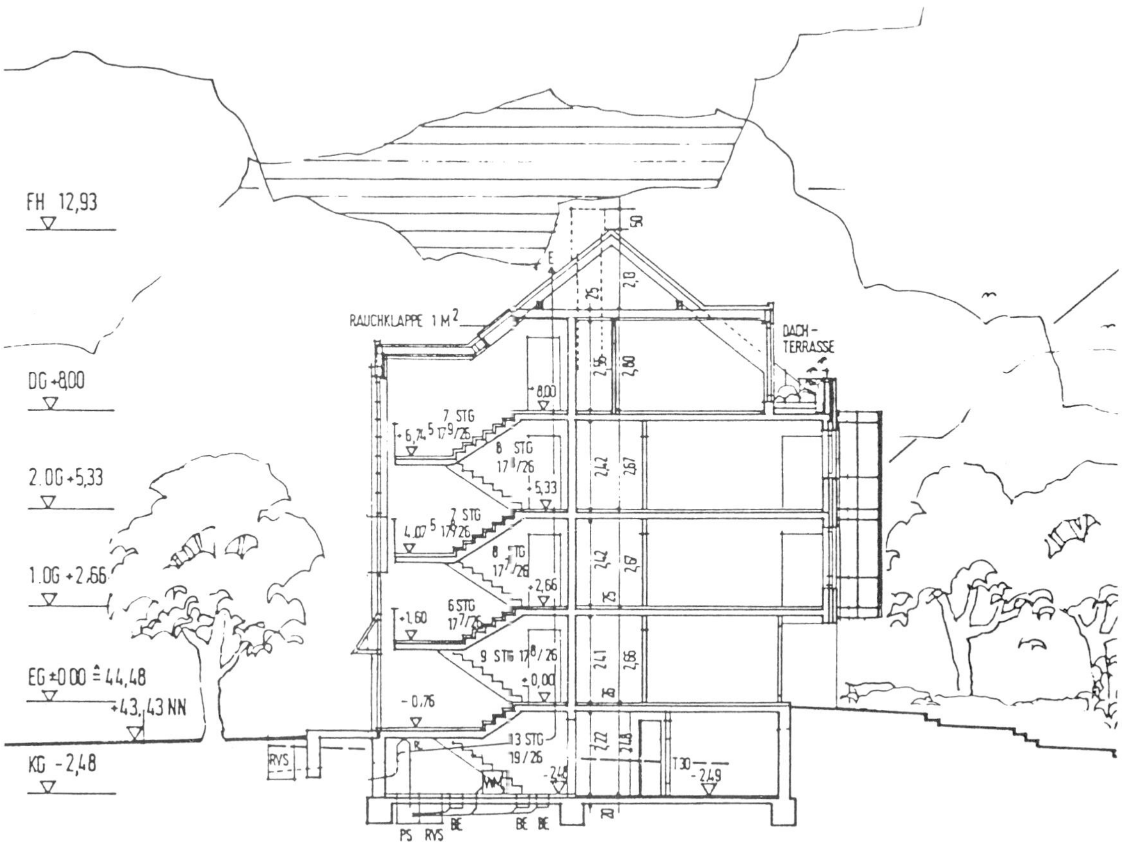

Abb. 124: Schnitt A – A

Besonders reizvoll sind die Wohnungen im Dachgeschoß, die teilweise eine weitere Galerieebene erhielten.

Es ist eine klassische Erschließung als Zwei- und Dreispänner geplant worden. Der ruhende Verkehr befindet sich auf der Rückseite des Gebäudes und ist teilweise in Garagen untergebracht.

Das Projekt ist ein Beispiel, wie mit einer kostenoptimierten Planung ein reizvoll gegliedertes Gebäude entstehen kann, das Ansprüche an eine formale Qualität verwirklicht. Dieses Ziel ist hier trotz knappen Kostenbudgets verwirklicht worden.

Die Primärkonstruktion des Gebäudes besteht aus Kalksandsteinplanelementen mit Stahlbetondecken. Weiterhin hat das Gebäude einen hervorragenden Wärmeschutz und berücksichtigt dabei passive Sonnenenergiegewinne durch die Anordnung von Wintergärten auf der Südwestseite.

Der Ausstattungsstandard orientiert sich an der üblichen Ausstattung des heutigen Wohnungsbaus und berücksichtigt vor allem eine möglichst wartungsfreie Oberflächengestaltung.

Trotz der relativ geringen Gebäudekosten von ca. 1.750,– DM/m² WFL (Bauwerkskosten laut Kostengruppe 3.0.0.0 nach DIN 276 inklusive Mehrwertsteuer) wurde ein hoher Fassadenstandard realisiert. Dieser umfaßt eine tragende Innenwand mit 17,5 cm Stärke, 10 cm Kerndämmung und eine Verblendung mit 11,5 cm Tonziegel.

Abb. 125: Die Erdgeschoßwohnungen erhielten einen direkten Gartenzugang

Abb. 126: Straßenansicht

Abb. 127: Gartenansicht

5.7 Reihenhäuser

Das Thema Reihenhaus soll hier ausschließlich in der Mietform behandelt werden.

Ausgehend von der klassischen Reihenhausform als Eigenheim, ist von uns in den letzten Jahren eine Reihe von Konzepten auch für den Mietwohnungsbau entwickelt worden. Hier gibt es eine Anzahl von Anwendungsmöglichkeiten, sei es der Genossenschaftsbau oder das Mietreihenhaus für die kinderreiche Familie oder die vorübergehende Unterbringung von Aussiedlerfamilien.

Da es in all diesen Bereichen wechselnde Nutzungsanforderungen gibt, ist die Flexibilität im Grundriß ein ganz entscheidendes Entwurfskriterium. Das Tragwerk muß nach unserer Einschätzung so konstruiert sein, daß Veränderungen ohne statische Eingriffe jederzeit möglich sind. Folgende Planungsziele sind bei solchen Projekten anzustreben:

- Kostengünstige und gesamtwirtschaftlich solide Lösung.
- Erdgeschoß als »Durchwohnen«-Grundriß für Standortunabhängigkeit bezüglich der Orientierung zur Sonne.
- Großzügige Hausbreite als Grundlage für Außenraumqualitäten.
- Flexibilität im Grundriß.
- Eignung für städtebauliche Reihung bis maximal vier Gebäude.
- An den Anfang und an das Ende einer Reihe gehört ein Endtyp.
- Raumreserven im Dachgeschoß.

Durch die nebenstehend gezeigte Konzeption des Tragwerks wird deutlich, daß in demselben Gebäude sowohl traditionelles Wohnen mit abgeschlossener Erschließung möglich ist als auch unkonventionelles Wohnen im offenen Grundriß.

Abb. 128: Gartenansicht, schlichte Putzfassade

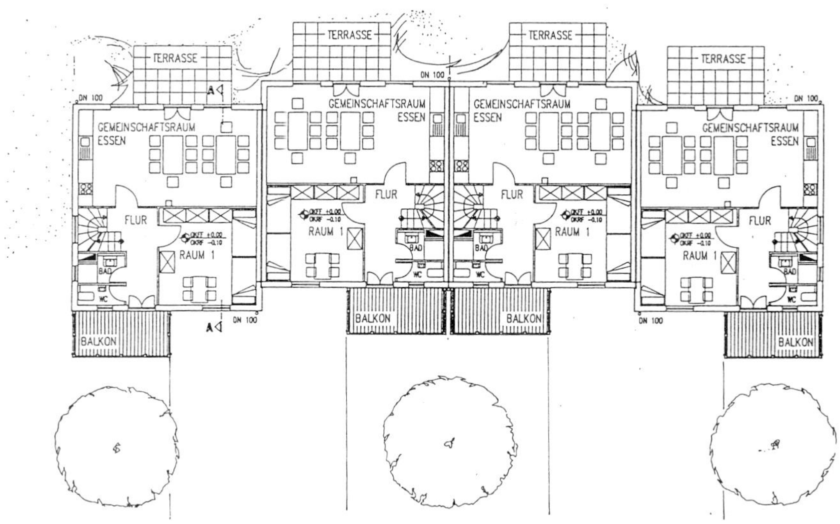

Abb. 129: Erdgeschoß, Übergangswohnhaus

Abb. 130: Giebelansicht

Abb. 131: Straßenansicht

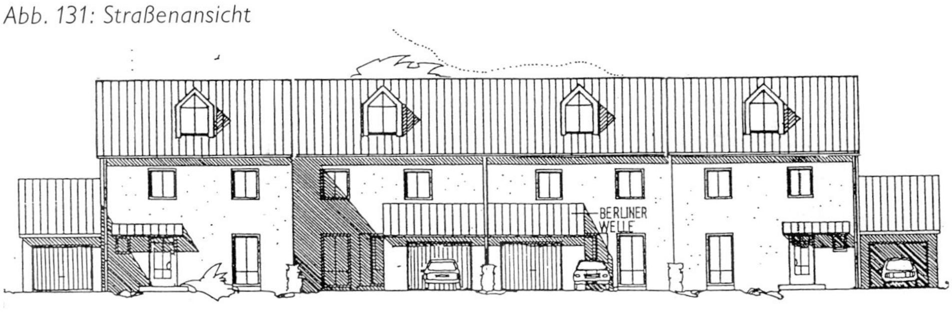

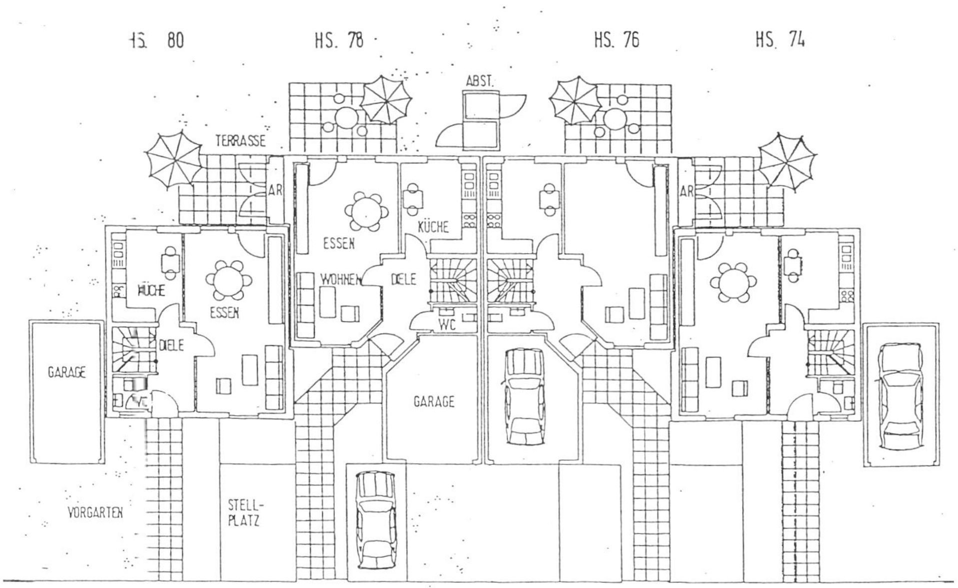

Abb. 132: Einfamilien-Erdgeschoß, Nutzung als Reihenhaus

Diese Grundkonzeption eignet sich auch hervorragend für die Ausbildung von Übergangswohnheimen für Aussiedler. Bei identischer Ausbildung des Tragwerkes wird hier für die vorgesehene Nutzung der Grundrisse entsprechend geplant, so daß in diesem »Reihenhaus« mehrere Aussiedlerfamilien vorübergehend eine adäquate Bleibe finden. Sollte die Wohnheimnutzung in einigen Jahren nicht mehr erforderlich sein, so ist dieses Gebäude mit relativ wenig Aufwand in ein Standardreihenhaus veränderbar, ohne in die Tragkonstruktion eingreifen zu müssen.

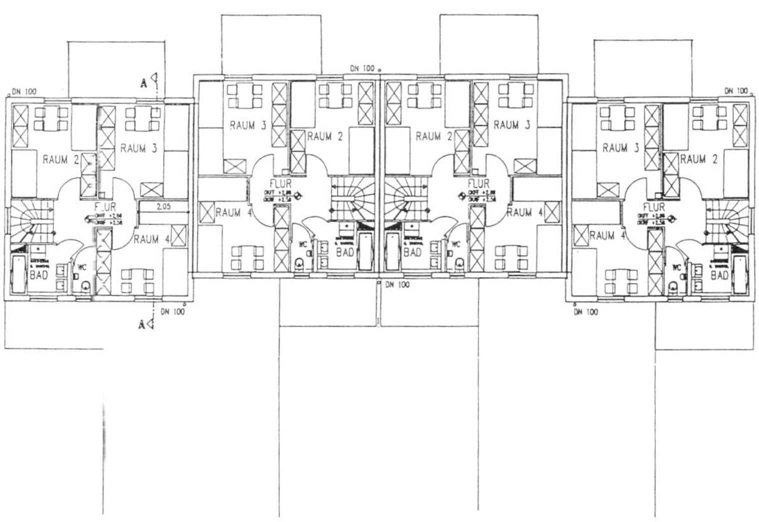

Abb. 133. Obergeschoß, Reihenhaus als Übergangswohnhaus

Abb. 134: Gartenansicht

TEIL II

Helfried Naumann

Tragwerksplanung
Baukostenoptimierte Konstruktionen

1 TRAGWERKSPLANUNG
BAUKOSTENOPTIMIERTE KONSTRUKTIONEN

Bei der Lektüre des ersten Teiles wird dem Leser nicht verborgen geblieben sein, daß an zahlreichen Stellen auf Kostenreduzierungen eingegangen wird, die in erster Linie den Rohbau betreffen.

Als Ergebnis jahrzehntelangen Umgangs mit baukostenoptimierenden Rechenverfahren ist festzuhalten, daß, bezogen auf alle Hochbaugewerke, der Rohbau die größten Möglichkeiten für Kosteneinsparungen bietet.

Wenn bei herkömmlichen Hochbauten der Rohbauanteil an den Gesamtherstellungskosten mit etwa 40% angegeben wird, dann kann er bei Gebäuden mit großen Rationalisierungseffekten durchaus bis auf 60% der Herstellungskosten ansteigen (siehe Tabelle 1). Erinnert sei an dieser Stelle nur an den Anwendungsbereich Elementdecken, bei denen die untere Bewehrungslage bereits in ca. 5 cm dicke Fertigteilplatten integriert ist, die mit Ortbeton zur geplanten Gesamtstärke ergänzt werden. Die Unterseite dieser Decken ist vollkommen eben, deshalb ist außer Fugenverspachtelung ein Deckenputz nicht mehr erforderlich. Bewährt hat sich, die Elementunterseiten mit Rauhfasertapeten zu bekleben. Systembedingt sind die Betonstahlkosten durch einen etwas größeren Bewehrungsaufwand höher als bei örtlich geschalten Deckenkonstruktionen. Dem stehen aber der schnellere Baufortschritt sowie ein entbehrlicher vollflächiger Deckenputz gegenüber.

Der Markt für Baukosten von Ausbaugewerken kann als weitgehend transparent angesehen werden. Preisvergleiche sind hier ohne Schwierigkeiten möglich. Woran es liegt, daß die Kosten eines Rohbaus bei gleichartigen Gebäuden dennoch stark voneinander abweichen können, ist auch unter Fachleuten umstritten. Dabei ist der Streubereich für häufig angetroffene Bauteilabmessungen und der Betonstahlverbrauch für übliche Hochbauten so groß, daß sich Zweifel einstellen, ob es sich dabei tatsächlich um gleichartige Gebäude handelt. So schwanken Deckendicken zwischen 16 bis 26 cm, Wandstärken sogar zwischen 11,5 bis 36,5 cm und der Betonstahlverbrauch pro Quadratmeter Deckenfläche manchmal zwischen 4 und 40 kg.

Die Ursachen für diese enormen Differenzen reichen von unterschiedlichster Sicht für zutreffende Rechenverfahren bis zu manchmal überzogenem Sicherheitsdenken bei Bauherren, Architekten und Ingenieuren.

In den folgenden Kapiteln werden Erfahrungen mit kostenoptimierenden Bauweisen dokumentiert. Angesprochen werden dabei die üblicherweise durch die statische Berechnung erfaßten Bauteile. Miteingeflossen sind auch Ergebnisse aus eigenen Forschungsuntersuchungen für den Bundesbauminister [2] und Erfahrungen, die über einen Zeitraum von 20 Jahren in nahezu allen Bundesländern gemacht wurden.

Anteilkosten der Gewerke bzw. des Rohbaues an den Baukosten

Reihenhaus als Mittelhaus Typ »Köln« einschließlich Vollunterkellerung und Dachgeschoßausbau

Wohnfläche 120 m² Nutzfläche 167 m² Umbauter Raum 547 m²	Rohbau-bezogene Kosten	Ausbau-bezogene Kosten	Aufteilung in %	
			Rohbau	Ausbau
002 Erdarbeiten einschl. Drainage:	3.238,– DM	–	2,0	
012 Mauerarbeiten:	44.362,– DM	–	28,1	–
013 Beton-/Stahlbetonarbeiten:	23.908,– DM	–	15,1	–
014 Naturwerksteinarbeiten:	512,– DM	–	0,3	–
016 Zimmer-/Holztreppenarbeiten:	8.588,– DM	–	5,4	–
019 Abdichtung gegen nichtdrückendes Wasser:	1.550,– DM	–	1,0	–
020 Dachdeckungsarbeiten:	4.050,– DM	3.165,– DM	2,6	2,0
022 Klempnerarbeiten:	1.360,– DM	680,– DM	0,9	0,4
023 Putz-/Stuckarbeiten:	–	2.284,– DM	–	1,5
024 Fliesen-/Plattenarbeiten:	–	4.213,– DM	–	2,7
025 Estricharbeiten:	–	4.602,– DM	–	2,6
027 Tischlerarbeiten (Geländer):	–	1.669,– DM	–	1,1
031 Metallbau-/Schlosserarbeiten:	445,– DM	–	0,3	–
036 Bodenbelagsarbeiten:	–	4.547,– DM	–	2,9
037 Tapezierarbeiten:	–	3.614,– DM	–	2,3
040 Heizungsarbeiten:	–	10.975,– DM	–	7,0
042 Gas-/Wasserinstallationen:	–	4.674,– DM	–	3,0
044 Abwasserinstallationen:	–	1.081,– DM	–	0,7
045 Gas-/Wasser-Sonderbauteile:	–	1.516,– DM	–	1,0
052 Mittelspannungsanlagen:	–	4.598,– DM	–	2,9
053 Niederspannungsanlagen:	–	166,– DM	–	0,1
065 Empfangsanlagen:	–	239,– DM	–	0,2
905 Fertig-Dachelemente:	6.896,– DM	–	4,4	–
906 Fertig-Fensterelemente:	–	7.030,– DM	–	4,5
907 Fertig-Torelemente:	–	7.807,– DM	–	5,0
Gesamtkosten:	94.909,– DM	62.860,– DM	60,1	39,9
	157.769,– DM		100 %	

Tabelle 1: Kostenstand 6/94

(grau unterlegt) Die größten Gewerke am Rohbau:
- *Mauerwerksbau*
- *Betonbau*
- *Holzbau*

Quelle [1], Seite 21, hochgerechnet von 6/88 auf 6/94 (≙ 1,33fach)

1.1 Von der Gründung übers Mauerwerk zum Lastabtrag

1.1.1 Gründungen

Bei der wirtschaftlichen Dimensionierung von Gründungen spielt die wirklichkeitsnahe Erfassung und Verteilung der Auflasten eine ausschlaggebende Rolle. Insbesondere bei ungeklärten Baugrundverhältnissen sollte ein Baugrundsachverständiger hinzugezogen werden. Dieser macht sich immer bezahlt, ermöglicht er doch in der Regel eine bessere Ausnutzung des Baugrundes. Ergebnis: geringere Fundamentabmessungen und wirtschaftlichere Gründungslösungen.

In Abstimmung mit den Sachverständigen ermöglichen gegenüber DIN 1054 reduzierte Fundament-Einbindetiefen (Abb. 1) oder auch bodenplattenartige Ausführungen (Abb. 2, 3 und 4) den Einsatz von Baumaschinen. Vermieden werden sollten Handschachtung (Abb. 5) und zu viele nur nacheinander mögliche Arbeitsgänge.

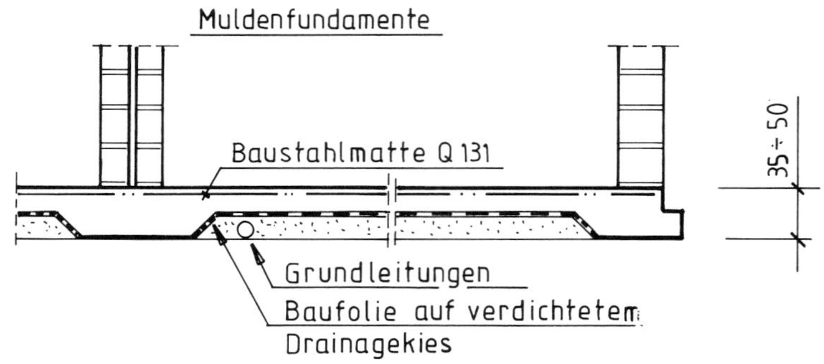

Abb. 1

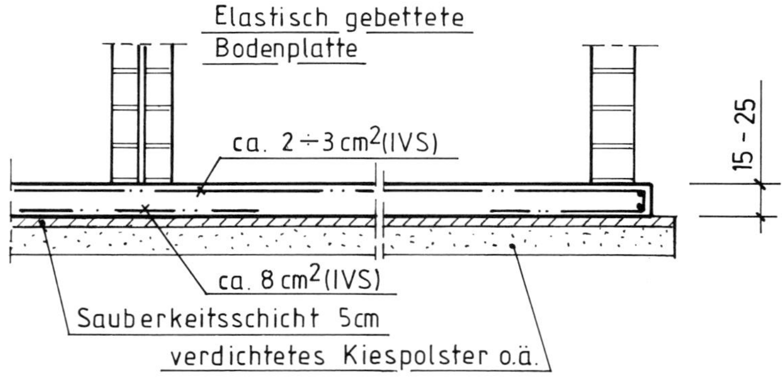

Abb. 2

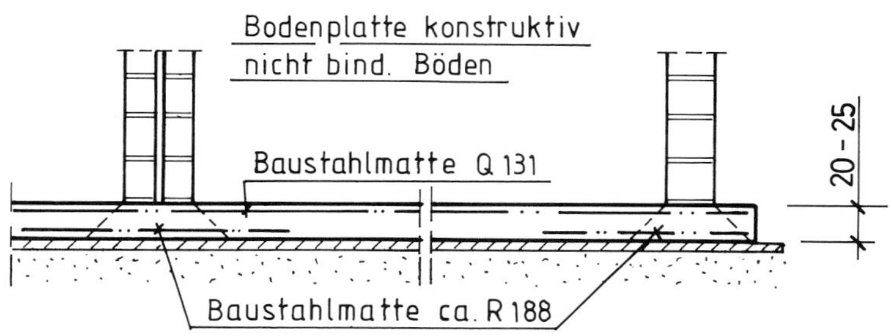

Abb. 3

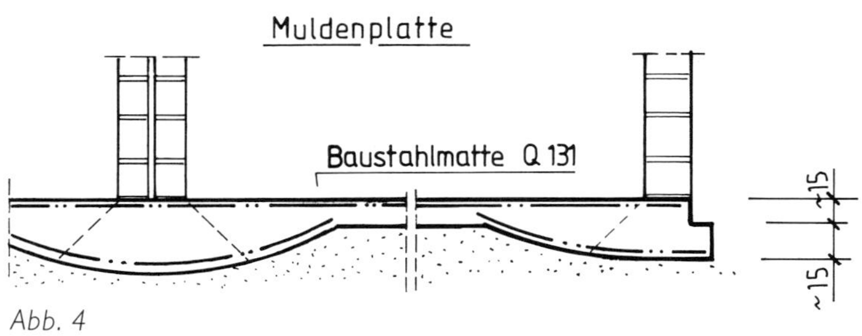

Abb. 4

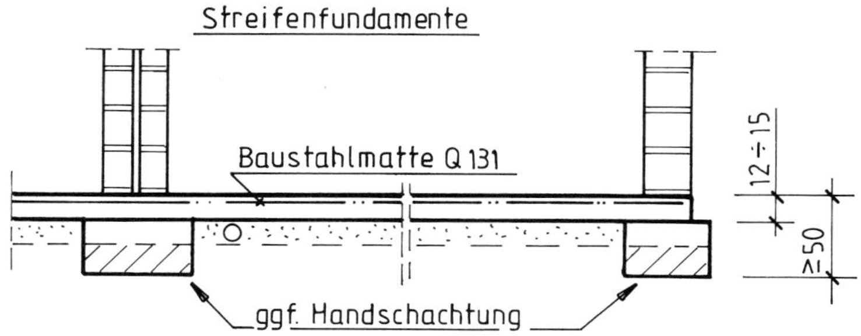

Abb. 5

1.1.2 Fundamente

Was wird bei Fundamentierungen mitunter an Beton- und Betonstahlmassen sprichwörtlich begraben! Möglichkeiten, Kosten einzusparen, sind gerade hier gegeben. Bei den gebräuchlichen Gründungsvarianten können sich Konstruktionsvergleiche auf zwei Hauptvarianten beschränken:

- Streifenfundamente
- Bodenplatten.

Beide Varianten bieten – vor allem, wenn ein Baugrundsachverständiger hinzugezogen wird – Optimierungsmöglichkeiten, die in mehrfacher Hinsicht zu Kosteneinsparungen führen. Beispiele dafür sind unter anderem:

- Verminderung der Einbindetiefe des Fundamentkörpers ab Kellerbodenebene. Große Einbindetiefen bedeuten Mehraufwand für Ausschachtung, gegebenenfalls Drainagekies, Fundamentseitenschalungen, Beton (Abb. 1).
- Handschachtung von Streifenfundamenten weitestgehend entbehrlich. Es bieten sich Gründungsarten an, die weitgehend mit Baumaschinen herstellbar sind, und bei denen sich eine »Handschachtung« auf das Entfernen aufgelockerter Bodenanteile beschränkt (Abb. 1 bis 4).
- Hinzuziehen eines Baugrundsachverständigen. Dessen Einschaltung sollte bei problematischen oder ungleichmäßig zusammengesetzten Böden zwingend sein, auch um Folgekosten während der Ausschachtungsphase zu vermeiden.

Manche Bauherren glauben, im Regelfall auf einen Baugrundsachverständigen verzichten zu können, übersehen dabei aber, daß sie sich so erhebliche Mehrkosten nicht nur durch Stillstandszeiten, sondern auch durch Neuberechnung der Gründung einhandeln können.

Mögliche Widrigkeiten sind

- Gegenüber rechnerischer Berücksichtigung abweichende Bodenart. Kritisch wird es, wenn die Belastbarkeit des Baugrundes nicht mit den vorher angenommenen zulässigen Bodenpressungen übereinstimmt und somit die Fundamente verbreitert werden müssen.
  Wenn umgekehrt ein wesentlich günstigerer Baugrund angetroffen wird, bleiben in der Regel die Fundamentabmessungen unverändert. Dann sind sie aber zu reichlich bemessen.
- Unerwartet vorhandenes Grundwasser bis oberhalb der Kellersohlenebene. In solchen Fällen ist meist die gesamte Kellerkonstruktion planerisch zu verändern und eine wasserundurchlässige Wannenausbildung erforderlich. Es entstehen erheblicher Planungsmehrbedarf, Baustillstandszeiten und nicht einkalkulierte Mehrkosten.
- Unerkannte Gefahr aus Bergsenkung oder Grundwasserabsenkung im Einflußbereich von Untertage- bzw. Tagebaugebieten.
- Wechselnde Baugrundschichten innerhalb einer Gründungsebene. Hier besteht die Gefahr großer Setzungsunterschiede sowie der Kuppenbildung der Fundamentierung im Bereich der nur geringfügig zusammendrückbaren felsigen oder steinigen Gründungszonen. Gebäudeschiefstellungen und/oder Risseschäden sind zumindest wahrscheinlich. Abhilfe wird bauseits erreicht durch zusätzlichen Materialabtrag im Bereich des nicht zusammendrückbaren Bodens mit Bodenersatz aus Kies als Pufferschicht. Diese Maßnahme führt dann zum Ausgleich auch größerer Setzungsunterschiede.

Gerade dieser letzte Punkt verdeutlicht, wie wichtig es ist, den Baugrundsachverständigen hinzuzuziehen. Die Kosten dafür sind meist geringer als die sich dadurch ergebenden Baukosteneinsparungen. Bewährt hat sich auch ein persönliches Gespräch zwischen dem Baugrundsachverständigen und dem Bauherrn bzw. Tragwerksplaner, und zwar bereits vor Erstellung des Gutachtens. Es macht preisgünstige und der jeweiligen Baumaßnahme eher angepaßte Fundamentierungslösungen möglich. Bei zahlreichen größeren Baumaßnahmen konnten oft Kosteneinsparungen für die Gründung erzielt werden, die ein Vielfaches der Honorarkosten für die eingeschalteten Ingenieure, (Baugrundsachverständiger und Tragwerksplaner) betrugen.

Zusätzlich ermöglichen die Untersuchungen des Sachverständigen oft größere zulässige Bodenspannungen, als die Baugrundnorm DIN 1054 für Regelfälle vorsieht.

Genauso erstrebenswert kann aber die bereits angesprochene Verringerung der Mindesteinbindetiefe von 50 cm auf möglicherweise nur 35 cm sein. Einer damit verbundenen Verminderung der Sicherheit gegen Grundbruch kann entweder durch entsprechende gutachterliche Zusatznachweise oder auch durch geringfügig verminderte zulässige Bodenspannungen begegnet werden (Abb. 1).

Grundsätzlich beginnt eine kostensparende Gründung nicht erst bei der Wahl von Fundament- oder Bodenplattenstärken, sondern bereits bei der Summierung von Wand- und

Pfeilerlasten! Die Ursachen für ungewohnt große Fundamentabmessungen sind oft eher in der Art der Lastenermittlung zu suchen als bei den Bodenverhältnissen selbst. Hier seien beispielhaft die Erfassung einer Lastkonzentration von Deckenanteilen neben dem Treppenauge genannt oder auch Spannungskonzentrationen unter Abfangbalken. Falls Wandnachweise vereinfacht unter Vernachlässigung der Lastausbreitung berechnet werden, müssen Fundamentnachweise automatisch zu große und damit unwirtschaftliche Fundamentabmessungen liefern.

Für die wirklichkeitsnahe Erfassung der Auflasten seien einige Anregungen gegeben:

- Lastermittlung für Gründung dann gesondert zusammenstellen, wenn die wirksame und zulässige Verteilung von Einzel- bzw. Blocklasten eine Verminderung der Gesamtbeanspruchung erwarten läßt (Abb. 6).
- Die Ermittlung von Lastanteilen aus Geschoßdecken ist unter Beachtung der meist zweiachsigen Wirkungsweise sinnvoll und dies auch dann, wenn Deckensysteme vereinfachend einachsig gespannt berechnet werden (Abb. 7).
- Aufteilung der Geschoßdecken in Lastflächen verhindert die ungewollt doppelte Berücksichtigung gleicher Deckenbereiche (Abb. 7).

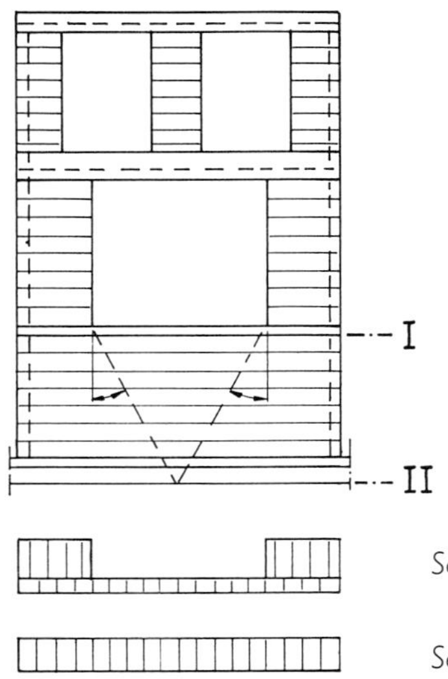

Lastverteilung
Blocklasten unter 30 bis 45°
(in Abhängigkeit vom Wandbaustoff)

Abb. 6

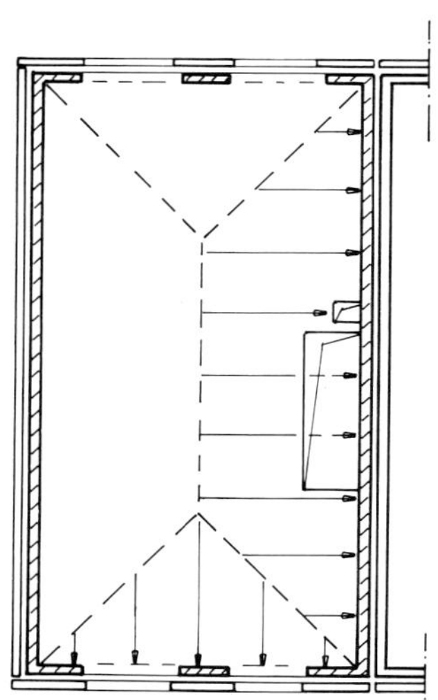

Deckenanteile Weiterleitung

Abb. 7

Streifenfundamente

Die herkömmliche Bauausführung zeigt Abbildung 5. Dabei wird im Regelfall sowohl Handschachtung als auch zusätzliche Seitenschalung der Streifenfundamente erforderlich. Der bei bindigen Böden vorzusehende Drainagekies wie auch der gesonderte Einbau der Bodenplatte erzwingen allerdings eine Bauausführung in mehreren Abschnitten.

Im Gegensatz dazu führen Streifenfundamente als Muldenlösung gemäß den Abbildungen 1 und 4 zu einer weitgehenden Vereinfachung der Arbeitsgänge, insbesondere wenn nach Rücksprache mit dem Baugrundsachverständigen die Fundamenteinbindetiefe reduziert werden kann.

Handschachtung sowie innere Seitenschalung sind nicht mehr notwendig. Weiterhin können die Betonarbeiten in einem Arbeitsgang erfolgen. In beiden Fällen reicht es oft aus, die statisch nicht mitwirkende Bodenplatte mit einer leichten Baustahlgewebematte im oberen Drittel konstruktiv zu bewehren (z. B. Q 131 bis Q 221). Durch diese »Angstbewehrung« sollen zumindest grobe Risse in der Platte vermieden werden.

Um bestmöglichen Schallschutz zu erreichen, werden insbesondere im Reihenhausbau, aber auch im Geschoßwohnungsbau zweischalige Wandkonstruktionen gewählt (z. B. 2 x 17,5 cm). Ohne Bedenken können diese auf ein gemeinsames Streifenfundament gestellt werden (Abb. 1 und 5).

Da durch Fugen getrennte Fundamente setzungsunempfindlicher sind als durchgehende Lösungen, sollte sich ihre Ausführung auf das Anwendungsgebiet bei Bauwerksfugen beschränken (Abb. 8). Diese werden im Abstand von ca. 30 m, in Ausnahme-

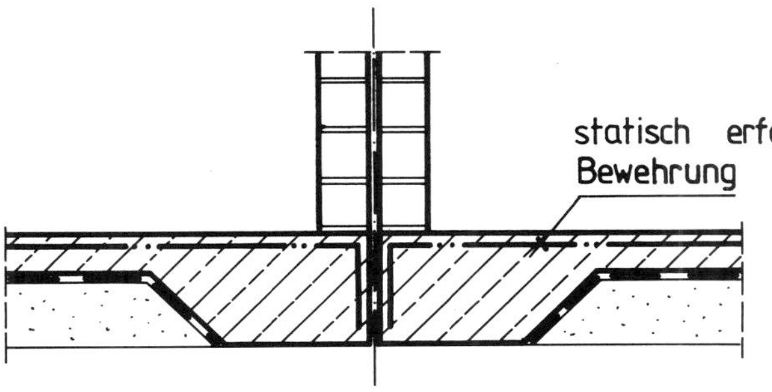

Abb. 8 *Trennung von Fundamenten im Regelfall nur bei Bauwerksfugen im Abstand von 30 bis 50 m*

fällen maximal 50 m, erforderlich. Bei nicht unterkellerten Gebäuden sollte der fachliche Rat eines Bauphysikers eingeholt werden. Insbesondere bei leichteren und dünnen zweischaligen Wänden könnten hier die Reserven des vorhandenen Schalldämmaßes nicht ausreichend groß sein, so daß eine Trennung der Fundamente sinnvoll wird.

Tragende Bodenplatten

Die klassische Bodenplatte auf elastischer Bettung bietet sich besonders bei schwierigen Gründungsverhältnissen an. Vorteile sind in der geringen Ausschachtungstiefe zu sehen, aber auch im Arbeitsverlauf. Bei weniger tragfähigen, bindigen Böden (Bettungsmodul < 100 MN/m^3) müssen diese Vorteile allerdings mit hohem Bewehrungsaufwand erkauft werden. Für eine 20 cm dicke Platte werden dann unter den Innenlängswänden wenigstens ca. 8 cm^2/m Betonstahl erforderlich.

Bei ungünstigen Bodenverhältnissen (z. B. Schluff) kann es sinnvoll sein, die Bodenplatte noch dünner auszuführen. Dadurch reduziert sich deren Steifigkeit mit dem Ergebnis einer weniger ausgeprägten Umlagerung in die Feldbereiche hinein. Dies spart Beton, ohne wesentlichen Einfluß auf den Gesamtbewehrungsaufwand. Allerdings sollte die Reduzierung der Plattenstärke keine besondere Schubbewehrung erforderlich machen (Abb. 2).

Bei Gründungsplatten auf nichtbindigen, festgelagerten Böden wird manchmal auf eine genaue Berechnung verzichtet und die Bodenspannung statt dessen für eine Verteilung der Wandlasten unter 45° ermittelt. Die Lösung ist in Abbildung 3 dargestellt. Sie ist bodenmechanisch problematisch, wird aber wegen des wesentlich geringeren Stahlverbrauchs dennoch erwähnt und sollte im Einzelfall nur in Abstimmung mit dem Baugrundsachverständigen erwogen werden. Setzungsunempfindliche, dichtgelagerte rollige Böden (z. B. Kies, Mergel bis Fels) vorausgesetzt. Zusätzlich kann das Risiko erhöhter bzw. unterschiedlicher Bauwerks-Setzungen durch eine Kellerversteifung durch Stahlbetoninnen- und -außenwände vermindert werden. Eine Vorabstimmung mit dem Prüfingenieur ist dann ratsam, wenn durch den Bausachverständigen selbst keine klare Aussage vorliegt.

In Einzelfällen kann auch die in Abbildung 4 dargestellte Muldenplatte vorteilhaft sein. Die Muldenausführung erfolgt dann im Zuge einer Nachverdichtung der Gründungssohle. Die Ausführung ähnelt etwa der Wirkungsweise gemäß Abbildung 1.

1.1.3 Kelleraußenwände

Üblich sind Ausführungen in Mauerwerk, Beton und Stahlbeton. Steht drückendes Wasser im Kellerbereich an, kommt ausschließlich die dritte Lösung in Frage. Dennoch werden Stahlbetonkellerwände oft auch dann vorgefunden, wenn statt dessen unbewehrter Beton oder auch Mauerwerk möglich wären.

Ausschlaggebend für die Ausführungsart sollten neben den Dichtigkeitsaspekten in erster Linie die örtlichen Herstellungskosten sein. Diese können strukturbedingt sogar von Bauunternehmen zu Bauunternehmen unterschiedlich sein.

Kelleraußenwände werden sowohl durch lotrechte Lasten in der Wandebene als auch durch waagerechte Lasten infolge Erddruck rechtwinklig zur Wandebene beansprucht. Durch die Erddruckbelastung entstehen in der Wand Biegemomente, die in die Bemessung miteinfließen. Bei zweiseitiger Halterung am Wandkopf und am Wandfuß wird die Erddruckbelastung nur in lotrechter Richtung und einachsig abgetragen. Wird die Kelleraußenwand darüber hinaus durch Querwände, Pfeilervorlagen oder Stahlbetonstützen in geringem Abstand gehalten, ist es möglich, auch der zweiachsigen Lastabtragung Rechnung zu tragen. Dadurch reduzieren sich die Biegemomente infolge Erddruck. Diese wirkt sich besonders günstig bei nur geringen Auflasten aus.

Nachweisprobleme bei Kelleraußenwänden gibt es in der Regel nicht bei großen, sondern bei geringen Auflasten.

Kellerwände in Stahlbeton

Haupteinsatzgebiet sind Kellerausführungen im Grundwasser. Bei Mindestwandstärken von 25 cm müssen die Wände außer ihrer statischen Funktion auch wasserdichtende Aufgaben erfüllen. Auf die dafür üblichen Bemessungen – gegebenenfalls für Zwangsschnittkräfte – braucht an dieser Stel e nicht näher eingegangen zu werden.

Obligatorisch ist eine Anschlußbewehrung aus der Bodenplatte und zumindest die Anordnung eines mittig stehenden Fugenbleches auf 10 bis 15 cm hohem Sockel, eine erhöhte Längsbewehrung im unteren Bereich der Wände sowie eine Mindestwandbewehrung von etwa Q 257 (Abb. 9).

Immer häufiger wird auch auf Aufkantungen oder Fugenblechlösungen zugunsten mittig aufgeklebter Quellbänder auf z.B. Naturkautschukbasis verzichtet. Diese quellen bei Wasserandrang unter Einlagerung von Wassermolekülen so auf, daß sich eine automatische Abdichtung einstellt.

Um die Bemessungsbedingungen aus Zwang infolge abfließender Hydratationswärme sowie Frühschwinden einhalten zu können, kann jedoch ein Betonstahlbedarf erforderlich sein, der drei- oder viermal so groß ist wie derjenige aus äußeren Beanspruchungen. Hier hat sich folgende Vorgehensweise zur Kosteneinsparung bei zahlreichen Bauvorhaben ausgezeichnet bewährt:

- Abstimmung mit dem Bauherrn (sinnvollerweise schriftlich), daß die gemäß DIN 1045 Abschnitt 17.6 vorzusehende Bewehrung zur Rissesicherung nicht voll eingelegt wird. Statt dessen werden höhere Anforderungen an die Betontechnologie gestellt, und es wird eine Bauweise mit verminderter Rißneigung gewählt [13].

In der Ausschreibung wird Sperrbeton vorgesehen, bei Einhaltung der gemäß DIN 1045 geforderten Ausschalfristen. Dann reicht die in Abbildung 9 angegebene Bewehrungslösung für viele Anwendungsfälle bereits aus.

Der Bauherr weiß, daß mit der vorgeschlagenen Lösung der Gesamtbewehrungsaufwand erheblich unterschritten wird. Aber es bleibt ein Restrisiko für das Auftreten von Zwangsrissen. Diese treten naturgemäß beim jungen, das heißt wenige Tage alten Beton auf, immer aber während der Rohbauzeit. Für diesen Fall ist eine Verpressung mit Epoxid oder Polyurethanharzen mit verhältnismäßig geringem Aufwand möglich.

Die mit dem Bauherrn abgestimmte Vorgehensweise sollte auch innerhalb der statischen Berechnung dokumentiert und mit der Bauaufsicht bzw. dem Prüfingenieur abgestimmt werden. Erreichbar wird eine Verringerung an Betonstahl zwischen 15 und 30 kg/m^2 Wandabwicklung (Bewehrung für beide Wandseiten und in beiden Richtungen gleich). Kommt es durch weniger intensive Nachbehandlung der Betonoberflächen (zu geringe Ausschalfristen und damit Austrocknen, hohe Sonneneinstrahlung) im Einzelfall zu Rissen, lassen sich diese durch Injektion mit dafür geeigneten Harzen im Laufe der Rohbauausführung dauerhaft beheben.

Eine prinzipielle Anmerkung zu wasserführenden Rissen: Nach den derzeitigen Erfahrungen ist eine erfolgreiche Behandlung wasserführender Risse nur über eine Injektion mit Polyurethan möglich.

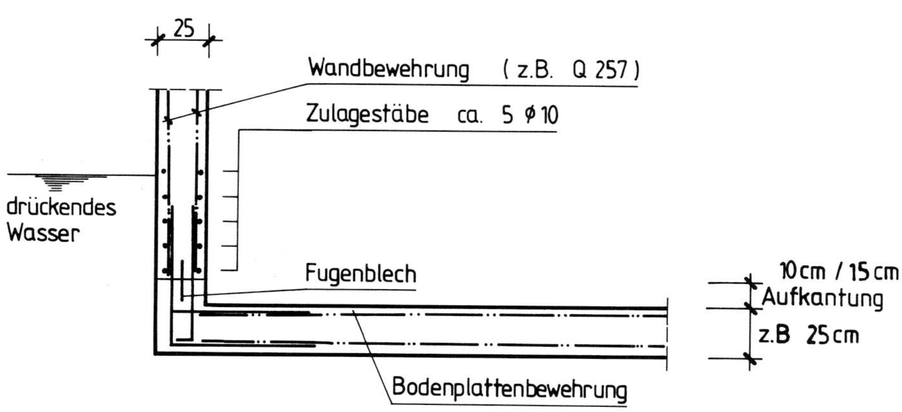

Abb. 9: WU-Wandlösung mit verminderter Wandbewehrung sowie Wandanschluß an die Bodenplatte im Grundwasser

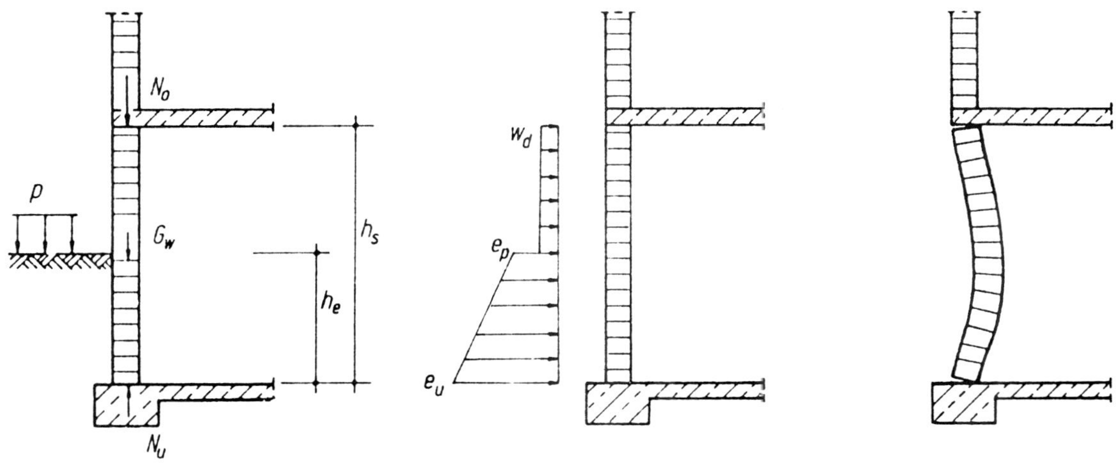

a) Schnitt *b) Schnitt mit Belastung* *c) Verformung der Wand*

Abb. 10: Belastung und Verformung einer Kelleraußenwand

Das aufgezeigte Verfahren wurde bei zahlreichen Bauvorhaben mit bestem Erfolg angewendet, häufig auch in Verbindung mit Sperrbetonlösungen im Sinn einer Ausführung als »Weiße Wanne«. Mehrere Fachfirmen bieten ihre Beratung bei der Herstellung von »Weißen Wannen« zu Kosten an, die oft nur einen Bruchteil der sonst üblichen Schwarzabdichtungen ausmachen.

Falls an die Kelleraußenwände keine besonderen Anforderungen gestellt werden, bestehen keine Bedenken, diese auch unbewehrt herzustellen. Auch die mit einer sogenannten Angstbewehrung hergestellten Betonwände (Q 131) können praktisch als unbewehrte Wand eingestuft werden. In solchen Fällen sollte man die Bewehrung also ganz entfallen lassen und statt dessen den Nachweis für eine unbewehrte erddruckbeanspruchte Wand führen.

Gemauerte Kelleraußenwände

Der heutige Stand der Mauerwerksnorm DIN 1053 Teil 1 (02.90) sowie Teil 2 (07.84) ermöglicht Wandlösungen mit geringeren Wandstärken oder Auflasten, als sie die frühere Norm vorschrieb. DIN 1053 Teil 1 und Teil 2 [3,4] berücksichtigt nämlich die tatsächlich vorhandenen Einspannungen der Wände in Decken beziehungsweise Fundamente (Abb. 10).

Die Belastung aus Erddruck bewirkt eine nach innen gerichtete Durchbiegung der Kelleraußenwand. Am Wandkopf und Wandfuß kann sich diese aber wegen der Einspannwirkung von Kellerdecke und Fundament nicht frei verdrehen. Dadurch entstehen Einspannmomente, deren Größtwert durch die Forderung bestimmt wird, daß die Querschnitte nur bis zur Wandmitte aufreißen dürfen. Die maximal möglichen Biegemomente betragen also am Wandkopf

$$M = \text{Auflast} \times d/3.$$

Für den Wandfuß kommt das Eigengewicht der Wand selbst hinzu, dort ist das zulässige Einspannmoment also noch geringfügig größer.

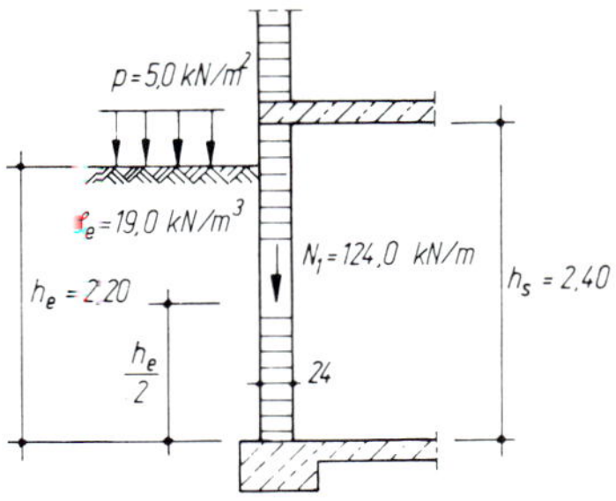

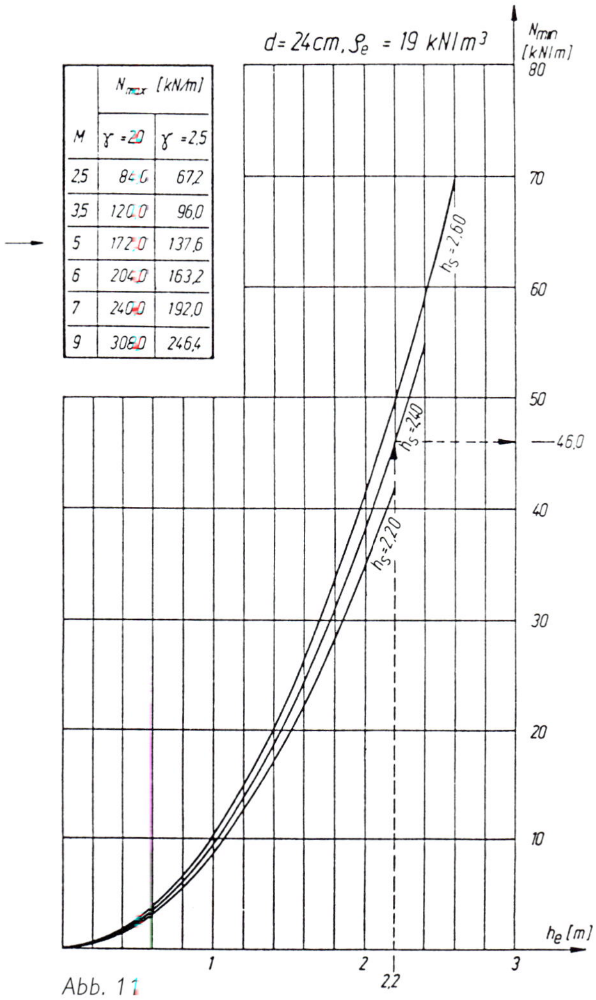

Abb. 11

Lichte	Wanddicke	Zulässige Erdanschüttung über dem Wandfuß h_e [m]						
		lotrechte Wandbelastung (ständige Lasten) am Wandkopf N_o [kN/m]						
[m]	[cm]	5	10	15	20	30	40	50
2,60	36,5	1,45	1,75	1,95	2,15	2,60	2,60	2,60
	30	1,25	1,50	1,70	1,90	2,25	2,60	2,60
	24	1,05	1,30	1,50	1,65	1,95	2,25	2,55
2,40	36,5	1,45	1,75	2,00	2,25	2,40	2,40	2,40
	30	1,25	1,50	1,75	1,95	2,35	2,40	2,40
	24	1,05	1,30	1,50	1,70	2,05	2,35	2,40
2,20	36,5	1,45	1,80	2,05	2,20	2,20	2,20	2,20
	30	1,25	1,55	1,80	2,00	2,20	2,20	2,20
	24	1,05	1,30	1,55	1,75	2,10	2,10	2,10

Tabelle 2: Zulässige Erdanschüttung für Keller-Außenwände nach DIN 1053 Teil 2 – Quelle [6]

Neben den Normalspannungen an der Stelle des größten Feldmomentes ist die Einhaltung der Normal- und Schubspannungen am Wandkopf und Wandfuß sichergestellt. Weiterhin sind in Tabelle 2 folgende Voraussetzungen eingearbeitet:

- *Steinfestigkeitsklasse ≧ 4*
- *Berechnungsgewicht der Keller-Außenwand (Rechenwert der Eigenlast)* $15\ kN/m^3$
- *Rohwichte der Anschüttung* $\varrho_e = 19\ kN/m^3$
- *Erddruckbeiwert* $k_a = 1/3$
- *Verkehrslast im Einflußbereich des Erddruckes* $p = 5{,}0\ kN/m^2$

Anwendungsbeispiel:
Keller-Außenwand, d = 24 cm
Tafelgebrauch nach DIN 1053 Teil 2
Ausgangsdaten gemäß Skizze

Mauerwerk M 5
Winkel der inneren Reibung $\varphi = 30°$
Wandreibungswinkel zwischen Hinterfüllung und Wand $\vartheta = 0°$
Erddruckbeiwert $k_a = 1/3$
Normalkraft in halber Höhe der Anschüttung $N_1 = 124{,}0$ kN/m

Gesucht:
Tragfähigkeitsnachweis der Keller-Außenwand mit Hilfe der Grenzwerte der Wandnormalkraft N_{min} und N_{max} in halber Höhe der Anschüttung.

Nachweis mit Hilfe von Tafeln [6]

Der Mindestwert der Wandnormalkraft N_{min} ist als Kurve aufgetragen, der Größtwert der Wandnormalkraft N_{max} ist in der Tafel als Tabelle angegeben.

Für die Mauerwerksfestigkeitsklasse M 5 und den Sicherheitsbeiwert $\gamma = 2{,}0$ liefert Abbildung 11 $N_{max} = 172{,}0$ kN/m

Der Mindestwert für die vorhandene Normalkraft der Wand aus ständigen Lasten in halber Höhe der Anschüttung ergibt sich aus Abbildung 11 mit $h_e = 2{,}20$ m und $h_s = 2{,}40$ m zu $N_{min} = 46{,}0$ kN/m
zul. max N > vorh. N_1 > min. erf. N
172,0 kN/m > N_1 = 124,0 kN/m > 46,0 kN/m

Die Tragfähigkeit der Keller-Außenwand ist damit nachgewiesen.

Ist die Normalkraft aus ständigen Lasten in halber Höhe der Anschüttung kleiner als der Mindestwert N_{min}, so ist ein pauschalierter Nachweis mit Tafeln oder Tabellen nicht mehr möglich. Es muß dann geprüft werden, ob der genauere Nachweis nach den ermittelten Schnittgrößen zum Ziel führt. Näheres siehe [6].

Rechenwert der Eigenlasten [kN/m³]	Lichte Kellergeschoßhöhe = Höhe der Anschüttung $h_e = h_s$ [m]	Erforderliche Auflast am Wandkopf [kN/m] (Erforderliche Wandnormalkraft in halber Kellergeschoßhöhe) a) Zweiachsig gespannt Seitenverhältnis $b:h_s = 1:1$			b) Einachsig gespannt Seitenverhältnis $b:h_s = 2:1$		
		Wanddicke d 24 cm	30 cm	36,5 cm	24 cm	30 cm	36,5 cm
14	2,20	17,1 (21,1)	12,0 (16,9)	7,9 (13,9)	38,2 (42,2)	28,8 (33,7)	21,7 (27,7)
	2,40	23,0 (27,3)	16,5 (21,9)	11,4 (18,0)	50,4 (54,7)	38,4 (43,8)	29,4 (36,0)
	2,60	30,1 (34,8)	22,0 (27,9)	15,7 (22,9)	64,9 (69,6)	49,9 (55,7)	38,6 (45,7)
20	2,20	15,8 (21,1)	10,3 (16,9)	5,9 (13,9)	36,9 (42,2)	27,1 (33,7)	19,7 (27,7)
	2,40	21,5 (27,3)	14,7 (21,9)	9,2 (18,0)	49,0 (54,7)	36,6 (43,8)	27,2 (36,0)
	2,60	28,6 (34,8)	20,1 (27,9)	13,4 (22,9)	63,4 (69,6)	47,9 (55,7)	36,3 (45,7)

Tabelle 3: Keller-Außenwand bei voller Erdanschüttung: Erforderliche Auflasten am Wandkopf bzw. Wandnormalkräfte in halber Kellergeschoßhöhe für den Nachweis nach DIN 1053 Teil 2 – Quelle [6]

In der Mehrzahl aller Fälle ist es möglich, das Kellermauerwerk auch bei voller Erdanschüttung mit Wandstärken von lediglich 24 cm auszuführen. Auf Rechenverfahren und Beispiele wird in der Anwendungsliteratur ausführlich eingegangen. Besonders in [5] und [6] sind Bemessungshilfsmittel in Form von fertigen Bemessungstafeln oder auch Bemessungstabellen angegeben. Abbildung 11 zeigt die Auswertung für eine Kellerwandstärke von 24 cm, Tabelle 2 die erforderlichen ständigen Lasten in Abhängigkeit von lichter Kellergeschoßhöhe, Anschüttungshöhe und Wandstärken.

Zusätzliche Verminderungen der erforderlichen ständigen Auflast ergeben sich gemäß Tabelle 3 wenn aussteifende Querwände im Seitenverhältnis $b : h_s = 2 : 1$ vorhanden sind.

Nachweisprobleme sind am ehesten im Bereich größerer Mauerwerksöffnungen im Erdgeschoß zu erwarten. Zum Kellergeschoß fehlen dann die zur Aufnahme der Erddrücke erforderlichen Auflasten. Will man im Einzelfall auch dort die Mauerwerksstärke nicht erhöhen, bietet sich die Anordnung eines lotrechten Gewölbes an (Abb. 12). In Kellerdeckenhöhe ist dann ein Randbalken für den Kämpferdruck zu bemessen, der sinnvollerweise zwischen zwei Pfeilern mit höheren Auflasten gespannt ist.

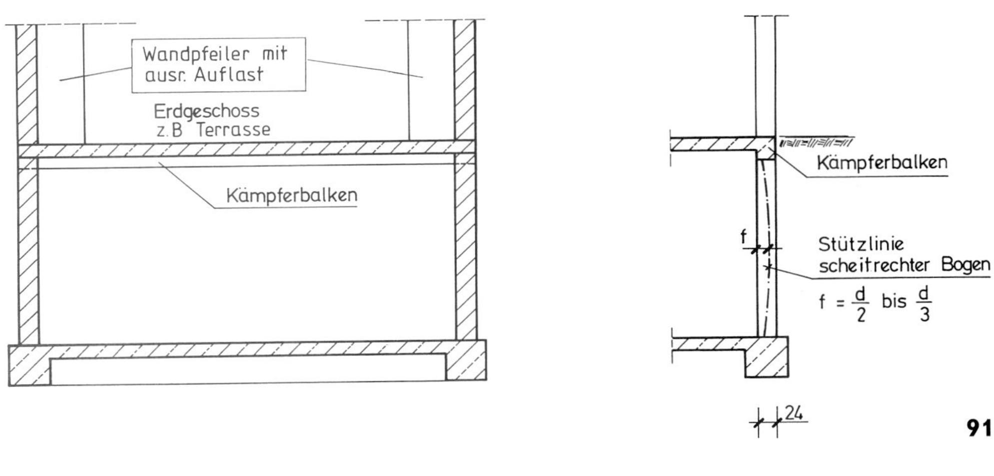

Abb. 12: Anordnung eines lotrechten Gewölbes mit Randbalken für den Kämpferdruck in Kellerdeckenhöhe

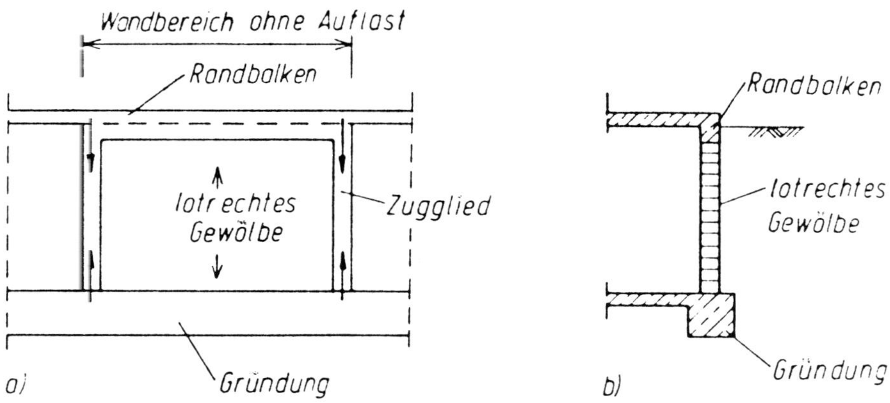

Abb. 13: Zum Nachweis der Keller-Außenwand als lotrechtes Gewölbe

a) Ansicht

b) Schnitt

hier mit Rückverankerung durch Zugglieder

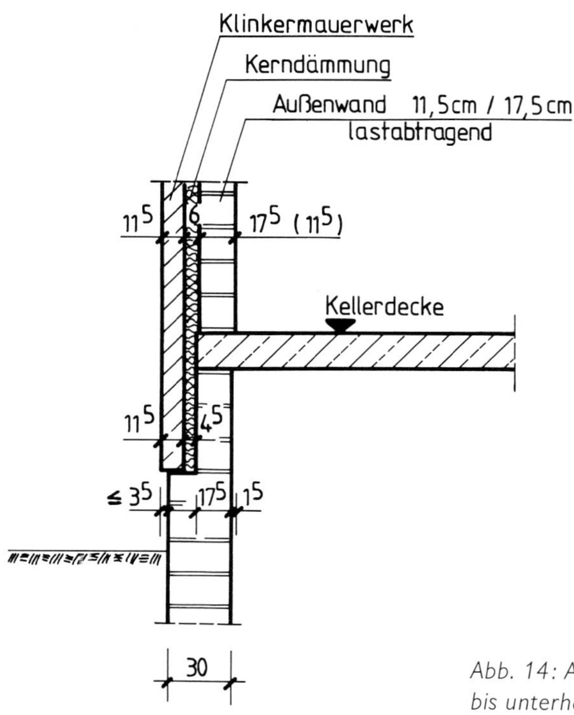

Abb. 14: Anordnung der Verklinkerung bis unterhalb der Kellerdeckenebene

Im Ausnahmefall können die nach oben gerichteten Auflagekräfte auch durch Zugglieder in die Fundamente rückverankert werden. Die zuletzt genannte Lösung (Abb. 13) ist jedoch eher für den Notfall gedacht (Rechenverfahren und Beispiele siehe [6]).

Gut bewährt haben sich gemauerte Kellerwände in Wandstärken von 30 cm bei zweischaligen Außenwänden, insbesondere dann, wenn die Verklinkerung bis unterhalb der Kellerdeckenebene angeordnet wird (Abb. 14). Die Schwachstelle Kältebrücke oberhalb der Fußleiste im Erdgeschoß ist dadurch weitestgehend vermieden. Gegen diese Kältebrücke liefert die Industrie für thermische Trennungen neuerdings aber spezielle Dämmsteine.

1.1.4 Geschoßmauerwerk

Für tragende Mauerwerksinnenwände genügen heute Wandstärken von lediglich 11,5 cm. Sie tragen dann im Durchschnitt drei Geschoßdekken. Dies gilt gleichermaßen für Mehrfamilien- und Einfamilienhäuser.

Einschalige Außenwände werden möglich mit Wandstärken ab 17,5 cm, dann ergänzt um eine äußere Wärmedämmung.

Die tragende Innenwand mehrschaliger Außenwände und zweischalige Haustrennwände sind mit den Minimalwandstärken von 11,5 cm gemäß Teil 1 der Mauerwerksnorm DIN 1053 vom Februar 1990 nur für zweigeschossige Gebäude mit ausgebautem Dachgeschoß vorgesehen. Zusätzlich sind aussteifende Querwände ($e \leqq 4{,}5$ m) oder Pfeilerbreiten bis 2,00 m lichter Weite bei einseitig angeordneter Querwand (Abb. 15) vorzusehen.

Fehlen diese, wird ein Nachweis für schlankes Außenmauerwerk gemäß

Abb. 15: Längswände 11,5 cm (links mit, rechts ohne aussteifende Querwand)

Abb. 16: Beispiel Reihenhaustrennwand 2 · 11,5 cm

DIN 1053 Teil 2 (07.84) erforderlich. Das bedeutet dann zwar einen größeren Rechenaufwand, aber die aussteifenden Wände können entfallen (Abb. 16).

Mauerwerksnormung gestern und heute

Es sollen hier nur kurz die wesentlichen Veränderungen der DIN 1053 Teil 1 (02.90) und Teil 2 (07.84) im Vergleich zu der alten Norm von 1974 aufgezeigt werden.

Seit Vorlage der DIN 1053 Teil 2 (07.84) sind Wandkonstruktionen möglich, die auch heute noch ungläubiges Staunen selbst bei Baufachleuten hervorrufen.

Die neuen Rechenverfahren erlauben nunmehr auch im Mauerwerksbau genauere, auf ingenieurmäßige Prinzipien aufgebaute Bemessungen, die sich bei zahlreichen Bauvorhaben des Autors bewährt haben. Abbildung 17 zeigt die tragenden Außenwände von

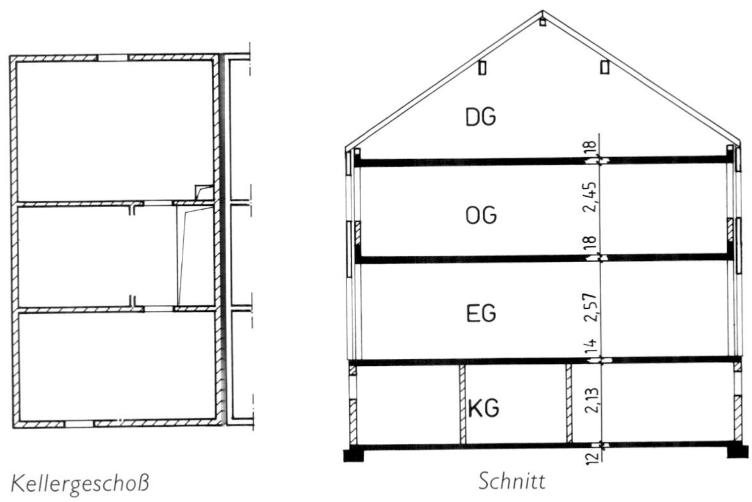

Abb. 17: Geschoßübersichten Reihenhäuser im Raum Köln, siehe auch Abbildungen 18 und 19

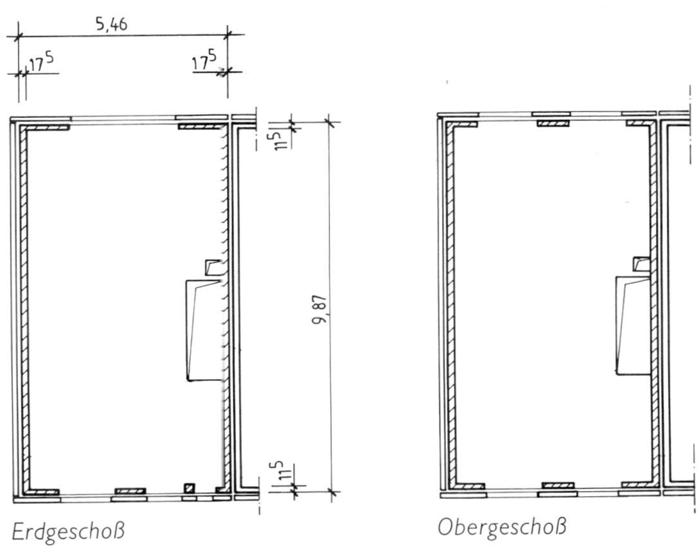

Reihenhäusern im Raum Köln, die seit 1983(!) mit 11,5 cm dicken Mauerwerksaußenpfeilern sowie 17,5 cm dicken unausgesteiften Haustrennwänden vom Autorenteam fast tausendfach verwirklicht wurden. Abbildungen 18 und 19 zeigen die Rohbausituationen. Belastete Innen- und Außenwände eines Wohnhauses zeigt Abbildung 20 mit Wanddicken von ebenfalls 11,5 cm. Auf dieses Bauvorhaben des öffentlich geförderten Wohnungsbaus (Rohbauansicht Abb. 21) geht auch Teil 1 (Abschnitt 5.1 ab Seite 63) dieses Buches gezielt ein.

Abb. 18 und 19: Reihenhäuser im Raum Köln, 1984, mit 11,5 bzw. 17,5 cm dicken Außenwänden. (Geschoßübersichten siehe auch Abb. 17)

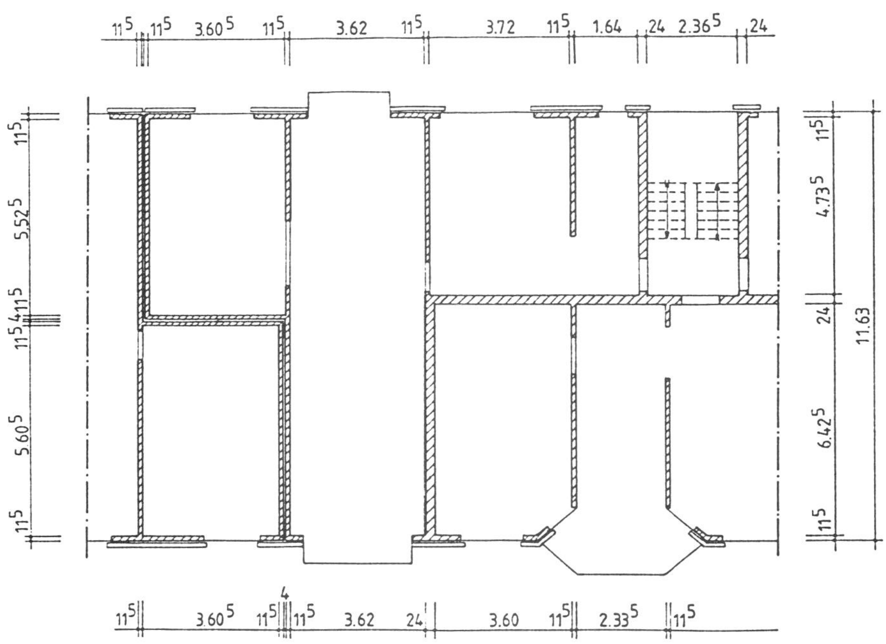

Abb. 20: Grundriß Erdgeschoß des Bauvorhabens Herne, Freisenstraße

Abb. 21: Rohbauansicht Herne, Freisenstraße. 11,5 bzw. 17,5 cm starke Außenwände, zum Grundriß Abb. 20 (siehe auch Teil 1, Seiten 63 bis 65)

Die bauaufsichtlich eingeführte DIN 1053 Teil 1 (02.90) basiert unter Beibehaltung vereinfachter Rechennachweise weiterhin auf zulässigen gleichmäßigen Mauerwerkspressungen, gleichzeitig stimmt sie besser als bisher mit den Ergebnissen nach Teil 2 (07.84) überein. Die neuen Erkenntnisse finden so in vereinfachter Form Anwendung, ohne daß für viele Fälle die rechenaufwendige Nachweisform des Teils 2 (07.84) herangezogen werden muß [6, 7, 8].

Wichtigste Neuerung der DIN 1053 ist der weitgehende Verzicht auf aussteifende Querwände. Gemäß alter DIN 1053 (1974) waren tragende Wände planmäßig auszusteifen:

- 24,0 cm dicke Wände alle 8,0 m
- 17,5 cm dicke Wände alle 6,0 m
- 11,5 cm dicke Wände alle 4,5 m.

Der heutige Stand des Teils 1 der DIN 1053 (02.90) und des Teils 2 (07.84) geht lediglich von einer oberen sowie unteren Halterung der Wand aus. Diese werden erreicht durch scheibenartig ausgeführte Deckenkonstruktionen, aber auch durch Ringbalken. So ist es also heute möglich, eine 11,5 cm dicke Innenwand in einer Länge von 10 m herzustellen, ohne daß dafür auch nur eine aussteifende Querwand erforderlich wäre. Ist diese dennoch vorhanden, läßt sich damit eine zusätzliche Traglaststeigerung infolge ihrer knickmindernden Wirkung erreichen (Tabelle 4). Praktisch wird dadurch die Knicklänge der tragenden Wand weiter reduziert und das Tragverhalten von dünnen Wänden gesteigert.

Unabhängig davon ist das Gesamtbauwerk durch eine ausreichende Anzahl von Querwänden auszusteifen.

Das Herstellen von Mauerschlitzen ist im Vergleich zur alten Norm fast unverändert möglich, Frästiefen bei einer Minimalwandstärke von 11,5 cm

dreiseitig gehaltene Wand	b	ß	b	vierseitig gehaltene Wand
Wanddicke [m]: 24 | 17,5 | 11,5	m		m	Wanddicke [m]: 11,5 | 17,5 | 24 | 30
	0,65	0,35	2,00	
	0,75	0,40	2,25	
	0,85	0,45	2,50	
	0,95	0,50	2,80	
	1,05	0,55	3,10	
	1,15	0,60	3,40	b ≦ 3,45 m
	1,25	0,65	3,80	
	1,40	0,70	4,30	
	1,60	0,75	4,80	
b's 1,75 m	1,85	0,80	5,60	b ≦ 5,25 m
	2,20	0,85	6,60	
b' ≦ 2,60				b ≦ 7,20 m
b' ≦ 3,60	2,80	0,90	8,40	b ≦ 9,00 m

Tabelle 4: Knick-Beiwert ß (drei- und vierseitig gehaltene Wand)

allerdings nur bis 1 cm. Dies bedeutet aber lediglich, daß hierfür dann kein statischer Nachweis erforderlich wird.

Ist beispielsweise keine scheibenartige Beanspruchung einer Wand gegeben und diese auch nur zweiseitig gehalten, wären im Hinblick auf die Standsicherheit sogar beliebige Frästiefen vorstellbar.

Dazu ein extremes Beispiel:

Eine 11 5 cm dicke Innenwand, die im Abstand von 1,00 m vertikal durchgehend aufgeschlitzt ist, zum Beispiel für Sichtschlitze oder vorgerichtet zum Einbau von Installationen, ist so im Sinne von DIN 1053 Teil 1 oder Teil 2 ohne (!) jeden Zusatznachweis ausführbar.

Abb. 22: Abhebende Gebäudeecke im Modell

Abb. 23: Schadenfall abhebende Gebäudeecke

1.1.5 Einschalige Außenwände

Statisch optimierte Außenwandstärken von minimal 11,5 cm sind bei zweischaligen Wandkonstruktionen mit Verklinkerung oder bei Wandstärken von 17,5 cm bei Anordnung einer äußeren Wärmedämmung denkbar, also mit Wärmedämmputzen oder Wärmedämmverbundsystemen.

Unabhängig von diesen schlanken Außenwandkonstruktionen werden aber häufig einschalige Außenwände vorgesehen, mit Wandstärken zwischen 24 und 36,5 cm, die dann eine zusätzliche Wärmedämmung entbehrlich machen. Leichte, hohlraumreiche Ausgangsstoffe ermöglichen eine Optimierung des Wärmedämmverhaltens, zusätzlich durch Dämmmörtel begünstigt. Aus Gründen des Wärmeschutzes ist eine Minimierung einschalig aufgebauter Außenwände nicht erwünscht.

Statische Besonderheiten gibt es bei diesen Wandstärken in der Regel nicht. Besonderes Augenmerk ist aber auf die Vermeidung von Wärmebrücken zu richten sowie auf die Einhaltung eines ausreichenden Schallschutzes gegen Außenlärm. Geputzte einschalige Außenwände sind erfahrungsgemäß rißempfindlicher als mehrschalig aufgebaute Außenwandkonstruktionen. Schadensauslösend sind dabei nicht Überbeanspruchungen der Außenwände, sondern eher eine zu geringe statische Ausnutzung. Als Problembereiche gelten dabei die Gebäudeecken der obersten Massivdecke. Durch den statisch bedingten Aufschüsseleffekt bei nur geringen Auflasten zeigen Massivdecken die Tendenz, in den Gebäudeecken abzuheben.

In Abbildung 22 ist dieser Effekt an einem Modell dargestellt. Oft zeigen sich unter der Decke – insbesondere von außen – horizontal verlaufende Risse, die, in der Gebäudeecke beginnend, etwa 1,50 m lang werden können (Abb. 23).

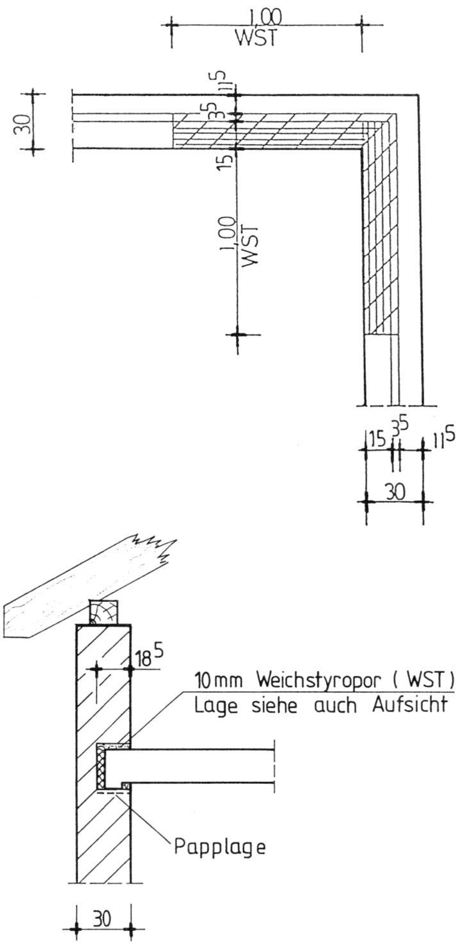

Abb. 24 a und b: Gering belastetes Mauerwerk: Trennung der Deckenecke vom Mauerwerk

Zur Vermeidung des Schüsseleffektes wird oft empfohlen, die Ecke zur darunterliegenden Decke durch Zugeisen zu verankern. Dies ist für die Baustelle mit hohem konstruktivem Aufwand verbunden und deshalb weniger gut geeignet.

In manchen Fällen kann durch Stahlbetonüber- oder -unterzüge im Eckbereich eine Versteifung erreicht und die Rissegefahr weitestgehend vermieden werden (Abb. 18).

Sehr gut bewährt hat sich darüber hinaus bei zahlreichen Bauvorhaben die Trennung der Deckenecke vom Mauerwerk.

Folgende Details sind dabei zu beachten:

1. Entkoppelung der Mauerwerkskrone von der Decke (Abb. 24 a und b).
   Erreicht wird dies durch eine Papplage im Deckenauflagebereich auf einer Länge von etwa 1,20 m. Der Riß unter der Decke wird dann genau zwischen Decke und Wand gelegt und somit ein unkontrolliertes horizontales Aufreißen – oft sogar einige Schichten tiefer – vermieden.
2. Die Deckenplatte nie über die gesamte Wandbreite einschaliger Außenwände auflegen, sondern bestenfalls auf die erste Wandhälfte mit weichfasergedämmter Fugenausbildung. Dadurch werden äußere Deckenabrisse vermieden (Abb. 24 a und b, 25 a und b).
3. Das Drempelmauerwerk wird im Eckbereich von der Deckenoberseite durch einen Weichfaserstreifen so getrennt, daß sich die Deckenecke zwängungsfrei nach oben abheben kann (Abb. 24 b).

Eine Zentrierung der obersten Geschoßdecke wird auch durch einen innen angeordneten Styroporstreifen erreicht, wie dies auch in DIN 1053 Teil 2 geregelt ist (Abb. 25 b).

Siehe auch Abschnitt 2.8, Seite 119.

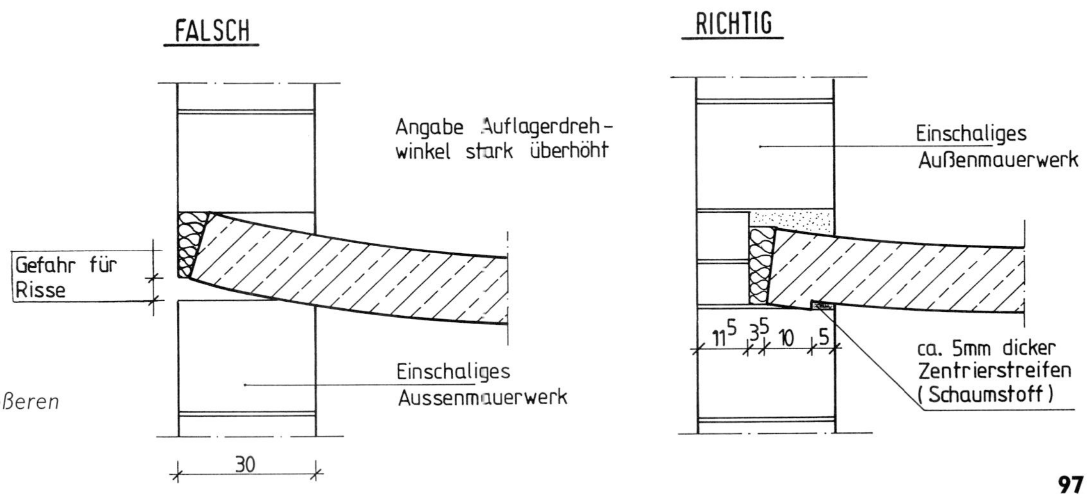

Abb. 25 a und b: Deckenauflagerung bei größeren Wandstärken

Abb. 26: Schallschutz-Hochlochziegel zum nachträglichen Verfüllen mit Betonmörtel

1.1.6 Mischmauerwerk

Unter Mischmauerwerk wird allgemein die Kombination unterschiedlicher Mauerarten verstanden, also z. B. außen Hochlochziegel mit Kalksandstein-Innenwänden, wobei Verformungsunterschiede aus Kriechen, chemischem Quellen und Temperaturunterschieden auftreten können. Außerdem stellen sich bei einer Innenwand schon infolge der größeren Auflasten auch größere »Stauchungen« gegenüber der Außenwandkonstruktion ein. Zusätzlich sind die Außenwände jahreszeitbedingten thermischen Beanspruchungen ausgesetzt, aber auch der direkten Sonnenbestrahlung, Innenwände jedoch vornehmlich konstanten Temperaturen.

Zu den genannten Unterschieden in der Beanspruchung von Innen- und Außenwänden kommen in den letzten Jahren auch die immer weiter wachsenden Anforderungen an den Wärme- und Schallschutz hinzu.

Diese erfordern bei einschalig aufgebauten Außenwänden extrem leichte Steinarten, mit Raumwichten zwischen 0,5 und 0,8 kg/dm^3. Die Stoßfugen sind meist mörtelfrei verzahnt ausgebildet, die Lagerfugen mit speziell abgestimmten Dämmörteln hergestellt.

Wohnungstrennwände dagegen müssen nicht nur raumtrennende sowie lastabtragende, sondern im hohen Maße schalldämmende Funktionen erfüllen. Erzielt wird der erforderliche Regel-Schallschutz durch mindestens 24 cm dicke Wände mit einer Steinrohdichte nicht unter 1,8 kg/dm^3.

Diese hohen Steinrohdichten sind nur mit Mauersteinen *ohne* Lochung zu erreichen. Da die meisten Steinhersteller bestrebt sind, sowohl Materialverbrauch als auch die Steingewichte durch hohe Lochanteile zu reduzieren, sind hier Verwechslungen möglich, mit der Gefahr von unzulässig leichten Innenwänden.

Manchmal wird auch von speziellen »Schallschutzsteinen« gesprochen, wenn es um die hohen Gewichtsanforderungen geht. Diese sind dann entweder besonders schwer (Steinrohdichte $\geq 1{,}8$), oder sie besitzen eine spezielle Lochung, die ein nachträgliches Verfüllen mit Beton möglich macht. Außer den seit vielen Jahren bekannten Schalungssteinen aus Holzwolle-Leichtbaustoffen oder Bims ist als neueres Beispiel (Abb. 26) ein Hochlochziegel zum nachträglichen Verguß mit Mörtel zu nennen. Wegen des Interessenkonfliktes, einerseits bessere Verarbeitbarkeit durch leichtere Steine zu wünschen, andererseits aber hohe Steingewichte zu benötigen, ist die Bauleitung in der Doppelfunktion »Aufklärung« und »Überwachung« gefordert.

Kreuzungspunkt Innen-/Außenmauerwerk

Wie lassen sich nun die Unverträglichkeiten zwischen Innen- und Außenmauerwerk unterschiedlicher Belastungen und unterschiedlichen Steinmaterials schadensfrei meistern? In Planung – Konstruktion – Ausführung [10, Abschnitt 14] stellt Dr.-Ing. P. Schubert (Institut für Bauforschung RWTH, Aachen, ibac) ein rechnerisches Verfahren vor, der Kombination unterschiedlicher Mauerwerksarten innen und außen allgemein gerecht zu werden.

Im allgemeinen ergibt sich keine Rißgefahr, wenn der Unterschied der Verformungen von Innen- und Außenwand $\Delta\varepsilon_0$ aus Schwinden und chemischem Quellen nicht größer als 0,4 mm/m ist und Temperaturunterschiede vernachlässigbar sind.

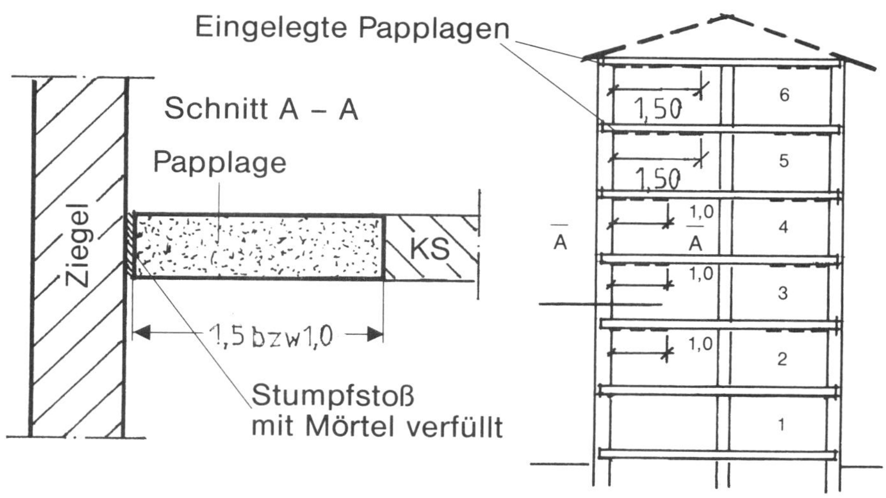

Abb. 27. Anordnung einer Papptrennlage auf der Mauerwerkskrone im Kreuzungsbereich zur Außenwand

Stumpfstoßtechnik erhöht die Rißsicherheit.

Sehr gut bewährt hat sich auch hier eine Papptrennlage auf der Mauerwerkskrone im Kreuzungsbereich zur Außenwand (Abb. 27).

Der aus den vorgenannten Gründen unvermeidliche Trennungsriß, bedingt durch unterschiedliche Wandverformungen, wird dann gezielt in den Schnittpunkt Decke/Wand gelegt.

Vermieden wird damit auch ein unkontrolliertes Aufreißen einige Schichten tiefer oder auch schräglaufende Risse.

Für die häufig gewählte Kombination Kalksandstein-Innenmauerwerk mit Hochlochziegeln wird in Abbildung 27 die Anordnung der Papplage definiert. Deren Länge hängt von der Geschoßanzahl ab. Sie sollte in den beiden obersten Geschossen 1,50 m betragen und darunter 1,00 m (siehe auch [10, Abschnitt 14]).

1.1.7 Schall-Längsleitung von Außenmauerwerk

Die Dämmung gegen Schall-Längsleitung bei Außenmauerwerk mit Lochung ist geringer, als dem Steingewicht zuzuordnen wäre. Verbessert wird sie durch vollflächiges Anmörteln der schweren Innenwand gegen die leichte Außenwand (Abb. 27). Eine Verzahnung unterschiedlichster Steinarten wäre gegebenenfalls unverträglich und ist unerwünscht, der Blechankeranschluß das gängige Verbindungsmittel. Verringert wird die Schall-Längsleitung der Außenwand zusätzlich durch halbsteinige Einbindung der schweren Querinnenwand in die leichte Außenwand bei voller Vermörtelung der seitlichen Fugen. Durch diese Maßnahme ändert sich das Resonanzverhalten der Außenwand mit günstigen Auswirkungen auf die Schall-Längsleitung.

In den vergangenen Jahren sind auch Schalldämm-Probleme bei Steinen mit elliptischer Lochung aufgetreten. Das sind wärmetechnisch optimierte Steine mit von außen nach innen gegeneinander versetzten Stegen. Nach J. Lang [14] verhielten sich Hochlochziegelwände mit elliptischer Lochung bei etwa gleicher flächenbezogener Masse in Versuchen um bis zu 10 dB ungünstiger als gleichartige Steine mit von außen nach innen durchgehenden Stegen (siehe dazu Prof. Dr.-Ing. habil K. Gösele [7, Seite 173 bis 177]). Bedenken wir dabei, daß ein Geräusch subjektiv als doppelt so laut empfunden wird, wenn der Schallpegel um 10 dB (A) zunimmt. Zum Zeitpunkt der Überarbeitung dieser Auflage konnte aber festgestellt werden, daß die Steinhersteller durch Änderungen der Steinlochungen akut an diesen Problemen arbeiten.

Die Schallschutznorm DIN 4109 (1989) spricht den genannten Punkt jedenfalls im Beiblatt 1, Abschnitt 3.1, nur sehr zurückhaltend an. Der letzte Absatz lautet dort:

> »Die Werte der Tabelle 1 (Bewertetes Schalldämm-Maß von einschaligen, biegesteifen Wänden...) gelten *nicht*, wenn einschalige flankierende Außenwände in Steinen mit einer Rohdichteklasse $\leqq$ 0,8 und in schallschutztechnischer Hinsicht ungünstiger Lochung verwendet werden.«

Bei leichten massiven Außenwänden zeichnet sich eine Verbesserung der vertikalen Schall-Längsleitung über die Geschoßdecken hinweg durch die Anordnung von Pappstreifen unterhalb der Decke ab. Dieser erfüllt also nunmehr mehrere sich positiv auswirkende Funktionen.

1.1.8 Einbindung der Bauphysiker

Noch viel zuwenig wird heute bei bauphysikalischen Fragen, wie zum Beispiel Detaillierungen des Schall- und Wärmeschutzes, der Bauphysiker mit einbezogen. Dabei ist gerade seine planerische Einbindung schon wegen der heute gegensätzlichen Anforderungen in immer größerem Maße gefragt, wie beim Beispiel der Schall-Längsleitung gezeigt wurde. Auch für die Hinzuziehung des Bauphysikers gilt, daß er so früh wie möglich, d.h. vor Fertigstellung der Baugesuchsunterlagen, gehört werden sollte. Dies gilt in besonderem Maße bei der Planung von Eigentumswohnungen, die sehr oft als Luxuswohnungen oder Wohnungen mit gehobenem Standard angepriesen werden. Die Rechtsprechung spricht heute klar aus, daß dann automatisch der im Beiblatt 2 zur DIN 4109 angesprochene erhöhte Schallschutz vertraglich vereinbart ist. Dieser muß von Anfang an geplant und in den Ausführungsdetails berücksichtigt sein. Ein nachträgliches Hinzurechnen ist unmöglich, Schadenersatzprozesse sind wahrscheinlich und deshalb die direkte Einbindung des Fachmannes die billigste Lösung.

1.1.9 Standortbeschreibung Mauerwerksbau

Dieses Kapitel verdeutlicht die Bandbreite der Möglichkeiten im Mauerwerksbau nach der DIN 1053 Teil 1 (02.90) und Teil 2 (07.84).

Es stellt sich aber die Frage, ob diese Möglichkeiten in der Realität des Bauens auch tatsächlich ausgeschöpft werden oder ob wir nicht doch zu aufwendig bauen.

Längst schon ist die zumutbare Grenze der Finanzierbarkeit von Neubauten (seit Anfang 1994 mit stei-

Voraussetzungen für die Anwendung des vereinfachten Bemessungsverfahrens nach DIN 1053 Teil 1

	Bauteil	Wanddicke d [cm]	Lichte Geschoßhöhe h_s [m]	Verkehrslast der Decke p [kN/m^2]	Geschoßzahl/ Gebäudehöhe [m]	Aussteifende Querwände Abstand e_q [m]
1	Innenwände	≧ 11,5 < 24,0	≦ 2,75	≦ 5,0	≦ 20[1]	nicht erforderlich
2		≧ 24,0	keine Einschränkung			
3	Einschalige Außenwände	≧ 11,5 < 17,5	≦ 2,75		[2]	
4		≧ 17,5 < 24,0			≦ 20[1]	
5		≧ 24,0	≦ 12 · d			
6	Tragschalen zweischaliger Außenwände und zweischalige Haustrennwände	≧ 11,5 < 17,5	≦ 2,75	≦ 3,0 einschließlich Trennwandzuschlag	≦ 2 Vollgeschosse + ausgebautes Dachgeschoß	e_q ≦ 4,5 Randabstand von einer Öffnung e ≦ 2,00
7		≧ 17,5 < 24,0		≦ 5,0	≦ 20[1]	nicht erforderlich
8		≧ 24,0	≦ 12 · d			

[1] Bei geneigten Dächern Mittel zwischen First und Traufhöhe.
[2] Nur für eingeschossige Garagen und vergleichbare Bauwerke, die nicht dem dauernden Aufenthalt von Menschen dienen.

Tabelle 5: Rezeptmauerwerk wird nach dem vereinfachten Bemessungsverfahren (DIN 1053 Teil 1) oder nach dem genauen Verfahren (DIN 1053 Teil 2) bemessen

Der Nachweis der Standsicherheit darf nach dem vereinfachten Bemessungsverfahren gemäß DIN 1053 Teil 1, Abschnitt 6.1, geführt werden, wenn

- die Gebäudehöhe über Gelände H ≦ 20,0 m ist,
- die Stützweiten der aufliegenden Decken ≦ 6,0 m sind (etwas größere Stützweiten als > 6,0 m sind bei Anordnung von Zentrierleisten tolerierbar),
- die Bedingungen der Tabelle 5 eingehalten sind.

In allen übrigen Fällen muß eine Berechnung nach DIN 1053 Teil 2 erfolgen.

gender Hypothekenzinsen, Lohnniveau, Materialkosten, Grundstückspreise usw.) überschritten, und die Verkaufsmöglichkeiten von Neubauten werden mit zunehmender Tendenz von den Entstehungspreisen abhängen. So muß konsequenterweise der Blick auf Kosteneinsparungen gerichtet werden. Ein Umdenken im Planungsverhalten tut not.

Die Baupraxis zeigt, daß Ausbaukosten kaum mehr reduzierbar sind. Verbergen sich also hinter den Kosten für Rohbaugewerke bisher nicht erkannte Möglichkeiten von Kosteneinsparungen?

Wie selbstverständlich werden auch heute noch verschwenderisch dicke Mauerwerksquerschnitte geplant – mit Wandstärken von 24 bis 36,5 cm, trotz der beschriebenen Nachweismöglichkeiten für 17,5 oder gar 11,5 cm dicke lastabtragende Wände. Dabei ist gerade die Anwendung der neuen DIN 1053 Teil 1 (02.90) ohne besonderen Rechenaufwand möglich (Tabelle 5).

Tragwerksoptimierte Wandkonstruktionen reduzieren aber das Bauvolumen bei unveränderter Nutzfläche um 5 bis 7 %!

Betroffen davon sind alle Rohbau- und Ausbaugewerke, beginnend mit der kleineren Baugrube, reduzierten Deckenflächen in allen Geschossen bis hin zu eingesparten Dachziegeln.

Schallschutz trotz 11,5 cm Dicke

Leider werden alte Bausünden schalltechnischen Ursprungs fast immer mit »papierartig dünnen« Wänden in Zusammenhang gebracht. So wurde das Vorurteil geboren, daß optimierte Wandkonstruktionen Nachteile für den Schallschutz hätten.

Optimaler Schallschutz zum Nachbarn ist jedoch unabdingbare Forderung.

Dieser wird erreicht zum Beispiel mit zweischaligen Haustrennwänden aus schwerem Mauerwerk sowie Fugentrennung der Geschoßdecken. Dies ist im Reihenhausbau schon fast selbstverständlich. Die Empfehlungen der DIN 4109 (11.89) für einen erhöhten Schallschutz bei Einfamilienhäusern werden bereits mit einer doppelschaligen Haustrennwand (Rohdichteklasse 2,0) und Wanddicken von nur 2 x 11,5 cm zuzüglich je 15 mm einseitigem Wandputz + 4 cm Zwischenfuge erreicht (Abb. 16). Darüber hinaus werden heute in einigen Bundesländern auch Wandstärken von 15 cm angeboten. Für die Mehrzahl von Hausgrundrissen ist ein statischer Nachweis auch für die geringen Wanddicken möglich.

Es ist noch viel zuwenig bekannt, daß der heutige Stand der Normung aussteifende Querwände, Pfeilervorlagen oder Aussteifungsstützen entbehrlich macht. Damit sind in mehrfacher Hinsicht auch schalltechnische Vorteile verbunden:

- Querwände sind mehr oder weniger an der Schallübertragung durch Schall-Längsleitung beteiligt. Bei zum Beispiel leichten Querwänden unter 100 kg/m² Wandflächengewicht kann die Schall-Längsleitung verringert werden, indem die Querwand jeweils durch einen Trennstreifen aus Filz von der Längswand abgekoppelt wird. Bei schalldämmenden Wänden mit höheren Flächengewichten bietet sich anstelle des verzahnt gemauerten Wandanschlusses der Stumpfstoß mit Fugenblechanschluß an, der jedoch voll vermörtelt ausgeführt werden muß.
- Aussteifungsstützen stören den Bauablauf und sind in doppelschaligen Haustrennwänden herstellungsbedingt oft die Ursache für Schallbrücken (Schalungsprobleme für die zweite Wand oder die Stütze).

Im Zeitalter von Stumpfstoßtechniken und lohnkostensparenden Verlegemöglichkeiten für großformatige Wandsysteme (Abb. 28) stellen handwerksgerechte Verzahnungen unbelasteter Querwände also nicht nur einen zusätzlichen Kostenfaktor im Baustellenablauf dar, sie sind auch aus bauphysikalischer Sicht unerwünscht. Kostensparende Mauerwerkstechniken machen also nahezu jede weitere Aussteifung oder Queranbindung von Mauerwerk entbehrlich.

Dazu ein kurzer Überblick:

Lastabtragende Wände

Wir unterscheiden

- mindestens 24 cm, aus Schallschutzgründen besser 30 cm dicke und schwere Wohnungstrenn- und Treppenraumwände, die mindestens aus Steinen der Rohdichteklasse 1,8 erstellt werden müssen, sowie
- lediglich raumtrennende bzw. lastabtragende Wände. Die Wandstärke wird durch Lastabtrag sowie Steingüte beeinflußt, möglich sind Wandstärken ab 11,5 cm, auch über mehrere Geschosse. Da Installationsleitungen im Zeitalter von Vorwandinstallationen nichts in tragenden Wänden zu suchen haben, werden vertikalgefräste Schlitze in Wänden ohnehin nur für Elektroinstallationen in Frage kommen. Die gewohnten Fräsmöglichkeiten ohne statische Kontrolle sind im Teil 1 der DIN 1053 geregelt.

Abb. 28: Großformatige Wandsysteme im lohnkostensparenden Einsatz

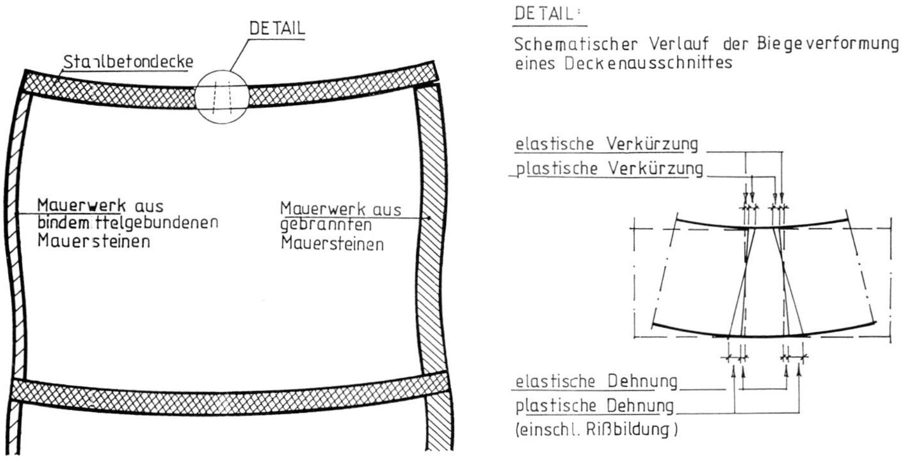

Abb. 29: Deckendurchbiegung und ihre Auswirkung auf die Wände

Raumtrennende, unbelastete Wände

Vielfach werden heute nichttragende Trennwände in einer Dicke von 7 bis 10 cm geplant und ausgeführt. Im Dünnbettverfahren verklebt und dann fugenverspachtelt, wird so eine optimale und wirtschaftliche Nutzung des Grundrisses ermöglicht.

Dennoch ist festzustellen, daß die Mehrzahl der Entwurfsverfasser auch bei Wänden mit lediglich raumtrennender Funktion immer noch Trennwanddicken von 11,5 cm wählt. Herkömmlich gemauerte Versionen werden dann zusätzlich beiderseits teuer verputzt, so daß Gesamtwanddicken von 14 cm keine Seltenheit sind. Die Planungsvorgaben orientieren sich vorwiegend an heute überholten Mauertechniken mit Verzahnungen und bevorzugten Innenraumteilungen im 12,5-cm-Raster des handwerklichen Mauerns.

Dabei spricht noch nicht einmal der Schallschutz für den mächtigen Wandaufbau, wenn doch spachtelfähige Wandbauplatten wie beispielsweise die KS-P7 (Flächengewicht 140 kg/m^2 bei Raumwichte von 2,0) trotz ihrer geringen Wanddicke von 7 cm ein bewertetes Schalldämmaß von $R'_W = 41$ dB erreichen und damit durch das vorhandene große Flächengewicht optimaler Schallschutz bei nahezu halber Wanddicke möglich wird. Erfüllbar sind somit auch die Richtwerte an die Schalldämmung zwischen lauten und leisen Räumen.

Fassen wir noch einmal zusammen: Es gibt heute Trennwände in großformatigen Steinen (498 x 70 x 248 mm) für optimale Grundrißausnutzung bei bestmöglichem Schallschutz. Allerdings lassen sie sich wegen ihrer hohen Raumwichte zum Leidwesen der Elektroinstallateure manchmal nur mühsam fräsen.

Woran mag es liegen, daß trotz vieler offenkundiger Vorteile noch herkömmlich geplant wird und die mit Teil 1 (02.90) bzw. Teil 2 (07.84) der DIN 1053 erzielbaren Einsparungsmöglichkeiten oft weitgehend ungenutzt bleiben?

Stichwortartig seien im folgenden einige Argumente aufgeführt, die als typisch gelten können:

Das Verhalten der Architekten

- Eine gefühlsmäßige Bindung an althergebrachte »Mauerwerksstärken« ist vorherrschend.
- Zur Studienzeit alteingesessener – aber auch junger – Architekten waren optimierte Wanddicken noch wenig gefragt und gemäß DIN 1053 Teil 1 Ausgabe 1974 auch nur bedingt möglich.
- Die Angst vor Schäden infolge dünnerer Wandaufbauten scheint zumindest unbewußt mitzuschwingen. Dabei reagiert gerade dickes und deshalb statisch gering beanspruchtes Mauerwerk auf Sekundärbeanspruchungen (Temperatur, Schwinden) eher mit Rissen als die dünne und damit verformungswilligere, aber ausreichend unter Auflast stehende Innen- oder Außenwand (Abb. 29).
- Erfahrungsgemäß führt erst der Zwang, Baukosten senken zu müssen, zu Überlegungen, den umbauten Raum noch intensiver zu nutzen.
- In manchen Planungsbüros wird sich das Bewußtsein noch festigen müssen, daß sich nur im partnerschaftlichen Erfahrungsaustausch zwischen Architekt und Tragwerksplaner gute Architektur zu gleichzeitig günstigen Baukosten verwirklichen läßt.

Das Verhalten der Bauherren

- Die traditionelle Denkweise vieler Bauherren kann ihnen nicht angelastet werden. Als Laien werden sie massive Wandaufbauten als qualitätssteigernd und somit solide einstufen.
- Niemand kann Bauherren verübeln, daß sie weder an das größere Bauvolumen denken noch an die damit verbundenen Mehrkosten.
- Der Bauherr ist normalerweise vollkommen auf die Beratung durch Architekt und Tragwerksplaner angewiesen; deren Wissens- und Erfahrungspotential ist deshalb auch meinungsprägend.

Das Verhalten der Ingenieure

- Manche Ingenieure beharren auf althergebrachten Mauerwerkstechniken oder sind geprägt von emotional begründetem Sicherheitsdenken.
- Manchmal fehlt es an Erfahrung im Umgang mit den neuen Nachweisformen.

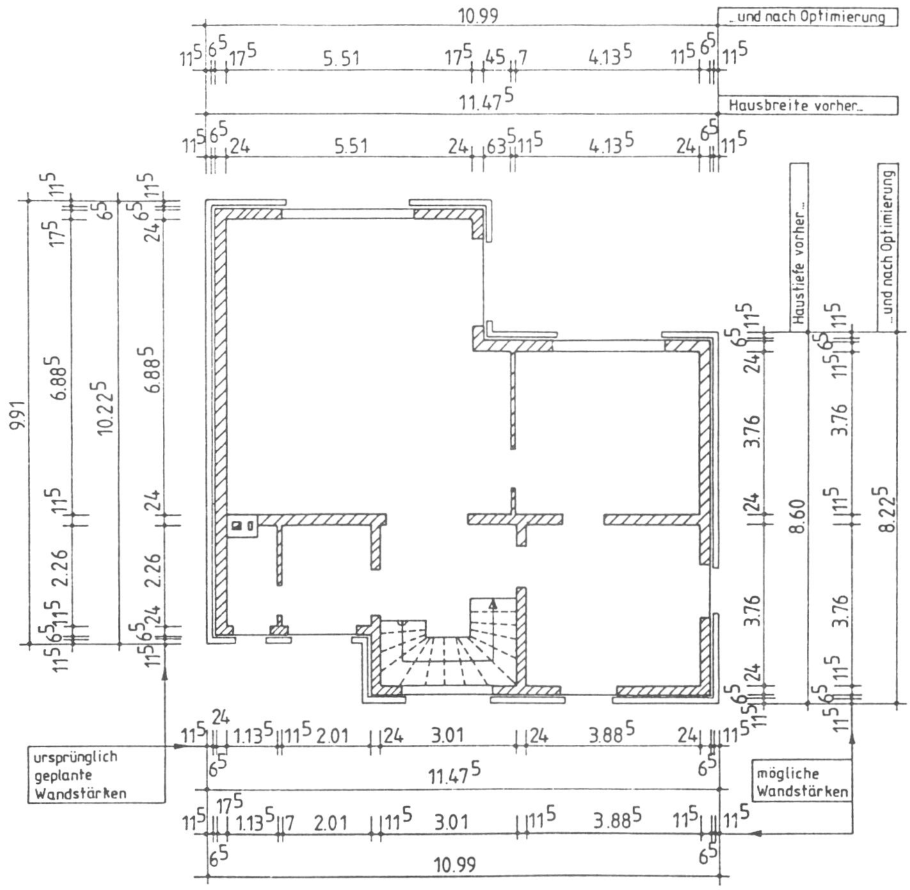

Abb. 30: Freistehendes verklinkertes Einfamilienhaus, Wanddicken vor und nach der Optimierung

– Dünne tragende Wände sind statisch aufwendiger zu berechnen als herkömmliche Stärken, optimierte Mauerwerkswände also nur über zusätzlichen Arbeitsaufwand bei der Tragwerksberechnung zu verwirklichen. Oft muß dem Bauherren erst in Gesprächen verdeutlicht werden, daß sich durch eine qualifizierte Tragwerksberechnung ein Vielfaches der dafür erforderlichen Honorarkosten nach HOAI einsparen läßt.

Ingenieure müssen sich ihrer Schlüsselposition bewußt werden. Es gilt, Bauherren und Architekten davon zu überzeugen, in welchem Umfang Baukosteneinsparungen von der Qualität der statischen Berechnung abhängig sind.

Einige Beispiele sollen die Grundüberlegungen zu optimierten Wandnachweisen verdeutlichen:

1.1.10 Optimierte Wandnachweise im Beispiel

Freistehende Einfamilienhäuser

Der in Abbildung 30 dargestellte Grundriß eines freistehenden Einfamilien-Wohnhauses zeigt einen verblendeten Mauerwerksbau mit vorwiegend 24 cm dicken lastabtragenden Innen- bzw. Außenwänden sowie 11,5 cm dicken nichttragenden Innenwänden. Die aus statischer und bauphysikalischer Sicht wirklich notwendigen Wanddicken sind ebenfalls angegeben und verdeutlichen so mögliche Reduzierungen der Außenabmessungen bei unveränderten Innennutzflächen. Wenn sich die bebaute Fläche des Erdgeschosses beispielsweise von ursprünglich 113,25 auf 106 m^2 verringern läßt, ohne auch nur einen Quadratmeter Nutzfläche opfern zu müssen, dann bedeutet dies eine Verringerung der bebauten Grundfläche um bereits 7,25 m^2 oder 6,4 %.

Die Abbildung 31 zeigt ein Einfamilienhaus mit 11,5 cm dicken tragenden Wänden in Bimssteinausführung, teilweise großformatig bis 99 x 49 cm.

Abb. 31: Schlanke Wände in Bims, tragend und 11,5 cm dick bei Steinformaten bis 99 x 49 cm

Einfamilien-Reihenhäuser

Zeitgemäße Konstruktionen sind bei Reihenhaus-Projekten bereits häufig kostensparend umgesetzt. In Serie gebaute Objekte bieten nämlich einen besonderen Anreiz zu Kostenreduzierungen. Hier macht sich der Mehraufwand für eine baukostenminimierende statische Berechnung besonders frühzeitig bezahlt. Dennoch gibt es immer wieder Planungen, bei denen die durch schmale Grundstücke ohnehin knappen Nutzflächen auch noch durch überdimensionierte Wanddicken eingeschränkt werden (Abb. 32).

Der ersten Planung gegenübergestellt ist auch eine Wandaufteilung, die weitgehend auf tragende Innenwände verzichtet und hier einmal 15 cm dicke Giebellängswände verwendet. Bei gleicher Nutzfläche ermöglicht die optimierte Tragwerksplanung ein um 26,5 cm schmaleres und um 31,5 cm kürzeres Haus und eine damit um über 5 m^2 oder 7 % verringerte bebaute Fläche.

Gleiche Verhältnisse in den einzelnen Geschossen würden also zu einer vergleichbaren Reduzierung der unmittelbaren Baukosten führen. Im vorliegenden Beispiel mit Baukosten von etwa 170.000,– DM schlüsselfertig sowie einem Kostenwirkungsfaktor von etwa 66 % sind dies 170.000,– DM x 66 % x 7% = 7.854,– DM Ersparnis.

Hinzuzurechnen sind sogar noch die geringeren Materialkosten für das dünnere Mauerwerk, vermindert um Kostenanteile für im Einzelfall geringfügig dickere Geschoßdecken.

In zahlreichen Fällen (wie auch hier) ermöglicht die Rechenweise nach DIN 1053 Teil 1 (02.90) und Teil 2 (07.84) sogar doppelschalige Haustrennwände von je 11,5 cm Dicke. Um einen optimalen Schallschutz von nahezu 67 dB zu erzielen, sollte dann allerdings auf Mauerwerk der Rohdichteklasse 2,0 zurückgegriffen werden.

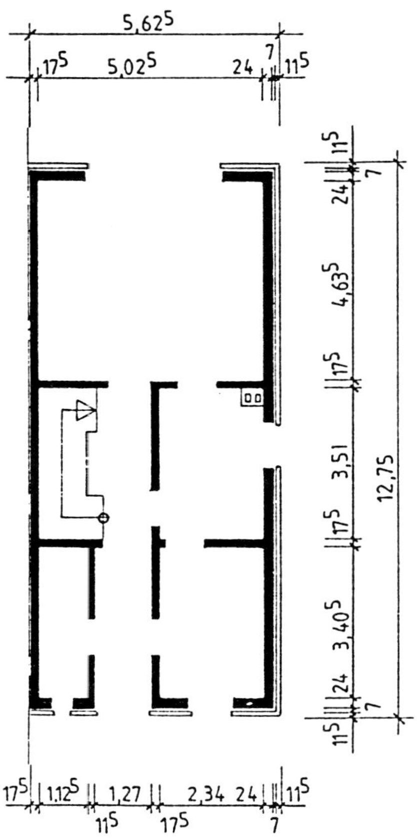

Vorgesehene Planung für das Erdgeschoß
Bebaute Fläche:
$5{,}62^5$ m x 12,75 m = 71,72 m^2

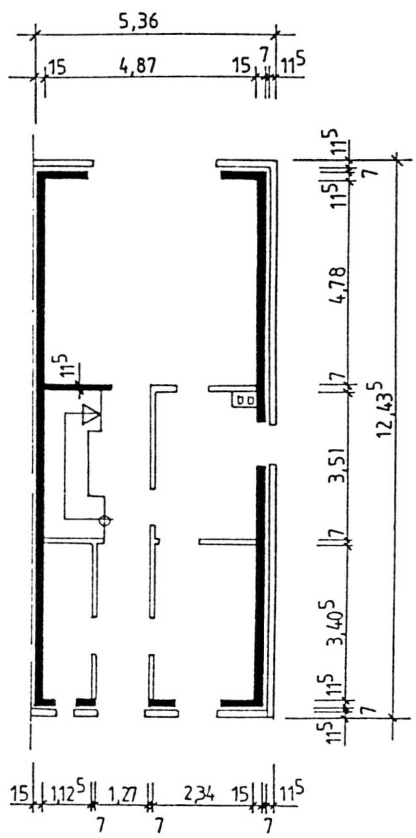

Optimierte Wandstärken bei gleicher Nutzfläche
Bebaute Fläche jetzt noch:
5,36 m x $12{,}43^5$ m = 66,65 m^2

Abb. 32: Grundflächenoptimierung bei Reihenhäusern

Geschoßwohnungsbau

Die Einsparmöglichkeiten im Geschoßwohnungsbau liegen mit etwa 5 bis 7% Wohnflächengewinn oder entsprechender Bauvolumenreduzierung ähnlich günstig wie im Einfamilienhausbau.

Oft werden die 11,5 cm dick geplanten Raumtrennwände als zusätzlicher Trennwandzuschlag auf die Deckensysteme gerechnet. Nunmehr können sie unmittelbar zur Lastabtragung herangezogen werden. Erfahrungsgemäß wird nach drei Geschossen die zulässige Traglast erreicht und dann eine 17,5 cm dicke Wand sinnvoll.

Bei einem öffentlich geförderten Objekt in Aachen-Eilendorf gelang es sogar, die nur lastabtragenden Innen- und Außenwände über vier Geschosse in Wandstärken von 11,5 cm auszuführen. Abbildung 33 zeigt den Rohbau vor Beginn der Verklinkerungsarbeiten.

Die Ausnutzung der neuen Mauerwerkstechniken erfordert dann umfangreichere statische Nachweise, wenn diese nach Teil 2 (07.84) zu führen sind. Meist gelingen sie aber bereits mit Hilfe der einfachen Rechenregeln im Teil 1 (02.90) der DIN 1053.

Das gelang in diesem Beispiel für die viergeschossig 11,5 cm dicken tragenden Innenwände, während die gleich dicken tragenden Außenwände nach Teil 2 zu berechnen waren.

Minderkosten bei der Bauausführung sprechen für sich:

- Reduzierung des umbauten Raumes um 5 bis 7% bei gleichen Nutzflächen;
- Trennwandzuschläge meist entbehrlich, dadurch Minderbelastung für Geschoßdecke um etwa 15%;
- kleinere Deckenstützweiten mit bis zu 50% geringeren Schnittkräften;
- dünnere Deckenkonstruktionen durch kleine Stützweiten und somit zusätzlich geringere Eigengewichte (Massivdeckenstärken aus Schallschutzüberlegungen mindestens 16 cm, besser 18 cm wählen);
- Mindergewichte bei Decken und Wänden reduzieren die Belastung auf Unterzüge, Wände und Fundamente.

Ermöglicht werden also:

- geringes Mauerwerksvolumen
- 16 bzw. 18 cm dicke Decken
- Betoneinsparung mit um durchschnittlich 35% deutlich verringertem Betonstahlverbrauch.

Wohnungstrennwände und Treppenhausumfassungswände müssen aus Gründen des Schallschutzes weiterhin mindestens 24 cm dick ausgeführt werden. Für alle nur lastabtragenden Innenwände können jedoch Wanddicken von 11,5 und 17,5 cm auch bei vielgeschossigen Gebäuden ausreichend sein (Abb. 34 und 35).

Abb. 33:
Bauvorhaben Aachen-Eilendorf 1991: Hofseitig viergeschossig mit 11,5 cm dicken tragenden Innen- sowie Außenwänden; Rohbauansicht ohne Wärmedämmung und Verklinkerung

Brandschutz

Der Brandschutz erfordert bei Mindestwanddicken von 11,5 cm einen beiderseitigen Wandputz. Für die im Abstand von 40 m erforderlichen Brandwände betrug die gewohnte Wanddicke bisher 24 cm.

Die im Jahr 1987 veröffentlichten Versuchsergebnisse für 17,5 cm dicke Kalksandsteinwände ermöglichen nunmehr auch deren Verwendung als Brandwand.

Allerdings ist dies nicht durch den derzeitigen Stand der Bauordnungen abgedeckt, die noch Brandwandstärken von 24 cm beinhalten. Grund ist, daß sowohl Bauordnungen als auch die Brandschutznorm DIN 4102 aus Zeiten vor Einführung der neuen Mauerwerksnorm stammen. Brandwandstärken von 17,5 cm werden jedenfalls vom Autor seit mehreren Jahren bei zahlreichen Bauvorhaben mit Erfolg angewendet. Die Zustimmung durch die örtliche Bauaufsicht bzw. den Prüfingenieur konnte in jedem Fall erwirkt werden [9, 10]. Nunmehr liegt aber auch der Weißdruck der neuen Brandschutznorm (DIN 4102 Teil 4, 03.94) vor, so daß die allgemeine Umsetzung erleichtert wird. Abbildung 34 zeigt ein Beispiel aus dem Jahre 1991. Die über die Dacheindeckung ragenden Brandwände dieses Bauvorhabens in Aachen-Eilendorf sind 17,5 cm dick, alle anderen gezeigten Wände über vier Geschosse 11,5 cm.

Abb. 35: Bauvorhaben Aachen-Eilendorf: Straßenseitig mit dreigeschossig 11,5 cm dicken tragenden Außenwänden im Rohbauzustand sowie nach Verklinkerung einschließlich 6 cm Wärmedämmung bei Bezugsfertigstellung im November 1991

Abb. 34: Bauvorhaben Aachen-Eilendorf: Brandwandausführung an bestehender Nachbarbebauung; 17,5 cm nunmehr möglich gemäß DIN 4102, als Planelemente der Rohdichteklasse ≥ 1,8 und Dünnbettmörtel [9, 10]

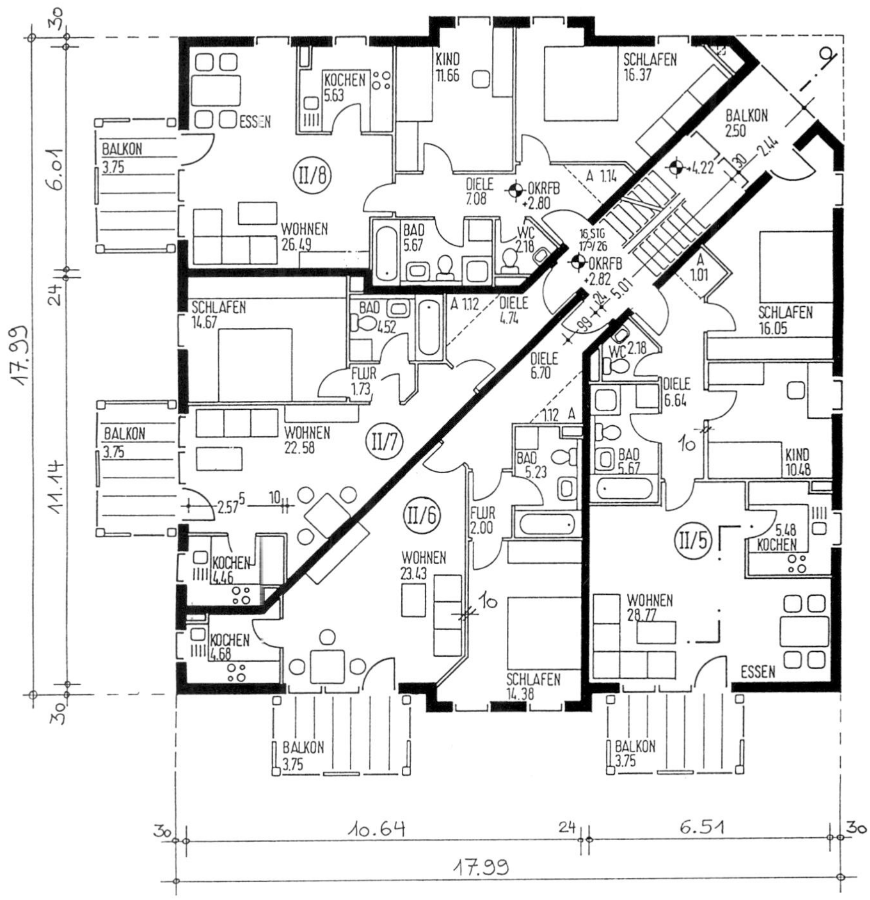

Abb. 36 und 37: Beispiel in Wiesbaden »Am Haingraben«, Situation vor und nach der Optimierung

Abb. 36:

Situation vor der Optimierung:
dunkel angelegt: tragende Wände
sonstige: nichttragende Zwischenwände 10 bis 11,5 cm dick
Geschoßdecke: 22 cm
Bewehrungsangabe: 27 kg/m² *Deckenfläche*

Beispiel »Am Haingraben« in Wiesbaden

Anhand dieses Projektes wird der Einfluß zusätzlicher 11,5 cm dicker tragender Wände auf die Schlankheit von Geschoßdecken, den Bewehrungsaufwand sowie mögliche Auswirkungen auf die Lastableitung verdeutlicht.

Abb. 36 zeigt den Geschoßgrundriß des 1991 fertiggestellten Projektes mit Eigentumswohnungen. In einer statischen Voruntersuchung sollten zuerst nur die schwarz dargestellten Wohnungstrennwände zur Lastabtragung herangezogen und alle Innenwände als nichttragende Trennwände betrachtet werden.

Die großen Deckenstützweiten machten eine Massivdeckenstärke von 22 cm erforderlich sowie einen Gesamtstahlverbrauch von 27 kg/m² Geschoßfläche.

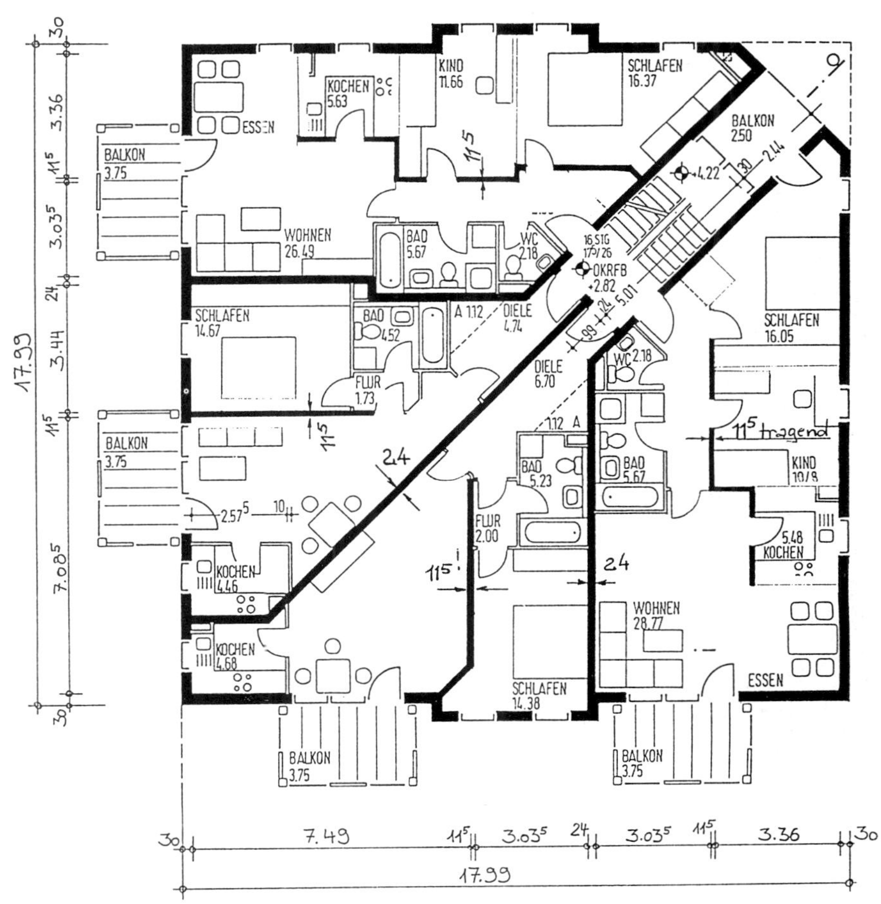

Abb. 37:

Situation nach der Optimierung:
dunkel angelegt: tragende Wände
Geschoßdecke: 16 cm
Bewehrungsaufwand: 7,1 kg/m²
(einschließlich Fensterstürze bzw. deckengleicher Wechsel)

Abb. 38: Bauvorhaben »Am Haingraben«, Wiesbaden, Frühjahr 1991

Die Optimierung sah vor, die in Abbildung 37 zusätzlich angelegten Trennwände 11,5 cm dick und dann tragend auszuführen. Idee war, diese Wände nicht im Sinne eines Trennwandzuschlags auf die Decke zu stellen, sondern zur Zwischenunterstützung der Decke heranzuziehen. Etwas vereinfacht ausgedrückt verringerten sich alle Deckenstützweiten auf die Hälfte.

Erforderliche Änderungen für die Architektur: Keine!

Die Wandstärken wurden lediglich um 1,5 cm auf 11,5 cm erhöht, bei sehr günstigen Auswirkungen auf das Tragverhalten der Decken. So konnte die Deckenstärke um 6 cm auf noch 16 cm reduziert werden und der Betonstahlverbrauch um fast 20 kg/m² auf noch 7,1 kg/m².

Es handelte sich um zwei gleiche Baukörper (Abb. 38), die weitgehend über der Tiefgaragenebene durch Stahlbetonbalken abzutragen waren. So ermöglichte die Halbierung der Deckenstützweiten eine um 6 cm verringerte Deckenstärke und damit eine Betonreduzierung um insgesamt 140 m³ oder rund 350 t. Diese Betonmasse beanspruchte auch nicht mehr die Abfangkonstruktion über der Tiefgarage (Abb. 39). Wen mag es da verwundern, wenn der Gesamtaufwand für Betonstahl von ursprünglich 105 t auf noch 46,5 t sank. Die Ergebnisse der Optimierungsbearbeitung sind in Tabelle 6 zusammengestellt.

Die erreichten Kosteneinsparungen für Beton (30.200,– DM) und Betonstahl (150.000,– DM) waren dreimal so groß wie das Honorar für die Tragwerksbearbeitung nach HOAI. Vielleicht ist nicht uninteressant, daß mit dem Bauherrn ein Erfolgshonorar von zusätzlich 20.000,– DM vereinbart und von ihm gezahlt wurde.

Gerade dieses Beispiel verdeutlicht, in welchem Umfang die frühzeitige planerische Abstimmung von Architektur und Tragwerk zur deutlichen Reduzierung der Rohbauherstellkosten führen kann.

Abb. 39: »Am Haingraben«, Wiesbaden: Lastabtragung des Hochbaus auf der Tiefgaragenebene

VOR DER OPTIMIERUNG	NACH DER OPTIMIERUNG	DIFFERENZ	EINSPARUNG netto DM
DECKEN : d = **22** cm Beton: 2 x 257 m^3 = **514** m^3	DECKEN : d = **16** cm Beton: 2 x 187 m^3 = **374** m^3 Einsparung infolge 350 t Minderbelastung auf Abfangungen und Fundamente Σ Einsparung Beton	**6** cm Minderdeckenstärke **140** m^2 **11** m^3 **151** m^3 Minderbeton	28.000,– 2.200,– **30.200,–** (durchschnittlicher Einheitspreis Raum Frankfurt 1991: 200,– DM/m^3 Beton)
Stahl: Geschätzt: 10 bis 16 kg/m^3 = 85 t + WU-Keller ≅ 20 t Σ ≅ **105** t	Stahl: Verbrauch: 2,7 bis 7,5 kg/m^3 (incl. WU-Keller) Σ ≅ **46,5** t	Minderbetonstahl **58,5** t	**140.400,–** (durchschnittlicher Einheitspreis Raum Frankfurt 1991: 2.400,– DM/t Betonstahl)
Geschoßwohnungsbau **WIESBADEN** – Am Haingraben –	Gesamteinsparung (bei zwei Häusern) mit bebauter Fläche 18 x 18 m		ca. **170.600,–**

Tabelle 6: Ergebnisse der Optimierungsbearbeitung

2 GESCHOSSDECKEN IM WOHNUNGSBAU

Bewußt folgen die Kapitel Mauerwerk und Geschoßdecken aufeinander, da die Lastabtragung der Decken vornehmlich über die raumbegrenzenden Wände erfolgt.

Obwohl Deckenkonstruktionen seit nunmehr 25 Jahren elektronisch berechnet werden, sind diese Hilfsmittel nicht immer so eingesetzt, daß statische Deckensysteme auch dem wirklichen Durchbiegungsverhalten und damit der Beanspruchung des Deckentragwerks entsprechen. Vielmehr werden oft zweiachsig lastabtragende Deckenbereiche lediglich in einer Achsrichtung unterstützt betrachtet und darüber hinaus parallel zur Spannrichtung vorhandene Wandbereiche außer acht gelassen. Aus Sicht der Standsicherheit des Gebäudes ist diese vereinfachende Lastabtragung im Regelfalle tolerierbar. Schäden entstehen nicht, weil sich die Lastabtragung weitgehend der Bewehrungsführung anpaßt.

Die einachsige Lastabtragung von Deckenteilen – also üblicherweise das Durchlaufsystem – ist allerdings eher der Ausnahmefall. Als Ergebnis zahlreicher Vergleichsberechnungen kann festgehalten werden, daß die zweiachsige Lastabtragung zu Betonstahleinsparungen zwischen 35 und 50 % führt.

Wie groß die Auswirkungen unterschiedlicher Rechenweisen sein können, soll am Beispiel einer frei aufliegenden Deckenplatte exemplarisch gezeigt werden. Entnommen ist es einer Forschungsarbeit des Autors für den Bundesbauminister aus dem Jahr 1986 [2]. Die Geschoßdecke eines üblichen Reihenhauses wurde nach unterschiedlichen Methoden rechnerisch untersucht.

Die Abmessungen ergeben sich aus Abbildung 17, Seite 93. Tragende Innenwände sind nicht gewünscht, vorhanden sind ein Deckenausschnitt für die Geschoßtreppe sowie eine Kaminöffnung. Nachstehend wird der Bewehrungsaufwand für unterschiedlichste Rechenweisen miteinander verglichen. Dabei werden die Bewehrungsgrade unter folgenden Voraussetzungen ermittelt (Abb. 40):

- Massivdecke d = 19 cm
- Betonüberdeckung Haupttragrichtung 2,5 cm, Nebentragrichtung 3,5 cm
- üblicher Hochbau, Gesamtgewicht Decke einschließlich Verkehrslast 7,85 kN/m²
- Einfluß aus Leichttreppe vernachlässigt.

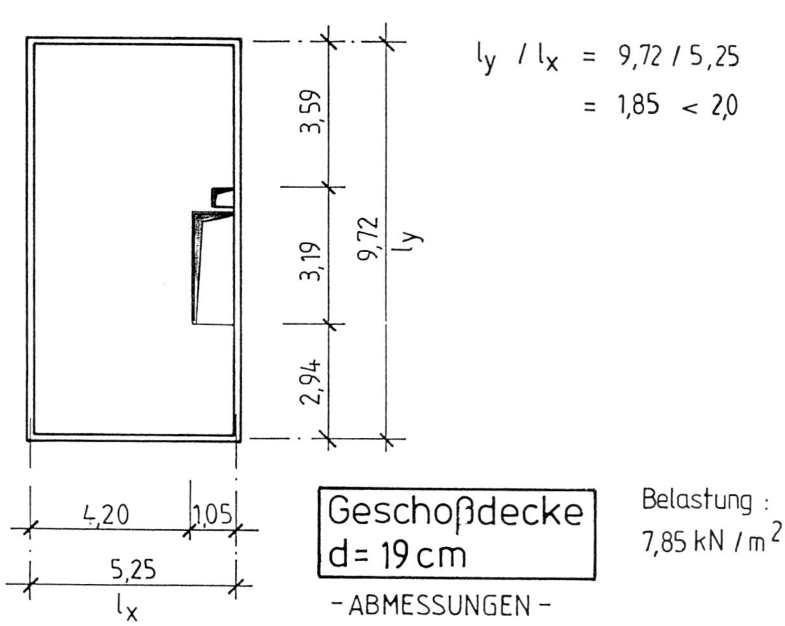

Abb. 40: Ausgangsdaten für die folgenden Rechenvergleiche

2.1 Einfeld-Streifensysteme

In vielen statischen Berechnungen (Abb. 41) werden die dargestellten Laststreifen-Deckensysteme mit teilweise indirekter Lastabtragung gewählt. Diese Betrachtungsweise führt aber nur bei Deckenspannweiten bis 4,80 m zu vertretbarem Bewehrungsaufwand. Bei größeren Deckenstützweiten (hier 5,25 m) erfordert die Laststreifen-Berechnung mit 8,7 kg Betonstahlaufwand pro Quadratmeter den größten Bewehrungsaufwand aller hier gezeigten Rechenvarianten (Abb. 43, oben links).

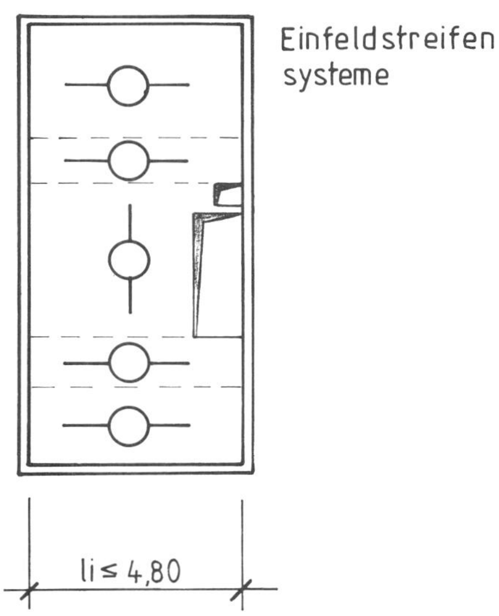

Abb. 41: Unwirtschaftliche Anordnung von Laststreifen-Deckensystemen

2.2 Dreiseitig gestützte Ersatzsysteme

Die Aufteilung der Deckenplatte in mehrere dreiseitig gestützte Ersatzsysteme ist ein erster sinnvoller Schritt in Richtung einer zweiachsigen Lastabtragung. Infolge drillversteifender Wirkung der Gebäudeecken sinken die Maximalmomente gegenüber Streifenberechnung im betrachteten Beispiel um fast 57 %.

Eine Aufteilung der Gesamtdeckenplatte in Teilsysteme bietet sich besonders an, wenn das Seitenverhältnis der Gesamtplatte (l_y/l_x) $>$ 2,0 wird (Abb. 42 sowie Abb. 43, oben rechts).

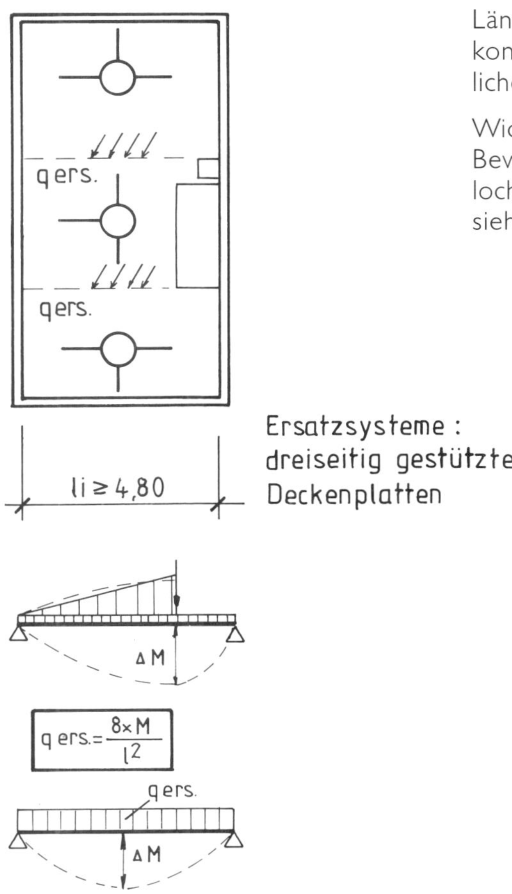

Abb. 42

2.3 Vierseitig gestützte Deckenplatte

Die Treppenlochstörung wird bei der Berechnung vernachlässigt. Der günstige Einfluß der drillversteifenden Gebäudeecken auf das Tragverhalten der Gesamtplatte wurde bereits verdeutlicht. Da das Treppenhaus außerhalb der Gebäudeecken liegt, kann das Tragverhalten der Gesamtdekkenplatte nur unwesentlich von demjenigen einer herkömmlichen kreuzweise wirkenden Geschoßdecke abweichen.

Der Gesamtbewehrungsaufwand sinkt auf immerhin 6,2 kg/m² Deckenfläche (Abb. 43, unten rechts). Eingerechnet ist dabei eine Zulage an der Längsseite des Treppenlochs, zur konstruktiven Erfassung der tatsächlichen Randstörung.

Wichtig: Auch in Feldmitte bleibt die Bewehrungsführung zum Treppenloch hin unverändert (4,6 cm²/m – siehe dazu auch Abschnitt 2.4)!

Deckenstärke d = 19 cm; Betonüberdeckung 2,5 cm

Einfeld-Streifen-systeme

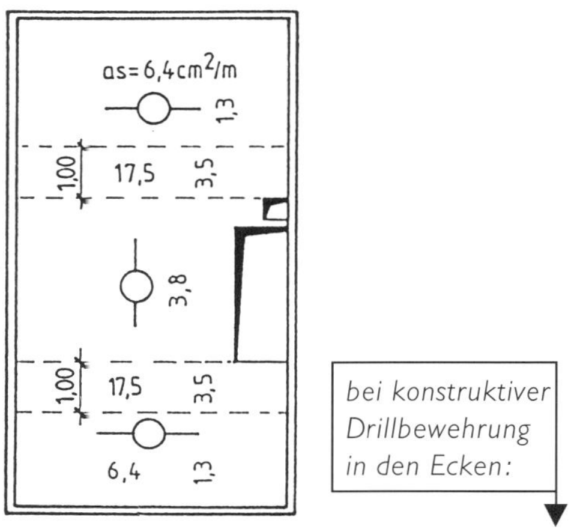

Bewehrungsaufwand . . oben . . . . 19 kg (+ 50 kg)
Betonstahl IVS . . . . . unten . . . 398 kg

Summe pro Decke . . . . 417 kg (467 kg)
bzw. pro m² . . . . 8,7 kg (9,7 kg)

Dreiseitig gestützte Platte

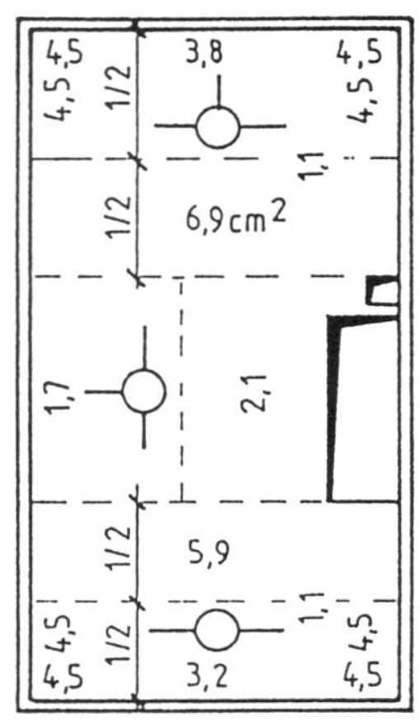

Bewehrungsaufwand . . . . . oben . . . . 67 kg
Betonstahl IVS . . . . . unten . . . 293 kg

Summe pro Decke . . . . 360 kg
bzw. pro m² . . . . 7,5 kg

Gesamtplatte Finite Elemente

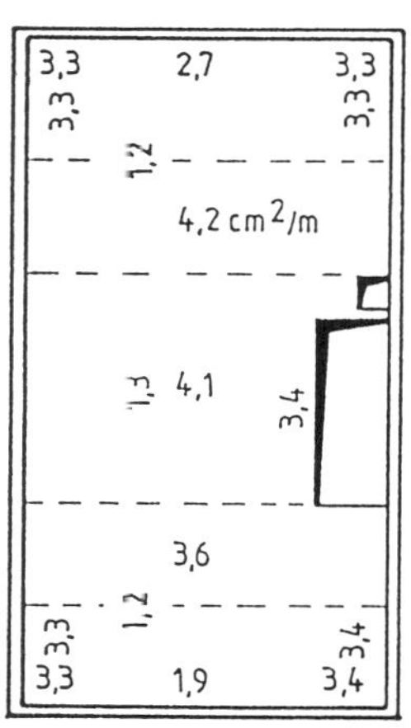

Bewehrungsaufwand . . . . oben . . . . 53 kg
Betonstahl IVS . . . . . . unten . . . 216 kg

Summe pro Decke . . . . 269 kg
bzw. pro m² . . . . 5,6 kg

Gesamtplatte vierseitig gestützt

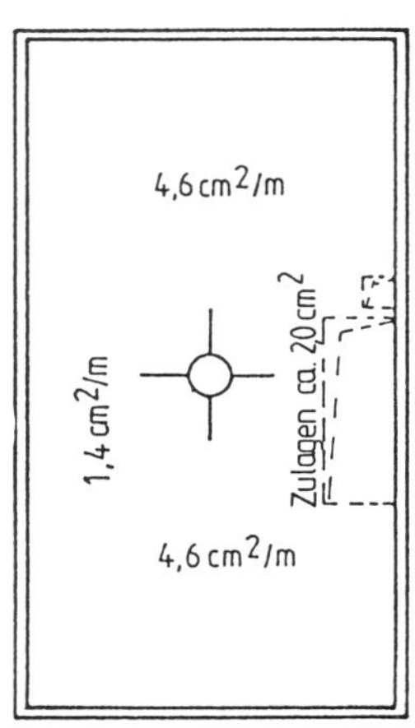

Bewehrungsaufwand . . . . . oben . . . . . 53 kg
Betonstahl IV S . . . . . . unten . . . . 245 kg

Summe pro Decke . . . . 298 kg
bzw. pro m² . . . . 6,2 kg

2.4 Vierseitig gestützte Platte nach der Methode »Finite Elemente«

Mit den heute gebräuchlichen elektronischen Rechenhilfen ist die Berechnung der Gesamtplatte unter Berücksichtigung der Treppenlochstörung mit erträglichem Aufwand möglich. Über das Deckenfeld wird dann ein engmaschiges meist quadratisches Netz gelegt, für das die heutigen Rechenprogramme wirklichkeitsnahe Schnittkräfte, Bewehrungsgrade sowie Verformungen ermitteln. Dieses Verfahren stimmt mit dem Tragverhalten der Deckenplatte wirklichkeitsnah überein. Zugleich liefert es auch die geringstmöglichen Schnittkräfte und Bewehrungsgrade.

Der Gesamt-Stahlaufwand reduziert sich im Vergleich zu den vorigen Rechenmethoden auf nur noch 5,6 kg/m² Deckenfläche (Abb. 43, unten links).

Abb. 43: Auswertung des Betonstahlverbrauchs infolge unterschiedlicher Rechenverfahren der betrachteten Geschoßdecke

2.5 Ergebnis-Rechenvergleich

Ein Vergleich der Betonstahlmengen für jede der vier verschiedenen Rechenmethoden zeigt die Bandbreite des sich daraus ergebenden Gesamt-Bewehrungsaufwandes. Jetzt wird auch deutlich, in welchem Umfang allein die Wahl der Tragsysteme Einfluß auf die Wirtschaftlichkeit der Ergebnisse hat! Der durchschnittliche Bewehrungsgrad schwankt je nach Rechenweise zwischen 5,6 und 8,7 kg/m² Deckenfläche. Würde man unterstellen, daß die Laststreifenberechnung zumindest eine konstruktive Drillbewehrung in den Gebäudeecken von etwa 50 kg erforderlich macht, dann würde der Bewehrungsaufwand für eine Deckenplatte um 200 kg variieren oder um über 70 % über dem günstigst möglichen Bewehrungsgrad liegen!

Allein durch unterschiedliche Rechenverfahren ausgelöst, schwankt der Bewehrungsaufwand um etwa 4,1 kg/m² Deckenfläche.

2.6 Einfluß tragender Innenwände

Der vorliegende Gebäudegrundriß eignet sich sehr gut, die Auswirkungen tragend angesetzter Innenwände auf den erforderlichen Bewehrungsaufwand zu verdeutlichen.

Belastet man die im Kellergeschoß meist sowieso vorhandenen Abtrennungswände zwischen den einzelnen Kellerräumen (Abb. 44), so wird ein Durchlaufdeckensystem möglich mit minimalen Spannweiten (Abb. 45).

Als Ergebnis erhalten wir

- eine mögliche Reduzierung der Deckenstärke von 19 cm auf 14 cm;
- eine Reduzierung des Betonstahlaufwandes gegenüber der »Außenwandstützung« um weitere 40 % auf 3,4 kg/m² Deckenfläche, im Vergleich zur bisher wirtschaftlichsten Lösung;
- eine Verringerung der Belastung für Außenwände und deren Gründung.

Die rechnerische Berücksichtigung ohnehin vorhandener Trennwände ermöglicht also eine Beton- und Betonstahl-Einsparung in einer Größenordnung von netto 15,– DM/m² Deckenfläche [2, 12].

Darüber hinaus ist das Durchbiegungsverhalten der zwischengestützten Deckenplatte wesentlich günstiger als bei vergrößerter Stützweite.

Bei Geschoßwohnungsbauten erhöhen schwere Raumtrennwände zudem nicht nur den Luftschallschutz von Wänden, sondern gleichzeitig auch den von Geschoßdecken.

Abb. 44: Ausgangssituation Kellergeschoß mit ohnehin vorhandenen zur Lastabtragung zusätzlich heranziehbaren Innenwänden

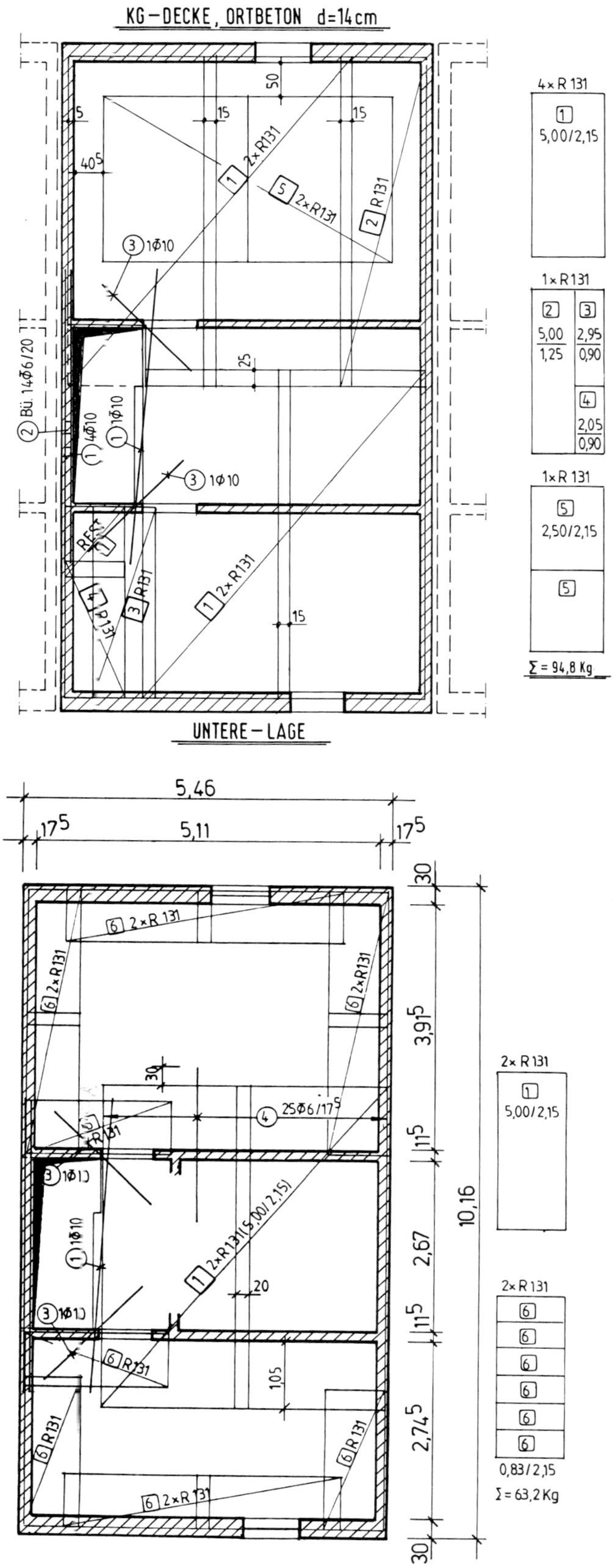

2.7 Beispiel Schottenbauweise

Wie anhand des Beispiels »Einfamilienreihenhaus« erläutert, bleiben bei der Berechnung von durchlaufenden Deckensystemen sehr oft konstruktiv vorhandene Lastabtragungen auf vorhandene Querwände rechnerisch unberücksichtigt. Dann ergeben sich nämlich statisch einfach zu handhabende Durchlaufsysteme mit zwar klar definierter Bewehrungsführung, aber auch entsprechend großen Bewehrungsgraden. In Anlehnung an das vorige Beispiel wird deshalb eine vergleichbare Hausform als Durchlaufsystem im Mehrfamilienwohnhaus nach zwei unterschiedlichen Methoden berechnet. Abbildung 46 zeigt einen Grundrißplan mit Normalschottenabstand von $4{,}88^5$ m bei auf 6,38 m vergrößertem Endfeld. Die Innenwandstärken von 24 cm ergeben sich aus den Anforderungen an den Schallschutz nach DIN 4109 (11.89), da jede Schotte als Stadthauseinheit betrachtet wird. Die Decken selbst sind durchlaufend geplant.

Abb. 45: Vorschlag für eine Bewehrungsführung mit minimiertem Betonstahlaufwand

Gesamtbewehrung obere sowie untere Lage der Kellerdecke:

Bewehrungsmatten	=	*158*	*kg*
Rundstahlzulagen	=	*30*	*kg*
Summe Stahl IV	=	*188*	*kg*
Bewehrung pro m²	=	*3,4*	*kg*

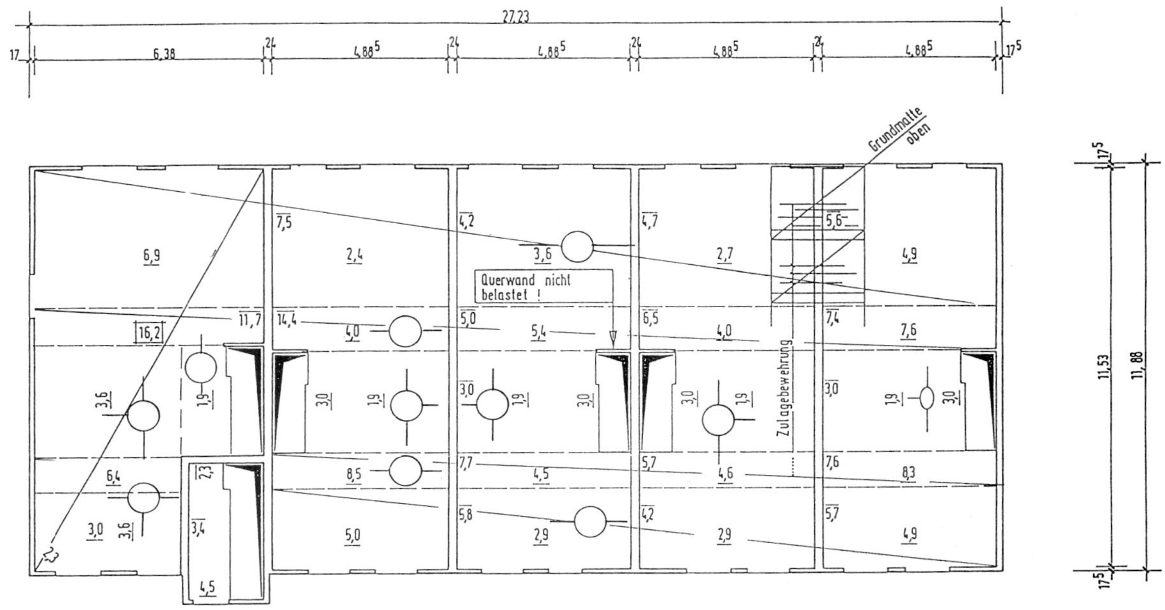

Abb. 46: Durchlaufdecke, obere sowie untere Bewehrung in cm^2

Deckenstärke $d = 16$ cm ($Li = 4{,}88^5$ cm)

Deckenstärke $d = 18$ cm ($Li = 6{,}38$ cm)

Berechnung einachsig lastabtragend

Im Positionsplan eingetragen ist die Deckenbewehrung für eine übliche Deckenbeanspruchung im Wohnungsbau bei einer unteren Betonüberdeckung von 2,5 cm (Feuerschutz). Das statische Deckensystem wurde konventionell aufgebaut, mit anderen Worten so, wie es bei der überwiegenden Anzahl statischer Berechnungen erfolgen würde.

Zur Erhöhung der Wirtschaftlichkeit wurden die zum Treppenauge hin verlaufenden Deckenbereiche dreiseitig gehalten angesetzt, mit jeweiliger Einspannung über den Haustrennwänden. Dennoch erfordern die Laststreifen neben dem Treppenauge parallel zur Gebäudelängswand eine Bewehrungserhöhung bis zum 2,3fachen Wert des Normaldeckenbereichs (Abb. 46). Die 11,5 cm dicken Kopfwände im Treppenhaus blieben rechnerisch unbelastet.

Berechnung zweiachsig lastabtragend

Der üblichen Berechnungsweise gegenübergestellt wird eine statische Untersuchung der Gesamtdeckenplatte unter **Berücksichtigung** der Außen**längs**wände sowie der am Treppenaustritt vorhandenen nur 11,5 cm dicken Pfeilervorlagen. Untersucht wurde das fünffeldrige Deckensystem mit Hilfe »Finiter Elemente«, wobei die Pfeilervorlage an den Treppenaugen auch wegen ihrer nur geringen Dicke nicht starr, sondern durch Einführung einer Federkonstanten nachgiebig gestützt berücksichtigt wurde. Dadurch stimmen die Ergebnisse besser mit den tatsächlichen Verhältnissen überein. Der Bewehrungsaufwand ist in den Abbildungen 47 bis 49 grafisch dargestellt.

Ergebnisse

Die Auswertung der Rechenverfahren macht auch hier deutlich, wie sehr die Ergebnisse aus einachsiger Durchrechnung von der zweiachsig erfaßten Lastabtragung abweichen. Gerade die grafische Darstellung zeigt, daß sich das Tragverhalten der Deckenplatte im Bereich des Treppenauges eben nicht parallel dazu einstellt, sondern die Hauptbeanspruchung trotz Treppenaugenstörung unveränderlich in x-Richtung, also im Sinne der Durchlaufrichtung, bestehen bleibt.

So liegen die Ergebnisse für die untere Bewehrungslage bei der einachsig ausgerichteten Laststreifenberechnung um 35 bis 230 % über der zweiachsig durchgeführten Berechnung mit Hilfe »Finiter Elemente«.

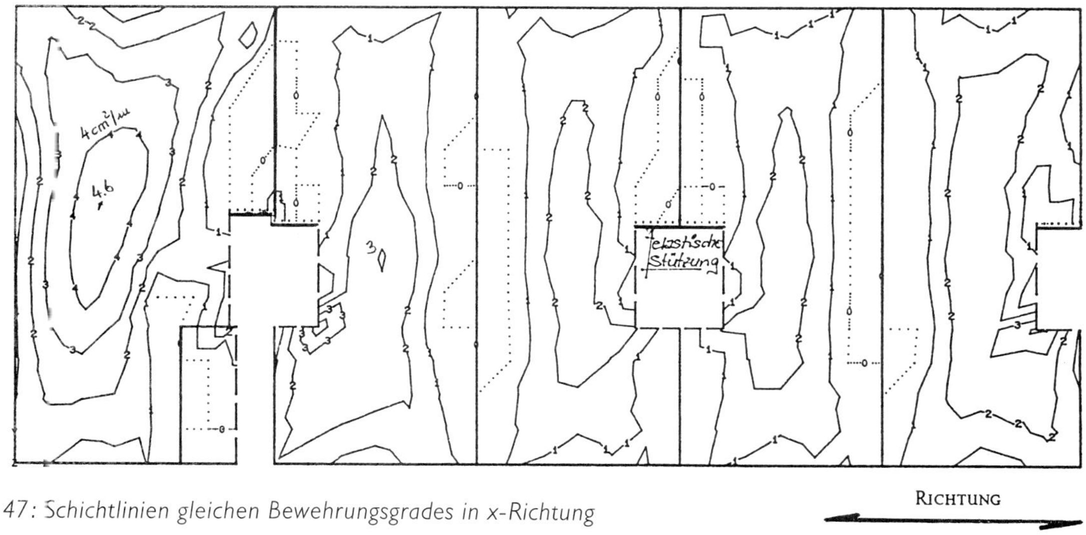

Abb. 47: Schichtlinien gleichen Bewehrungsgrades in x-Richtung

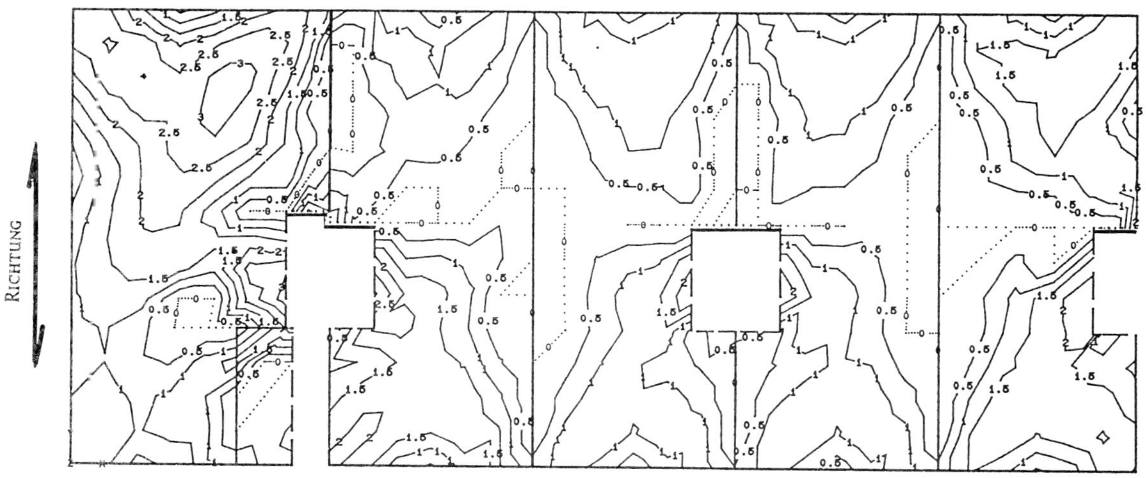

Abb. 48: Schichtlinien gleichen Bewehrungsgrades in y-Richtung

Abb. 47 und 48: Maßgebend für Feldbewehrung

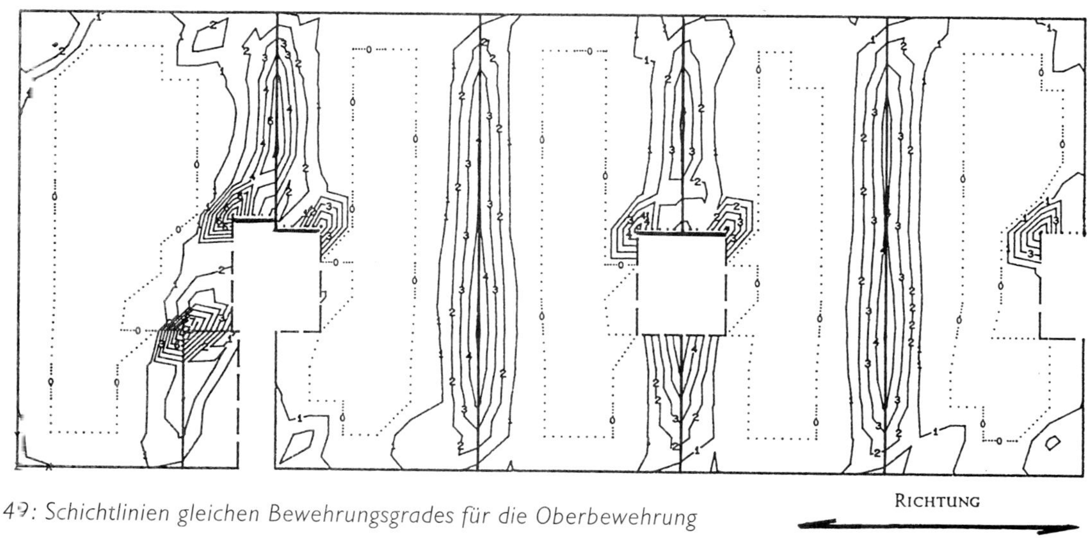

Abb. 49: Schichtlinien gleichen Bewehrungsgrades für die Oberbewehrung

Abb. 49: Maßgebend für Stützbewehrung, Deckenstärke 16 bis 18 cm, Betonüberdeckung 2,5 bzw. 3,5 cm

Bewehrungsvergleich Streifenstatik zu Ergebnissen nach der Methode »Finite Elemente«

System		Erforderliche Gesamt-Bewehrung je lfdm Stützung cm^2 / m	Mehraufwand Streifenstatik %
Streifen	x-Richtung	5,33	46
Finite Elem.	oben	3,65	
Streifen	x-Richtung	3,43	36
Finite Elem.	unten	2,52	
Streifen	y-Richtung	1,76	20
Finite Elem.	unten	1,46	

Tabelle 7: Ergebnis: Durchschnittlicher Mehraufwand bei »Streifenstatik« ohne Berücksichtigung der parallel vorhandenen Innen- und Außenwände ca. 30%

Die beiden gezeigten Ausführungsbeispiele machen deutlich, wie sehr der Bewehrungsaufwand von einer zutreffenden Erfassung der wirklichkeitsnahen Lastabtragung abhängt. Deutlich wird besonders im letzten Beispiel (Abb. 47 bis 49) auch, welche hohe Reserven idealisierte Rechenverfahren bieten. In Tabelle 7 sind die Laststreifenberechnung sowie die zweiachsige Lastabtragung im Ergebnis gegenübergestellt.

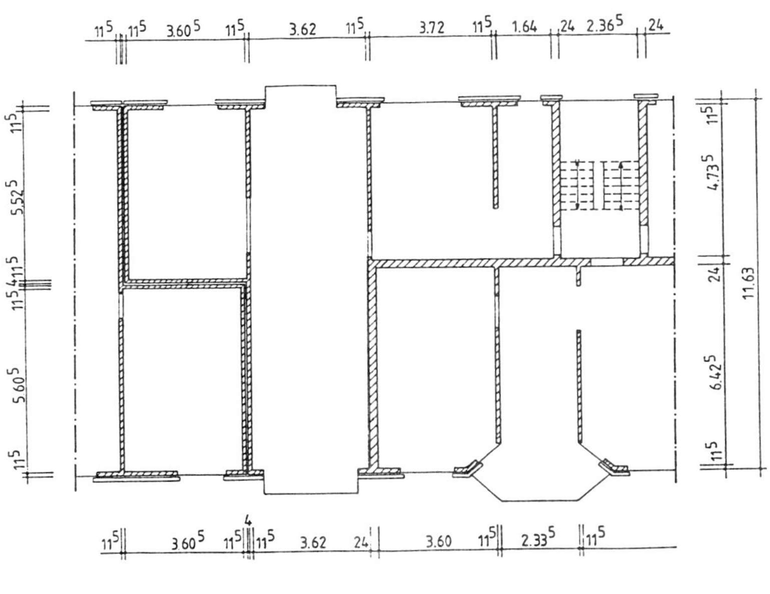

Beispiel: Geschoßwohnungsbau Herne, Freisenstraße

Als weiteres Beispiel im Geschoßwohnungsbau wird noch ein typischer Schottenbau behandelt, der auch in Teil I, Abschnitt 5.1 ab Seite 63 ausführlich dargestellt wurde. Wie in Abbildung 50 erkennbar, wäre ebenfalls eine zweiachsige Lastabtragung denkbar. Im Gegensatz zum vorhergehenden Beispiel aber liefert hier die übliche Durchlaufberechnung der Decken bei Deckenlichtweiten von höchstens 3,72 m ohnehin nur Mindestbewehrung.

Alle Decken wurden als Elementdekken (5 cm Fertigteilplatte mit Ortbeton) geplant, und **für alle Deckenfelder reichte die Mindestbewehrung für Elementdecken voll aus** (Ø 6/15 + Untergurtstäbe der Schubträger). In diesem Fall hätte die vierseitige Lastabtragung zweifelsohne den Betonstahlaufwand vergrößert statt ihn zu verringern. Erreicht wurden die geringen Stützweiten auch hier durch weitestgehende Ausnutzung dünner Wände zur Lastabtragung, bei Wandstärken von meist 11,5 cm über mehrere Geschosse.

Abbildung 51 zeigt sowohl einen Innen- als auch einen Außenpfeiler mit Wandstärken von 11,5 cm. Die außenliegende Balkonplatte wurde als Kragplatte herausgeführt, aber von der Deckenkonstruktion thermisch getrennt. Abbildung 52 zeigt die fertiggestellte Balkonausführung als Fassadenausschnitt.

Abb. 50: Grundriß Geschoßwohnungsbau Herne, Freisenstraße (siehe auch Teil I, Abschnitt 5.1)

Abb. 51: Bauvorhaben Herne, Freisenstraße: 11,5 cm dicke Innen- und Außenpfeiler, deckengleiche Fensterstürze und thermisch getrennte Balkone

Abb. 52: Bauvorhaben Herne, Freisenstraße: Außensicht der Abbildung 51 nach Fertigstellung

2.8 Zulässige Deckenstützweiten

Werden Geschoßdecken durch nichttragende Trennwände belastet, ist die Mindestdeckendicke gemäß DIN 1045 wie folgt zu bestimmen:

$$\text{erf. } d\,[\text{m}] = (l\,[\text{m}] \times \alpha)^2 / 150 + h'\,[\text{m}]$$

dabei ist
l = Deckenstützweite
α = 1 (Einfeldplatte)
α = 0,8 (Endfeld)
α = 0,6 (Innenfeld)
h' = untere Betonüberdeckung zzgl. 1/2 x Betonstahldicke

In Tabelle 8 sind die Grenzstützweiten zur besseren Übersicht aufgetragen für

- Deckenstärken zwischen 16 und 20 cm;
- übliche Einspannverhältnisse ($\alpha = 1$; 0,8; 0,6).

Deckendicke		Einfeld $\alpha = 1$	Endfeld $\alpha = 0{,}8$	Innenfeld $\alpha = 0{,}6$
16 cm	h' = 2,5	4,50 m	5,62 m	7,50 m
	h' = 3,5	4,33 m	5,41 m	7,21 m
17 cm	h' = 2,5	4,66 m	5,83 m	7,76 m
	h' = 3,5	4,50 m	5,62 m	7,50 m
18 cm	h' = 2,5	4,82 m	6,02 m	8,03 m
	h' = 3,5	4,66 m	5,83 m	7,76 m
19 cm	h' = 2,5	4,98 m	6,22 m	8,30 m
	h' = 3,5	4,82 m	6,02 m	8,03 m
20 cm	h' = 2,5	5,12 m	6,40 m	8,53 m
	h' = 3,5	4,98 m	6,22 m	8,30 m
Durchschnittliche Mehrstützweite Δ l bei h' = 2,5		Δ l ≅ 15 cm	Δ l ≅ 20 cm	Δ l ≅ 27 cm

Tabelle 8: Grenzstützweiten für Durchlaufdecken mit üblichen Trennwänden

- Achsmaß h' bzw. u = 2,5 bzw. 3,5 cm (Abstand von Mitte unterer Bewehrungslage bis Unterkante Beton).
  Die größere Betonüberdeckung schließt dann ohne durchgehende Oberbewehrung den Brandschutz F 90 mit ein.

Tragen sich Deckenplatten nicht überwiegend einachsig ab, sondern zweiachsig, werden geringere Deckendicken bzw. größere Grenzstützweiten möglich, siehe dazu [11].

Die vorliegende Tabelle dient der grundsätzlichen Übersicht und zur Abschätzung erforderlicher Deckenstärken.

Der besondere Problempunkt »Dachdecken mit nur geringer Auflast« wurde bereits im Abschnitt 1.1.5 – Einschalige Außenwände – angesprochen. An dieser Stelle sei aber eine Anmerkung zur Deckenschlankheit in DIN 18 530 (Massive Deckenkonstruktionen für Dächer) gemacht. Abschnitt 4.2 wird wie folgt zitiert:

»Zur Vermeidung von Rissen in den Wänden infolge Biegeverformungen der Dachdecke soll bei unverschiebbarer Dachdeckenauflagerung zwischen Dachdecke und unbewehrter Wand im allgemeinen eine Trennschicht (z.B. Bitumen- oder Kunststoffbahn) eingelegt werden. Hierauf kann erfahrungsgemäß nur verzichtet werden, wenn die Biegeschlankheit der Dachdecke auf 30 cm dickem Außenmauerwerk bei bindemittelgebundenen Steinen ⅔ des Wertes nach DIN 1045, Abschnitt 17.7.2 bzw. bei gebrannten Steinen (Ziegel) ½ dieses Wertes nicht überschreitet.«

Für den praktischen Fall einer Einfeld-Dachdecke mit l = 4,00 m für Brandschutz F 90 würde dies bedeuten:

Biegeschlankheit nach DIN 1045 Abschnitt 17.7.2:

$l_i^2/h < 150$

z. B. h = 10,7 cm bzw. d = 14,0 cm

Biegeschlankheit nach DIN 18 530 bei bindemittelgebundenem Mauerwerk:

$l_i^2/h < 150 * 2/3 = 100$

z. B. h = 16,0 cm bzw. d = 19,0 cm

Biegeschlankheit nach DIN 18 530 bei Ziegelmauerwerk:

$l_i^2/h < 150 * 1/2 = 75$

z. B. h = 21,3 cm bzw. d = 25,0 cm

Das würde praktisch für eine vollflächige Deckenauflagerung eine Vergrößerung der Deckendicke um etwa 40 % bei bindemittelgebundenem Mauerwerk bedeuten bzw. um 80 % bei Ziegelmauerwerk gegenüber der DIN 1045. Derart dicke Decken sind aber aus Gründen der Wirtschaftlichkeit nur in Ausnahmefällen angebracht.

Statt dessen sollten gering belastete Wände konsequent durch eine Bitumen- oder Kunststoffbahn von der Decke getrennt werden und bei größeren Spannweiten Zentrierlager erhalten.

Ringbalken sind bei oberseits wärmegedämmten massiven Dachdecken gemäß DIN 18 530 nicht mehr erforderlich. Sinnvoll ist aber im oberen Wandbereich eine konstruktive Längsbewehrung in den letzten drei Steinfugen.

2.9 Brandschutz F 90 für Geschoßdecken-Durchlaufplatten im Bewehrungsvergleich

In Tabelle 9 ist der Gesamtbewehrungsaufwand für Durchlaufplatten gleicher Stützweiten zusammengestellt, und zwar jeweils für eine Einheitsdeckenstärke von 18 cm (empfohlene Mindestdeckendicke für übliche Schallschutznachweise gemäß DIN 4109 gegen Luftschall).

Ausnahme: Maximalstützweiten 6,00 m mit d = 19 cm wegen Durchbiegungsbeschränkung im Endfeld.

Nicht berücksichtigt sind obere Abreißbewehrungsanteile über Außenquerwänden, deckengleiche Tragwechsel bzw. Fensterstürze.

Den Bewehrungsangaben liegen folgende Voraussetzungen zugrunde:

- Vierfeldsystem mit gleichen Feldlängen, variiert zwischen 3,75 bis 6,00 m;
- Eigengewicht einschließlich schwimmendem Estrich: $g = 5,75\ kN/m^2$;
- Verkehr einschließlich Trennwandzuschlag: $p = 2,75\ kN/m^2$;
- Betonüberdeckung oben bis Stabachse: 2,5 cm.
- Betonüberdeckung unten bis Stabachse:
  a) 3,5 cm zur Erzielung der Feuerwiderstandsklasse F 90,
  b) 2,5 cm unter Einrechnung einer oben durchgehenden Mindestbewehrung (20 % der Feldbewehrung, aber mindestens R 188);
- Grundbewehrung in Betonstahlmatten, gegebenenfalls mit Rundstahlzulagen;
- gestaffelte Oberbewehrung mit Grundmatten zuzüglich Rundstahlzulagen.

Aufschlußreich sind die Ergebnisse in doppelter Hinsicht:

a) Verdeutlichung, wie sehr der Grundbewehrungsaufwand pro Quadratmeter Deckenfläche vom Abstand der tragenden Wände beeinflußt wird.

b) Klarstellung, daß zur Erzielung des Feuerschutzes F 90 die Vergrößerung der unteren Betondeckung (auf 3 cm) eine geringere Gesamtbewehrung erfordert als eine durchgehende Oberbewehrung, und zwar um

- ca. 20 % weniger bei Deckenstützweiten bis 4,50 m
- ca. 7,5 % weniger bei Deckenstützweiten von ca. 5,00 bis 6,00 m.

Tabelle 9:
Deckenausführung F 90:
Durchschnittlicher Gesamtbewehrungsaufwand ohne und mit durchgehender Oberbewehrung

Stützweite in Metern	Bewehrungsaufwand in kg bezogen auf einen Quadratmeter und Brandschutzklasse F 90		Minderbewehrung trotz größerer Betondeckung
	Betonüberdeckung 3,0 cm u = 3,5 cm	Betonüberdeckung 2,0 cm u = 2,5 cm ⊗	
Symmetrieachse △ 3,75 △ 3,75	4,0	5,0	
△ 4,0 △ 4,0	4,6	6,0	ca. 20 %
△ 4,5 △ 4,5	4,6	6,0	
△ 5,0 △ 5,0	6,0	6,5	
△ 5,5 △ 5,5	7,3	7,9	ca. 7,5 %
△ 6,0 △ 6,0	8,0 d = 19 cm	8,4 d = 18 cm	

⊗ zuzüglich 20 % Oberbewehrung

2.10 Fensterstürze und Unterzüge

Im normalen Wohnungsbau werden meist niedrige Betonfensterstürze geplant. Diese Abmessungen erscheinen dann in der statischen Umsetzung als Unterzug, der geschalt, mit Bügeln und Längsstäben bewehrt und betoniert werden muß. Diese Ausführungsart hat sich jedoch als – im weitesten Sinne – entbehrlich erwiesen.

Anzustreben sind statt dessen deckengleiche Tragwechsel, die dann lediglich einen Steckbügel erfordern, sowie maximal zwei untere und zwei obere Bewehrungsstäbe. Zusätzlich sollte der Tragwechsel an den Auflagern elastisch eingespannt werden, so daß die ohnehin vorhandene obere Bewehrungslage auch statische Funktionen bekommt. Die Momente ergeben sich bei Gleichstreckenlast und ⅔ elastischer Einspannung

$$M_{Feld} = - M_{Stütz} = q \times l^2/16$$

(Abb. 53).

Die Vorteile für die Baustelle liegen auf der Hand:

- die Decke kann durchgeschalt werden
- keine Unterzugseitenschalung
- keine zweischnittigen Bügel, sondern nur einschnittige Steckbügel
- Halbierung der unteren Bewehrung infolge rechnerischer Berücksichtigung der oberen Montagebewehrung
- einfachere Handhabung der Maurerarbeiten (keine Auflagernischen für Unterzug)

Noch günstiger werden die Schnittkräfte, wenn die Belastung nicht als Gleichlast, sondern sinnvollerweise als Deckenanteil unter 60° berücksichtigt wird.

Die statische Handhabung von deckengleichen Wechseln ist gemäß Heft 240 DAfStb. auf Lichtweiten von $li \leq 15 \times d$ beschränkt. Größere Öffnungsbreiten erfordern eine Berechnung nach der Elastizitätstheorie, zum Beispiel als Platte mit unterbrochener Stützung (siehe Betonkalender, Stiglat-Wippel »Platten«) oder eine Betrachtung mit Hilfe der »Finiten Elemente«. Mit den genannten Verfahren sind, unter Beachtung der Durchbiegungen, auch größere Öffnungsbreiten zu meistern.

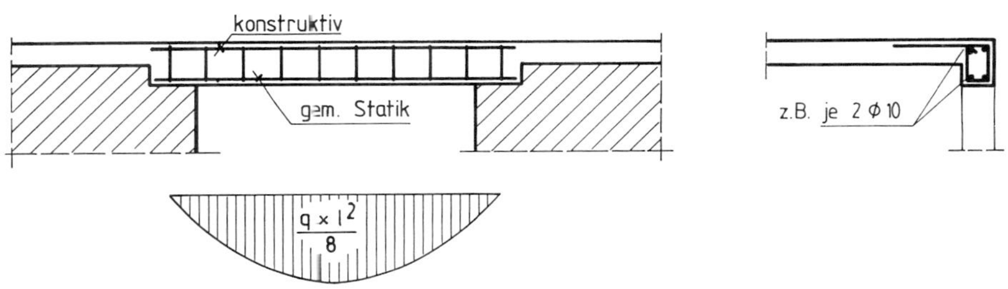

Abb. 53 a: Übliche Lösung von Unterzügen, auch geringer Stützweite

Abb. 53 c: Ausführungsbeispiel für Variante b) als deckengleicher Innenwechsel innerhalb der Filigrandecke

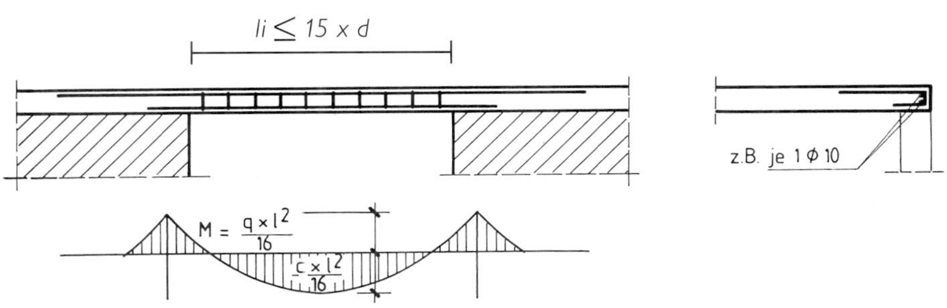

Abb. 53 b: Deckengleiche und bewehrungsoptimierte Variante

2.11 Deckenzentrierte Betonscheiben

Viel zuwenig wird das statische Zusammenwirken von Wandscheiben mit Deckenkonstruktionen auch rechnerisch berücksichtigt. Dabei kommt es gar nicht so selten vor, daß in oberen Geschossen Wände geplant sind, die dann plötzlich fehlen oder nur noch als Querwand vorhanden sind. Abbildung 54 zeigt einen solchen Fall.

Unzweckmäßig wäre es, diese Wand mit ihrer Auflast auf die Decke stellen zu wollen. Statt dessen sollte sie als Stahlbetonscheibe ausgeführt und bewehrt werden, wodurch sie stützende Funktion für die untere und für die obere Decke bekommt. Die Gesamtbelastung wird von einer Querwand oder auch einer Stütze aufgenommen. Infolge ausmittiger Lastabtragung wirkt in der Scheibe auch ein Kippmoment. Dieses aber wird durch die jeweils unten und oben vorhandene Deckenscheibe zentriert. Mit anderen Worten: Eine vermeintliche Kippgefahr der Scheibe ist in Wirklichkeit gar nicht vorhanden.

Voraussetzung für die Betrachtungsweise ist allerdings, daß die entstehenden Horizontalkräfte in der darunter- und darüberliegenden Deckenscheibe durch andere vorhandene scheibenartige Bauteile zentriert werden können.

Wichtig ist, im Schalplan auf das besondere Tragverhalten dieser Scheiben hinzuweisen und dort auch Angaben zu Ausschalfristen zu machen. Zur Stabilisierung gehört, daß auch die obere Deckenscheibe statisch wirksam, also ausreichend erhärtet ist.

Die gezielte Anwendung von deckenzentrierten Betonscheiben verringert die Stützweiten von Deckenplatten: ein weiteres Mittel zur Reduzierung von Betonstahl!

2.12 Kostenoptimierung bei der Bewehrungsführung

Ein nicht zu unterschätzendes Einsparungspotential liegt in der Art der Umsetzung statischer Berechnungen bei der Erstellung der Bewehrungspläne. So ist es oft üblich, über statische Erfordernisse hinaus die Bewehrung mitunter großzügig nach oben aufgerundet anzugeben. Statische Nachweise werden aber ohnehin mit einer zusätzlichen Sicherheit von wenigstens 75 % ($\nu = 1{,}75$) geführt.

Das künftige EG-Recht wird uns auch Nachweismöglichkeiten im elastisch-plastischen Bereich verschaffen. Im Klartext bedeutet dies, daß beispielsweise für eine eingelegte Stützbewehrung das dafür mögliche Tragmoment ermittelt wird und zwischen den Auflagepunkten dann die Feldmomentparabel eingehängt werden kann. Vergleichbar ist dies mit der bisher begrenzt anwendbaren Momentumlagerung nach DIN 1045 Abschnitt 15.1.2 (3). Wir erkennen daraus, daß es bereits jetzt tendenziell möglich sein sollte, im vernünftigen Rahmen mit der Bewehrungsführung »zu spielen«. Wenn beispielsweise bei der Anwendung von Baustahlmatten aus Gleichheits- oder Abstufungsgründen als Oberbewehrung über den Innenwänden eine dickere Betonstahlmatte gewählt wurde, so könnte dies tendenziell bei der Wahl der Feldbewehrung durch eine etwas knappere Bewehrungsausführung ausgeglichen werden, ohne daß das Sicherheitsniveau der Gesamtkonstruktion beeinträchtigt wäre.

Nur bei untergeordneten Deckenplatten wird es sinnvoll sein, die Feldbewehrung über die gesamte Feldlänge konstant auszuführen. Besonders bei großen vierseitig gestützten Deckenfeldern lohnt es sich aber, den Bewehrungsanteil zu den Auflagen

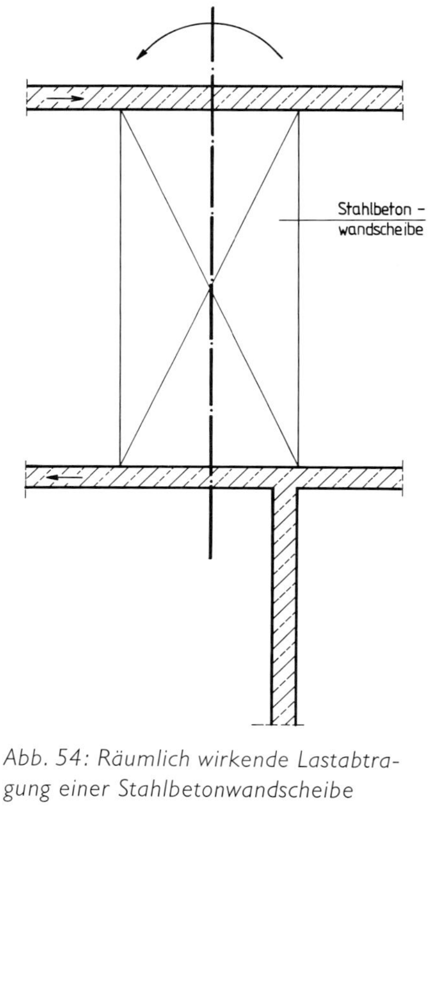

Abb. 54: Räumlich wirkende Lastabtragung einer Stahlbetonwandscheibe

hin auf den halben Wert zu mindern, DIN 1045, Abs. 20.1.6.2 (5).

Dies gilt sinngemäß auch für die Oberbewehrung, die im Schnittbereich von zwei Wänden ebenfalls um 50 % vermindert eingebaut werden kann. Bewährt hat sich hier eine Grundmatte sowie eine Zulage mit Rundstahl im mittleren Bereich über den Stützungen.

Vergleiche hierzu auch Abschnitt 1.1.12.

2.13 Leitsätze für kostengünstige Decken-Tragwerke

- Geschoßweise übereinander stehende Raumtrennwände, 11,5 cm dick, zur Lastabtragung heranziehen
- Schottenbauweise anstreben, maximaler Schottenabstand 4,50 m
- Kurze Endfelder planen
- Regelmäßig zweiachsige Lastabtragung der Deckenfelder anstreben, insbesondere bei Stützweiten ab 4,50 m (Abb. 43)
- Fensterstürze als Regelausführung deckengleich, beidseitig elastisch einspannen (Abb. 53).

2.14 Leitsätze kostensparender Bewehrungsführung

- Angsteisen durch gezielte Nachweise entbehrlich machen
- Alle Bemessungsverfahren beinhalten Sicherheiten von wenigstens 75 %; darüber hinaus können Aufrundungen unterbleiben
- Den Randbereich vierseitig gestützter Deckensysteme mit halber Bewehrung ausführen, falls bewehrungstechnisch sinnvoll
- Bewehrungsanteil für Stützbewehrung im Bereich von Querwänden auf halben Querschnitt vermindern, beispielsweise durch Mattenlösung mit Rundstahlzulagen, die nur im Mittelbereich benötigt werden
- Schneideformen minimieren und Einheitszulagen an verschiedenen Stellen verwenden (denn: jede weitere Bewehrungsform bedeutet Zusatzkosten!).

3 OPTIMIERUNGEN BEI TIEFGARAGEN

Wohnungsneubau ohne Nachweis der dafür erforderlichen Parkflächen ist heute undenkbar. Da Grundstücke aber immer teurer und damit kleiner werden, führt die Nachweisproblematik für erforderliche Stellplätze in der Mehrzahl der Fälle zu Tiefgaragenlösungen. Dabei werden die Gesamtherstellungskosten zum überwiegenden Teil durch die Rohbaukosten bestimmt. Es ist deshalb einleuchtend, daß die Entstehungskosten je Tiefgaragenplatz in besonderem Maße von der Art und Weise der Tragwerksbearbeitung abhängen.

Eine Reihe von Optimierungsansätzen für Tiefgaragen sind in Teil I behandelt und schlagwortartig auch im Sinne einer Zusammenfassung dieses Kapitels (3.16) aufgeführt. An dieser Stelle sollen Aussagen detailliert kommentiert werden.

3.1 Entwurfsplanung, statisches Konzept

Nahezu alle architektonischen Konzepte von Tiefgaragen lassen sich noch optimieren. Das bedeutet selbstverständlich nicht, daß architektonische Vorgaben vorher unvollständig waren. Vielmehr sollte das Entwurfskonzept mit statisch konstruktiven Optimierungsansätzen in Einklang gebracht werden. Veränderbar sind oft die Stützenstellungen, die Abstände der Stützen zueinander, die Pfeilerbreiten – die in der Regel schmäler sein können – sowie Fragen zur Abdichtung der Tiefgarage oder zur Bodenplattenausführung.

3.2 Doppelwandlösungen entbehrlich machen

Meist liegen die Tiefgaragen unmittelbar neben dem Kellergeschoß des Wohnhauses oder beziehen dieses sogar mit ein. Oft ist dann eine zweite Unterstützung parallel zur Außenwand vorgesehen, die aber im Regelfall entfallen kann zugunsten einer Konsolauflagerung am Hochbau (Abb. 55).

Dabei ergibt sich aus der Deckenabsenkung für die meist erdüberschüttete Tiefgaragendecke automatisch ein ausreichend hoher Unterzug unter der Gebäudeaußenflucht.

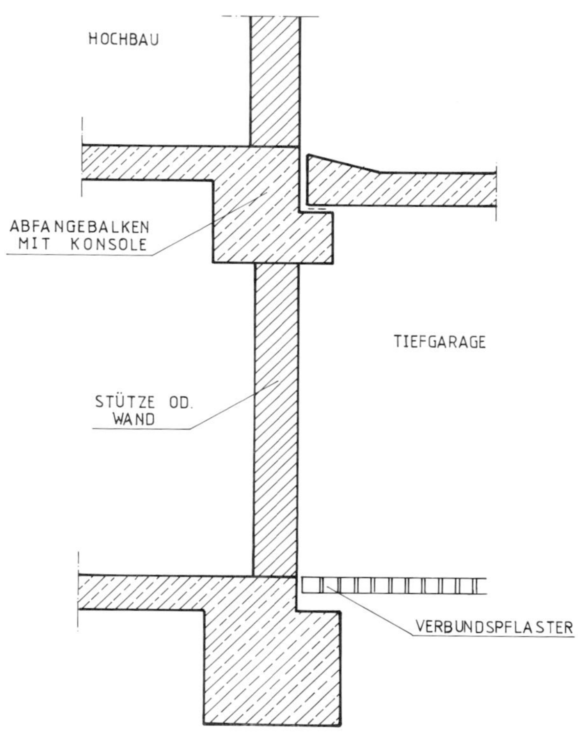

Abb. 55: Konsolauflagerung ersetzt zusätzliche Unterstützung der Tiefgaragendecke als Lösung, die eine Wand oder Stütze parallel zum Hochbau entbehrlich macht

3.3 Unterstützungssysteme

Muß die Tiefgaragendecke gleichzeitig größere Gebäudelasten abfangen, hat sich eine Schottenlösung bewährt. Hier wird zwischen jeder Parkbox jeweils eine ca. 16 cm dicke Betonwand vorgesehen, so daß sich das Gebäude einerseits über die extrem kurze Spannrichtung abtragen kann, sich andererseits sogar richtige Garagenboxen ergeben.

Von grundsätzlicher Bedeutung ist die Lage der Unterzüge, das heißt, ob diese längs oder quer zu den Parkboxen angeordnet werden. Die Spannrichtung längs der Stellplätze (Abb. 56) hat zur Folge, daß dann die Durchfahrtshöhe durch querverlaufende Unterzüge optisch so eingeengt wird, daß die aus Kostengründen ohnehin niedrigen Parkgeschosse noch gedrungener wirken. Vorteilhaft wirken sich allerdings die Deckenstützenweiten von ca. 5,00 m aus.

Großzügiger wirken Tiefgaragensysteme bei Anordnung der Unterzüge quer zu den Parkboxen (Abb. 57), wobei rechteckige, aber auch angevoutete Balkenquerschnitte denkbar sind.

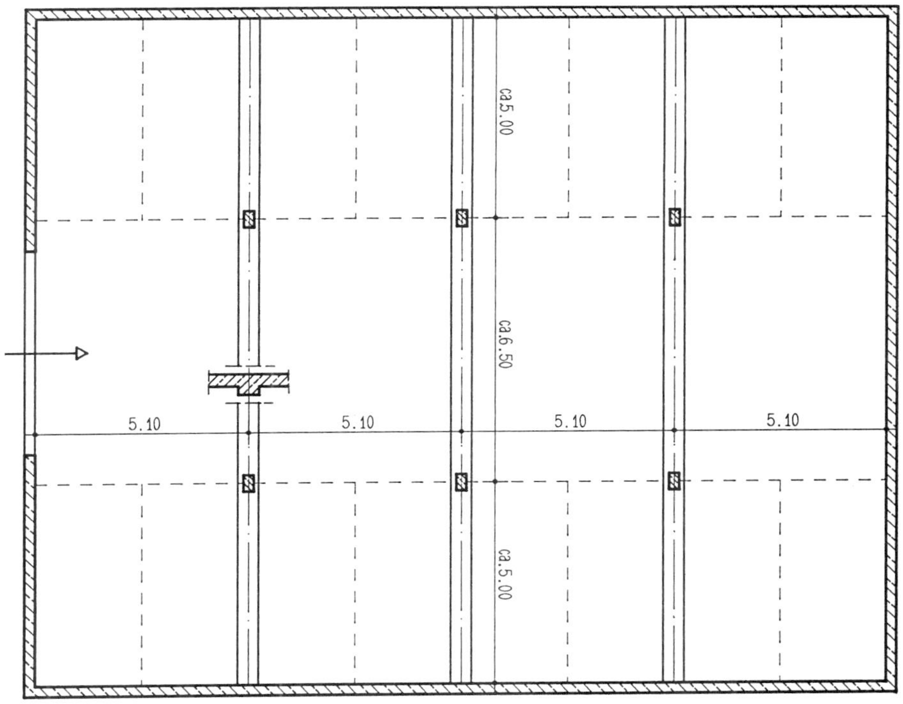

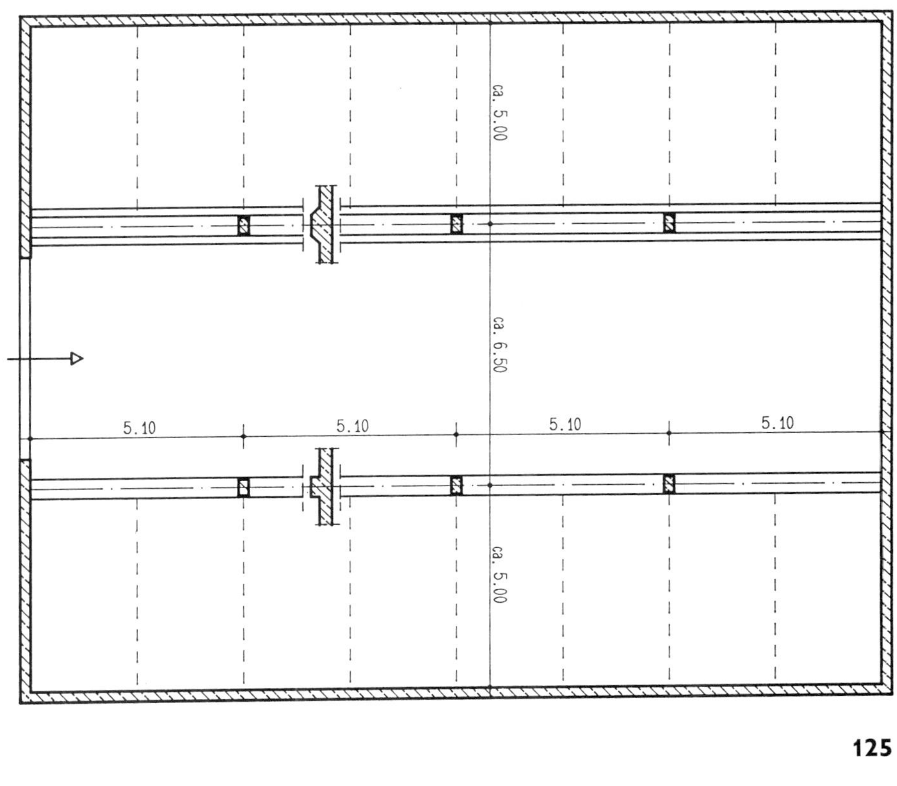

Abb. 56 und 57: Unterstützungssysteme bei Tiefgaragen

oben: Spannrichtung längs der Stellplätze

unten: Anordnung der Unterzüge quer zu den Parkboxen als optisch ansprechende Lösung

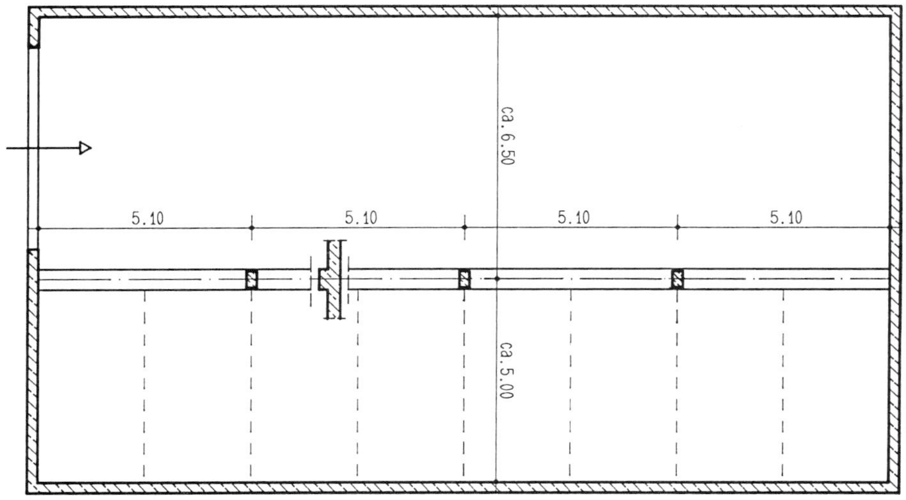

Abb. 58 und 59: Bauvorhaben Aachen-Eilendorf: Zweifelddecken-Lösung

3.4 Stützenstellungen

Bewährt hat sich eine Stützenstellung im Abstand von zwei Stellplatzbreiten. Der Betonstahlaufwand läßt sich dadurch gegenüber einem Stützenraster über drei Stellplatzbreiten hinweg wenigstens halbieren. Allerdings wirkt die Unterstützungslösung über drei Stellplätze hinweg großzügiger. Zusätzlich sollte angestrebt werden, die Stützenbreiten unter Beachtung der Brandschutznorm DIN 4102 zu minimieren und möglichst weit aus der Fahrspur zu rücken.

Sehr gute Erfahrungen wurden mit »kurzen Wänden« zugunsten üblicher Stützen gemacht, wobei Wände gemäß Brandschutzanforderung für F 90 schmäler ausgeführt werden können als Stützen und als Mindestlänge die fünffache Wanddicke gilt. Damit werden Unterstützungen von 16/80 cm, 18/90 cm oder 20/100 cm möglich, mit günstigen Auswirkungen auf die Optimierung des Garagenflächenbedarfs.

3.5 Deckensysteme

Wie bereits angesprochen, führt eine Unterzugslösung parallel zu der Stellplatzanordnung zu gleichmäßig kurzen Deckenstützweiten. Die optisch ansprechendere Lösung gemäß Abbildung 57 erfordert wiederum die freie Überspannung der Fahrgassenspur. Handelt es sich dabei um ein Innenfeld mit kurzen Endfeldern (Stellplatzbereiche), so ist diese Dreifeldplatte dennoch wirtschaftlich auszuführen. Tiefgaragenlösungen, bei denen sich die Fahrgasse als Endfeld ergibt (Abb. 58), sind weniger günstig, aber manchmal nicht zu vermeiden. Abbildung 59 zeigt dennoch eine solche Zweifeldlösung, bei der mehrere Stellplätze auch unter dem Wohngebäude angeordnet wurden.

Am großzügigsten wirken unterzugsfreie Decken, jedoch müssen diese – gegenüber Unterzugslösungen – durch dickere Decken und größeren Betonstahlbedarf erkauft werden.

3.6 Bodenplatten

... Bewehrung konstruktiv

Oft werden die Bodenplatten auf Erdreich auch dann in Stahlbeton hergestellt, wenn kein Grundwasser vorhanden ist. Solche statisch unwirksamen Bodenplatten erhalten zur Vermeidung grober Risse eine untere und obere Mattenlage (z. B. Q 221). In Übereinstimmung mit DIN 1045 muß darunter noch eine 5 cm dicke Sauberkeitsschicht aus Magerbeton vorgesehen werden. Nur dann läßt sich die Bewehrung auch gezielt einbauen.

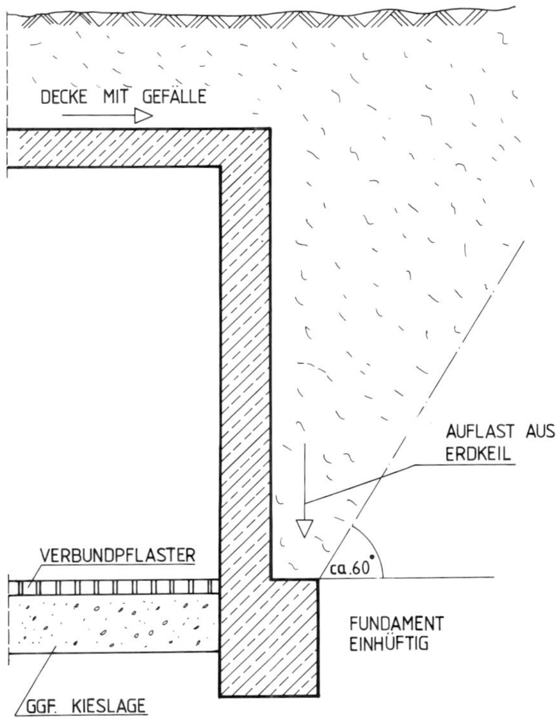

Abb. 60: Tiefgaragenaußenwände ohne inneren Fundamentüberstand bei Verbundpflasterlösung

3.7 Bodenplatten in Stahlfaserbeton

Noch viel zu selten werden statisch nicht beanspruchte Bodenplatten, die dennoch eine hohe Verschleißfestigkeit besitzen sollen, mit Stahlfasern bewehrt. Hierbei handelt es sich um ein Verfahren, das bei Industriefußböden oder auch beim Rollbahnbau von Flughäfen weltweit mit Erfolg angewendet wird. Anstelle der sonst üblichen Mattenbewehrung werden dem Beton zwischen 0,5 und 1 mm dicke und bis zu 60 mm lange Stahlfasern zugemischt. Dafür genügt ein Faseranteil zwischen 20 und 30 kg pro Kubikmeter Beton. Die Verschleißfestigkeit des stahlfaserbewehrten Betons ist günstiger als bei konventioneller Mattenbewehrungsführung. Entbehrlich werden die Arbeitsgänge Sauberkeitsschicht und Bewehrungsverlegung. Außer dem Zeitvorteil durch mehrere entbehrliche Arbeitsgänge spricht auch noch der Preisvorteil für diese Alternativlösung.

Die Verschleißfestigkeit läßt sich durch das Einstreuen von Hartsplitt in die Oberflächen sowie dessen Einarbeitung durch Flügelglätter erhöhen.

Fugen werden in Abständen von etwa 8 bis 10 m nachträglich etwa auf ein Drittel der Bodenplattenstärke von 12 bis 15 cm eingeschnitten.

Der Einbau erfolgt nach Fertigstellung aller Arbeiten mittels Betonpumpen. Dadurch wird eine Verschmutzung der Oberfläche nahezu ausgeschlossen.

3.8 Verbundpflasterlösung anstelle Betonbodenplatten

Sehr gut bewährt hat sich in den vergangenen Jahren die Bodenplatten-Nullösung zugunsten eines Bodenbelages in Verbundpflaster. Die Tiefgarage wird dann ohne Beton-Bodenplatte erstellt und nach Abschluß der Rohbauarbeiten mit Betonverbundpflaster in Sandschüttung auf Kies oder Schotterunterbau ergänzt.

In den Garagenverordnungen einiger Bundesländer ist scheinbar die Einschränkung enthalten »Fußböden müssen undurchlässig gegen Flüssigkeiten sein«, so formuliert beispielsweise in § 10 (6) der GarVO für Nordrhein-Westfalen. Nach Rücksprache mit dem Referat für Sonderbauten, Ministerium für Bauen und Wohnen, wurde folgende Klarstellung abgestimmt und bestätigt:

Auslegung der GarVO NW, § 10 (6)

»Die Vorschrift des § 10 (6) ist eine Schutzvorschrift gegen das Eindringen wassergefährdender Flüssigkeiten (z.B. Treib- und Schmierstoffe) in den Boden und gegebenenfalls in den Grundwasserbereich. Mit dem Anfallen derartiger unreiner Flüssigkeiten ist auch bei ordnungsgemäßem Betrieb einer Garage zu rechnen.

Es sollen dabei allerdings **keine** höheren Anforderungen gestellt werden als beispielsweise an sogenannte nicht überdachte Stellplätze, d. h. ein **Verbundpflaster mit Sandfuge gilt als undurchlässig,** zumal dieses nach Erkenntnissen des Referates II-B 6 einen Versiegelungsgrad von etwa 98 % aufweist. Als undurchlässige Beläge können gelten:

- Verbundpflaster mit Sandfuge
- Beton- oder Bitumenestrich
- gefugte keramische Bodenfliesen
- in Bitumen verlegte Holzböden oder
- mit Kunststoff beschichtete Betonfußböden.

Dagegen gelten geschüttete und verdichtete Kiessand- oder Splittböden auch nach ihrer mechanischen Verdichtung als durchlässig gegen Flüssigkeiten. Dasselbe gilt bei sogenannten Rasensteinfußböden oder Stellplätzen mit Betonplatten, die sich nur im Bereich der Fahrspuren (Reifenlaufbereich) befinden.«

Die Einzelfundamente unter den Stützen sollten so weit abgesenkt werden, daß unter der Pflasterung auch der Einbau einer Sandschüttung möglich wird. Streifenfundamente werden sinnvollerweise mit den Außenwänden innenbündig hergestellt und erhalten dann nur einen äußeren Fundamentüberstand (Abb. 60). Da es hier keine massiven Bodenplatten mehr gibt, wird bei der statischen Berechnung ein Nachweis gegen Gleiten infolge Erddruckbelastung erforderlich. Wenn man den auf den Fundamentüberstand wirkenden vertikalen Belastungsanteil aus Erdüberschüttung rechnerisch mitberücksichtigt, sind Nachweisprobleme nicht zu erwarten.

Tabelle 10: Belastungsvergleiche erdüberschüttete Tiefgaragendecke

Lastzusammenstellung	Häufige Normal-Lösung kN/m²	Belastungs-optimierte Lösung kN/m²
Betondecke 0,20 m x 25,0 kN/m²	5,0	5,0
Dichtungsaufbau in z.B. Mastix-Gußasphalt oder mehrschichtiger Schwarzaufbau	1,3	–
Sperrbetonlösung ohne weiteren Dichtungsaufbau	–	–
Mutterboden normal 18 kN/m³ x 0,5 m Erdsubstrat verbessert 12 kN/m³ x 0,5 m	9,0 –	– 6,0
Feuerwehrfahrzeug – pauschal entspricht SLW 30 mit Schwingbeiwert Ersatzlast 16,67 kN/m² x 1,4 – Ersatzlast für SLW 12 ohne Schwingbeiwert	 23,3 –	 – 6,7
Summe Eigenlasten und Verkehrslasten:	38,6	17,7
Verhältnis der Lastannahmen $\frac{38,6}{17,7}$ kN/m² =	2,18fach	

3.9 Eigenlasten und Verkehr

Wie groß die Bandbreite von Auflasten auf Tiefgaragen ist, wurde exemplarisch in Tabelle 10 gegenübergestellt. Deutlich wird dabei, wie leicht unterschiedliche Lastannahmen zu einer Verdoppelung der statischen Beanspruchung einer erdüberschütteten Tiefgaragendecke führen können.

Naturgemäß erfordert das doppelte Flächengewicht für Eigen- und Verkehrslasten mindestens die doppelte Bewehrung für Decke und Unterzüge. Schon aufgrund dieses einfachen Beispiels wird deutlich, wie groß der Streubereich zwischen einer normalen und einer wirtschaftlich optimierten Lösung sein kann.

3.10 Auflast Mutterboden

Als Substratschicht sollte ein unverbesserter normaler Mutterboden (Normalgewicht 1,8 t/m³) *nicht* in Erwägung gezogen werden. Der Grünflächenplaner wird hier immer einen verbesserten, das heißt auch leichteren Boden wählen. Extrem leichte Substrate haben nur ein Drittel des sonst üblichen Raumgewichts, also 0,6 t/m³. Empfohlen wird aus Kostengründen ein Gewicht von ca. 1,2 t/m³, also ein etwas weniger veredeltes Erdsubstrat. Festzuhalten ist, daß der Boden aber immer noch um wenigstens ein Drittel leichter ist als unverändert belassenes Bodenmaterial (Tabelle 10).

3.11 Feuerwehrfahrzeug

Häufig muß die oberste Tiefgaragendecke auch durch Feuerwehrfahrzeuge befahrbar sein. Extreme Unterschiede können dann bereits bei den Lastannahmen festgestellt werden. Oft wird pauschal ein SLW-30 mit Schwingbeiwert festgelegt, ohne sich Gedanken über die Größenordnung der daraus resultierenden Beanspruchung der Tiefgarage zu machen. In Wirklichkeit sind Feuerwehrfahrzeuge meist wesentlich leichter (Gesamtgewicht ca. 12 t) und stellen auch einen Ausnahme-/Katastrophenfall dar. Bei nur geringen Fahrgeschwindigkeiten wird auch der Schwingbeiwert entbehrlich.

Die Nichtberücksichtigung eines Schwingbeiwertes steht zwar im Widerspruch zu DIN 1055 Teil 3, Abs. 6.3.1 für Hofkellerdecken. In den Auslegungen bauaufsichtlich eingeführter technischer Baubestimmungen wurde aber durch das Institut für Bautechnik im Sonderheft 2/1978 unter Abs. 2.2.3 klargestellt:

> »*Diese Belastung darf vorwiegend ruhend ohne Schwingbeiwerte angesetzt werden*, wobei mit normalen Sicherheiten bzw. zulässigen Spannungen zu rechnen ist. (Zur Vereinfachung ersetzt dieser Berechnungsweg die an sich zutreffende Rechnung mit Stoßbeiwert und den für den Katastrophenfall geltenden Sicherheiten.)«

3.12 Abdichtungen

Verwundert es Sie, wenn in einem Tragwerkskapitel auf Abdichtungsfragen eingegangen wird? Allgemein bekannt ist, daß die Abdichtung eines erdeingeschütteten Bauwerks nach mehreren Methoden erfolgen kann. Nicht eingegangen werden soll hier auf übliche, aber aufwendige Bekleidungen von Stahlbetonwänden und -decken mit Abdichtungsbahnen. Wenn allerdings die Tragstruktur von sich aus wasserundurchlässige Funktionen erhalten kann, dann wird die Behandlung dieser Problematik innerhalb dieses Kapitels durchaus sinnvoll.

3.13 Die »Weiße Wanne«

Der Begriff »Weiße Wanne« ist im Stahlbetonbau verhältnismäßig jung. Im Gegensatz zur bituminösen Abdichtung soll mit der »Weißen Wanne« das unbeschichtete und deshalb hell erscheinende Stahlbetonbauwerk außer der Trag- auch gleichzeitig eine Abdichtungsfunktion mitübernehmen. Naturgemäß sind an Berechnung und Ausführung wesentlich höhere Anforderungen zu stellen als an einen üblichen Stahlbetonbau. Über die Regelberechnung hinaus muß die Konstruktion ausgelegt sein für Zusatzbeanspruchungen aus einer Verkürzung des Bauwerkes durch abfließende Hydratationswärme nach dem Betonieren, mittigem Zwang, Biegezwang und gegebenenfalls einer späteren Temperaturbeanspruchung infolge unterschiedlicher Außentemperaturen. Der Bewehrungsanteil aus Zusatzbeanspruchungen kann den ausschließlich statisch erforderlichen Bewehrungsgrad bei weitem übersteigen. Deshalb ist es ratsam, mit diesem Begriff nicht im Sinne eines Schlagwortes umzugehen. Als leicht verständliche Literatur kann das Buch »Weiße Wannen, einfach und sicher« empfohlen werden [13].

3.14 Alternativlösung: Sperrbetonkonstruktionen

Sehr gut bewährt hat sich ein alternativer Weg, wasserundurchlässige Betonbauwerke zu erhalten. Eingeschaltet werden Fachfirmen für Sperrlösungen, die gezielt Rezepturen für Beton mit verminderter Rißneigung einsetzen. Diese Fachfirmen überwachen dann nicht nur die Zusammensetzung des Betons (Zuschlagstoffe, Zement, Wasserzementfaktor); vielmehr werden Konsistenz und Abbindeverhalten durch Betonverflüssiger und Abbinderverzögerer so gesteuert, daß Deckentragwerke am Tag nach dem Betoniervorgang noch nachverdichtbar sind. So führen die Betonrezepturen in Verbindung mit gezielter Nachbehandlung zur deutlichen Qualitätssteigerung. Zusätzlich werden der Haftverbund zwischen Beton und Betonstahl der oberen Bewehrungslage erhöht sowie überschüssiges Anmachwasser an die Betonoberfläche gefördert.

Der Betoneinbau sowie die »Nachbehandlung am Tag danach« werden durch Betoningenieure der entsprechenden Fachfirma überwacht, wie später auch die Abdichtung von Bauwerksfugen.

Sperrbetonlösungen werden bei zahlreichen Tiefgaragen mit Erfolg gewählt, machen sie doch gerade hier jede andere Schwarzeindichtung überflüssig. Während mehrlagige Eindichtungen von Tiefgaragendecken bis zu 100,– DM/m^2 Deckenfläche erfordern, beträgt der Gesamtaufwand für die betontechnologische Lösung im Schnitt etwa 25,– DM/m^2. Eine Gewährleistung von wenigstens fünf Jahren nach BGB sollte zusätzlich für sich sprechen. Darüber hinaus vermindert die Technologie für wasserdurchlässigen Beton gleichzeitig auch die Gefahr der Rißbildung, so daß einige Fachfirmen für Sperrbetonlösungen die oberflächennahe Mindestbewehrung gegenüber den üblichen »Weiße Wannen«-Lösungen (DIN 1045, Abschnitt 17.6 in Verbindung mit Heft 400 DAfStb) auf die Hälfte reduzieren (Q 377). Die Abbildungen 61 und 62 zeigen eine Tiefgarage in Aachen-Eilendorf, hergestellt Anfang Juli 1991, am Tag der Nachbehandlung, das heißt nach 24 Stunden. Die Nachverdichtung erfolgte mit einem Oberflächenrüttler, der Schutz der Betonoberfläche durch Abdecken mit Plastikfolien sowie Flutung der frischen Betonfläche mit Wasser. Die Abbildungen 63 und 64 stellen eine Tiefgaragensituation nach dem gleichen Muster dar. Hier konnte ebenfalls auf eine komplette weitere Abdichtung verzichtet werden.

Abb. 61: Bauvorhaben Aachen-Eilendorf, 1991: Nachverdichtungsarbeiten der Tiefgaragendecke mit Oberflächenrüttler ...

Abb. 62: ... hier: am Tag der Nachbehandlung und Folienabdeckung sowie späterer Flutung

Auf dieses Bauvorhaben in Herne, Freisenstraße, wurde auch an anderen Stellen näher eingegangen (Seiten 63 bis 65 sowie 117 und 118). Vergleiche Abbildung 65 und auch Abbildung 52 mit erdüberschütteter Hofsituation.

Nicht unerwähnt soll bleiben, daß die Herstellung von Beton mit verminderter Rißneigung seit Jahrzehnten bekannt und deshalb auch ohne eine zusätzliche Einschaltung spezieller »Sperrbetonfirmen« bei vielen Baufirmen zum selbstverständlichen »Know-how« gehört. Der damit verbundene Mehraufwand sollte zusätzlich vergütet werden, er finanziert sich aber oft allein durch die mögliche Bewehrungsreduzierung für Zwang.

Abb. 63: Bauvorhaben Herne, Freisenstraße: Oberflächennachverdichtung nach 24 Stunden ...

Abb. 64: ... hier: nachverdichtete Tiefgaragendecke mit Oberflächen-Wachsschutz

Abb. 65: Bauvorhaben Herne, Freisenstraße: ein Jahr nach Fertigstellung der Begrünung

3.15 Bauen im Grundwasser

Manchmal müssen Tiefgaragenlösungen im Grundwasser verwirklicht werden. Eine klassische Wannenausbildung ist dann selbstverständlich, nicht aber automatisch diejenige mit abdichtenden Bekleidungen, wie dies z.B. bei stark aggressiven Wässern notwendig würde. In üblichen Fällen hat sich die »Weiße Wanne« ohne zusätzliche Abdichtung als eine preisgünstige Lösung gut bewährt. Ein wasserundurchlässiger Übergang von Bodenplatte sowie Kellerwand wird kostengünstig durch einen gleichzeitig mit der Kellersohle betonierten Betonsockel erreicht, in den ein horizontal liegendes Stellblech eingebaut ist (Abb. 66). Eine weitere Lösung mit Quellbändern wurde im Abschnitt 1.1.3 (Kelleraußenwände) angesprochen. Die technisch richtige Wandausführung ist üblicherweise stahlaufwendig. Unabdingbar ist eine erhöhte Querbewehrung oberhalb der Arbeitsfuge Anschluß Bodenplatte/Wand (Abb. 67). Darüber hinaus hat sich aber der folgende Weg zur Betonstahleinsparung für zwangsfrei gelagerte Bodenplatten und Wände bestens bewährt:

1. Herstellung eines Betons mit verminderter Rißneigung, insbesondere Einhaltung der Ausschalungsfristen gemäß DIN 1045.
2. Einbau vertikal angeordneter sogenannter »Leschusrohre« im Abstand von ca. 6 Metern. Diese stellen Sollbruchstellen dar, verhindern aber durch ihre große Oberfläche eine Umläufigkeit bei Wasserandrang.

Abb. 66: Stellblechlösung; Übergang von der Bauwerkssohle zur Wand

3. Vereinbarung einer Risikostreuung. Der Bauherr stimmt zu, nicht den gesamten Bewehrungsanteil zur Aufnahme von Zwangsschnittkräften einzubauen, sondern zwischen 50 % und etwa 70 %, sinnvollerweise bei Hinzuziehung einer Sonderfirma für Sperrbeton oder einer auf diesem Gebiet erfahrenen Rohbaufirma (3.14). Die eingesparte Bewehrung spart Baukosten. Im Einzelfall auftretende »Schwindrisse« (viel eher aber durch das Abkühlen des erstarrenden Betons hervorgerufen) werden preisgünstig durch Epoxidharzverpressung »saniert« (vgl. auch Abschnitt 1.1.3, Kelleraußenwände).

Die beschriebene Verfahrensweise hat sich bei zahlreichen Projekten bestens bewährt, sie führt im Regelfall auch zu keinen Nachbesserungen. Mit großem Erfolg angewandt wurde sie nicht nur bei wasserdruckhaltenden Wannenausbildungen, sondern auch bei großflächigen Betonbauteilen von Großkläranlagen.

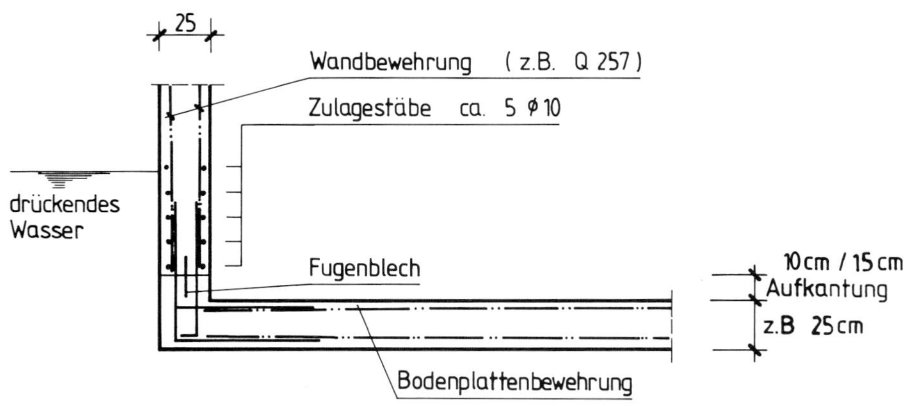

Abb. 67: Wandanschluß an Bodenplatte im Grundwasser

3.16 Stichworte zur Optimierung von Tiefgaragen

Statische Systeme

- Unterzuglose Deckensysteme sind schön, wirken großzügig, erlauben gute Durchsicht, sind aber teuer durch dicke Decken und hohen Betonstahlverbrauch
- Unterzugsysteme erfordern im Vergleich zwar größere Geschoßhöhen, sind aber dennoch preisgünstiger
- Deckenstützweiten wegen Fahrgassenbreiten zwischen 5,50 und 6,50 m nicht weiter reduzierfähig
- Statisch günstig: großes Innenfeld, also z. B. Dreifeldplattenlösung
- Statisch weniger günstig: großes Außenfeld, also z. B. Zweifeldplattenlösung
- Unterzüge quer zur Parkrichtung mit Vorteil einer unterzuglosen Fahrspur (wirkt lichter, offener)
- Stützenraster möglichst im doppelten Wagenabstand (ca. 5,10 m). Bei Planungswunsch für 7,50-m-Raster, Endfelder 5,10 m wählen
- Maximale Stützenbreite 24 cm
- Anstelle Stützen, kurze Wände anstreben ($l \geqq 5 \times b$), also z. B. b/l = 20/100 oder 18/90 oder 16/80. Vorteil: Platzgewinn bei den Parkboxen
- Übergang der TG-Decke an Hochbau mit Fugentrennung; Verzicht auf Doppelstützen, statt dessen Konsolauflagerung
- Tiefgaragendecken sind in der Regel abgesenkt. Ein ausreichender Abfangebalken für die Längsfassade Hochbau ergibt sich deshalb meist automatisch.

Belastungsfragen

- Verkehrslastanteil 3,5 kN/m². Gilt auch für die breiten Fahrspuren zu den Parkboxen! Lediglich für Zufahrten (schmale Fahrspuren) und Rampen sind 5,0 kN/m² zu berücksichtigen (DIN 1055 Teil 3)
- Decke gegen Außenbereich ist oft für Feuerwehrfahrzeuge auszubilden. Im Regelfall reicht dafür Brükkenklasse 12 (gilt für Fahrzeuge bis 12 t Gesamtgewicht). Ersatzflächenlast dafür – 6,7 kN/m², ohne Schwingbeiwert (Katastrophenlastfall!)
- Substratgewicht erdüberschütteter Tiefgaragen sorgfältig hinterfragen. Nicht 1,8 t/m³ sind zu berücksichtigen, sondern tatsächlich 0,55 bis 1,4 t/m³
- Zusätzliche Wärmedämmung bei Erdüberschüttungen in der Regel entbehrlich
- Pauschalansätze für Belastungen können zur doppelt so großen Deckenbeanspruchung wie eigentlich notwendig führen.

Konstruktive Ausführung

- Bodenplatte gegen Erdreich oft entbehrlich, Verbundpflasterlösung ist funktional und preiswert
- Streifenfundamente bei Wegfall Bodenplatte einhüftig. Fundamentüberstand außen mit Erdauflast! Deshalb keine Nachweis-Probleme gegen Gleiten.

Abdichtungen

- Garagenlösungen im Grundwasser als Wannenlösung
- Ausbildung als »Weiße Wanne« sinnvoll (Verzicht auf Schwarzdichtung)
- Klassische »Weiße Wannen« erfordern hohe Bewehrungsgrade gemäß Stahlbetonnorm DIN 1045
- Vermeidung einer Zwangsbeanspruchung durch betontechnologische Verfahren für Sperrbetonkonstruktionen mit verminderter Rißneigung
- Entbehrlichkeit jeglicher Abdichtungsfolien bzw. Wurzelschutzmaßnahmen bei Hinzuziehung von Fachfirmen für Sperrbetonlösungen.

3.17 Schlußwort zum Teil II

In diesem Kapitel »Tragwerksplanung – Baukostenoptimierte Konstruktionen« ist eine Auswahl rohbaubezogener Einsparmöglichkeiten beschrieben.

Hervorgehoben wird vor allem die konsequente Anwendung der Mauerwerksnorm DIN 1053 Teil 1 und Teil 2, mit der Möglichkeit, schlanke, lastabtragende Wände zu konstruieren.

Heute ist es möglich, die früher nicht lastabtragend eingeschätzten 11,5 cm starken Wände zur Unterstützung der Decken heranzuziehen. Dies führt nunmehr zu weitaus günstigerer Lastabtragung der Geschoßdecken, besserem Schallschutz sowie minimiertem Bewehrungsaufwand.

Rohbaukosten können gezielt um etwa 10 % verringert werden, wenn die technischen Möglichkeiten heutiger Mauerwerksnormen wirklich ausgeschöpft werden. Dabei wird durch die Optimierung von Wandstärken regelmäßig ein Wohnflächengewinn von durchschnittlich 5 % erzielt. Voraussetzung dafür ist allerdings eine enge Partnerschaft zwischen Architekt und Tragwerksplaner.

Ob bei Fundamenten, Kellerwänden, den statischen Systemen von Geschoßdecken oder Systemvergleichen von Tiefgaragenplanungen mit oder ohne zusätzliche Abdichtung – für jeden einzelnen Detailbereich sind Erfahrungen zur Kostenminimierung wiedergegeben.

Kostenoptimierte Hochbau-Tragwerke sind eine planerische Herausforderung an Architekten und Ingenieure. Lernen wir schon heute, sie anzunehmen; morgen wird uns der Wettbewerb im europäischen Markt dazu zwingen.

3.18 Literaturhinweise

[1] Bauteilkosten, Preiswertes Bauen von Ein- und Mehrfamilienwohnhäusern, Heinz Schmitz, Ulli Meisel, Aachen, Verlag für Wirtschaft und Verwaltung Hubert Wingen, Essen, 6. Auflage 1991

[2] Forschungsarbeit »Baukostensenkung durch Optimierung von Tragsystemen und Gesamtkonstruktionen für die am häufigsten vorkommende Reihenhausform« für Bundesminister für Raumordnung, Bauwesen und Städtebau. 1986, Dr.-Ing. Urban + Partner, Dipl.-Ing. Helfried Naumann, Dipl.-Ing. Heinz Schmitz

[3] Mauerwerk, Berechnung und Ausführung, DIN 1053 Teil 1, 2/1990

[4] Mauerwerk nach Eignungsprüfung, Berechnung und Ausführung, DIN 1053 Teil 2, 7/1984

[5] DIN 1053 Teil 1, Rezeptmauerwerk – Berechnung und Ausführung, Beton-Verlag GmbH, Düsseldorf, 1990

[6] Statik und Bemessung, DIN 1053 Teil 2, Ingenieursozietät BGS, Hannover, Frankfurt, Beton-Verlag GmbH, Düsseldorf, 2. Auflage 12/1986 (Bezug über KS-Beratungen)

[7] Mauerwerks-Kalender, Verlag Ernst & Sohn, Berlin, jährlich, hier 1992

[8] Tragfähigkeits-Atlas, Mauerwerk nach DIN 1053, Teil 1 bis 3, Verlag Ernst & Sohn, Berlin, 1983/1985

[9] Brandschutztechnische Neuerungen bei Kalksandsteinmauerwerk, Christiane Hahn und Dieter Kasten, Bauphysik 3/1987

[10] Planung – Konstruktion – Ausführung, KS-Information GmbH + Co KG, Beton-Verlag, Düsseldorf, 1/1994

[11] Begrenzung der Biegeschlankheit, Klaus Opladen. Deutsche Bauzeitung 1975, Heft 2 bis 4, 8, 9, 11 und 12

[12] Untersucht und optimiert: Der Rohbau eines Reihenhauses, Mauerwerk und Stabilität im Reihenhausbau, Helfried Naumann. Beratende Ingenieure 5/1987 sowie 6/1987.

[13] Weiße Wannen – einfach und sicher, Gottfried C. O. Lohmeyer, Beton-Verlag GmbH, Düsseldorf, 2. Auflage 1991

sowie

Schäden an Flachdächern und Wannen aus wasserundurchlässigem Beton, Gottfried C. O. Lohmeyer, IRB-Verlag, Stuttgart, 1993

[14] Lang, J.: Planung und Erfüllung des normgemäßen Schallschutzes im Gebäude, wksb 21, 1986, S. 25

Fotos und Zeichnungsvorlagen:
Helfried Naumann
Ing.-Büro Dr.-Ing. Urban + Partner
Scheidemannstr. 14
51067 Köln

TEIL III

Heinz Stüdgens

Funktionale und wirtschaftliche Planung der Haustechnik

1 EINLEITUNG

Oft wird der Haustechnik gegenüber der Architektur eines Gebäudes ein nachrangiger Stellenwert eingeräumt, funktionale Sachzwänge der Technik werden nicht als gleichrangig erkannt. Der Funktion eines Gebäudes kommt aber die gleiche Bedeutung zu wie den Ansprüchen der Architektur, denn eine nicht optimale Technik im Inneren eines Gebäudes kann nicht durch noch so hübsche Fassaden repariert werden.

Beim Entwurf werden manchmal Bäder eingeplant, deren Sammelschächte für Rohrleitungen so klein sind, daß eine ordnungsgemäße Führung der Rohrleitungen nach heutigen technischen Anforderungen nicht mehr möglich ist. Die Verbreiterung der Rohrleitungsschächte auf die absolut notwendige Fläche bedeutet dann oft, daß die im Bad vorgegebenen Einrichtungsgegenstände nicht mehr funktional angeordnet werden können.

Trotz der seit 1982 bestehenden Wärmeschutzverordnung wird oft vergessen, daß Heizungs- und Warmwasserrohrleitungen gemäß Energieeinsparungsgesetz eine aufwendige Isolierung benötigen. In Mehrfamilienhäusern sind Heizungsrohrleitungen in Schächten in der Dicke zu isolieren, die ihrem Durchmesser entspricht. Das bedeutet, daß ein Heizungs- und Warmwasserrohr mit 40 mm Außendurchmesser eine 40 mm starke Isolierung (bezogen auf Mineralwolle mit $\lambda = 0{,}035$) benötigt. Das ergibt für ein Rohr mit 40 mm Durchmesser einen Gesamtdurchmesser von 120 mm, einschließlich Isolierung.

Zwei solcher Heizungsrohre, dazu bei innenliegenden Bädern ein Abluftrohr für mechanische Lüftung mit 100 mm Durchmesser, der Abflußstrang samt seinen Verzweigungen, ein gegen Schwitzwasser isolierter Kaltwasserstrang und bei zentraler Warmwasserbereitung ein ebenfalls zu isolierendes Warmwasserrohr, dazu das Zirkulationsrohr, erfordern für den Installationsschacht einen Platzbedarf von ca. 70 x 25 cm; nur dann sind die Sanitär- und Heizungsrohre nach den gültigen Regeln der Technik einzubringen und zu koordinieren.

Auch muß an Rohrquerungen innerhalb des Schachtes gedacht werden, die im Einzelfall durch Ausbiegen von Anschlußbögen (für seitlich gegenüberliegende Anschlüsse) das Abflußrohr auf eine Vorderkante von 230 mm bringen (Abb. 11 und 18).

Wenn dem Haustechniker in den Baugesuchsplänen des Architekten Rohrschächte mit einer Abmessung von 30 x 15 cm statt 70 x 25 cm begegnen, kann man sich vorstellen, daß eine funktionale Badezimmereinrichtung nicht mehr möglich ist, da die Vergrößerung des Schachtes die ohnehin knapp bemessene Badezimmerfläche sprengen würde. Für Bäder gibt es Mindestmaße (Abb. 5), die nicht unterschritten werden sollten.

Es ist deshalb sinnvoll, schon beim Entwurf und **vor** der Reinzeichnung einen Fachplaner für die Haustechnik einzuschalten. Oft genug hat der Autor erlebt, daß die 50stel-Pläne fertig waren, ehe die Ver- und Entsorgungsleitungen detailliert festlagen, obwohl bekannt sein müßte, daß eine unzweckmäßige Rohrführung die Kosten erheblich negativ beeinflussen kann und vielfältige technische Zwänge vor und in dem Gebäude verursacht.

Leider läßt die Koordination der beteiligten Planer oft zu wünschen übrig. So konnte es geschehen, daß der Gartenarchitekt bei einem größeren Wohnobjekt fertige Pläne für die Bepflanzung mit Bäumen und Sträuchern vorlegte, ehe überhaupt ein Konzept für die Ver- und Entsorgungsleitungen bestand. Die Standorte für die Bäume befanden sich dann zum Teil genau dort, wo sinnvollerweise die kostensparendste Ver- und Entsorgungstrasse hätte liegen müssen.

Die Einschaltung der Fachingenieure für Bodenmechanik, Tragwerksplanung, Gebäudetechnik und gegebenenfalls der Sonderingenieure für bauphysikalische und akustische Fragen kann nicht frühzeitig genug erfolgen. Niemand kann sämtliches »Wissen am Bau« beherrschen – dazu ist die Aufgabenstellung zu umfangreich. Sie zwingt zur Spezialisierung. So ist der Fachingenieur für Gebäudetechnik gewiß nur selten ein Spezialist für Baustile und Gestaltung, umgekehrt ist aber auch der Architekt selten mit den Details der Haustechnik vertraut.

Richtige Technik im Inneren, gute Raumaufteilung und ansprechende Architektur – alles zusammen ergibt ein gutes Gesamtwerk.

Nach diesen Vorbemerkungen wird nun in einem kurzen Querschnitt versucht, wesentliche Grundlagen einer funktionierenden und wirtschaftlichen Installation der Gewerke Heizung und Sanitär zu vermitteln, die dem Architekten helfen, Problemstellungen bei der Haustechnik schon im Vorfeld aufzuspüren und vorprogrammierte Fehler und Ärgernisse zu vermeiden.

Die folgenden Seiten haben nicht den Charakter eines komprimierten Lehrbuchs, sie sollen vielmehr Orientierungshilfen für die Haustechnik im Geschoßwohnungsbau sein.

2 GRUNDLAGEN DER PLANUNG

Der Planer und Ersteller haustechnischer Anlagen hat eine Vielzahl von Rechtsvorschriften, DIN-Normen, Richtlinien und dergleichen zu beachten sowie die aus Rechtsvorschriften heraus resultierenden Verordnungen, wie zum Beispiel die Wärmeschutzverordnung.

Normen als solche sind keine Rechtsvorschriften, sie haben mehr den Charakter einer Gebrauchsanweisung. Gleiches gilt analog für VDI-Richtlinien. Bekanntlich können Normen formal noch gültig sein, obwohl sie technisch bereits überholt sind. Dies liegt daran, daß die Norm bei ihrer Erstellung den aktuellen Stand der Technik berücksichtigt, der aber bekanntlich fließend ist. Eine bestehende Norm wird aber erst dann geändert, wenn die Technik sich bereits weiterbewegt hat.

Ehe eine neue Norm zwischen allen beteiligten Interessenträgern (Hersteller, Behörden, Verarbeiter usw.) beschlossen ist und in ihrer endgültigen Fassung als Weißdruck vorliegt, ist die bisherige Norm in ihrer technischen Aussage längst überholt. Ein klassisches Beispiel ist die »DIN 4109, Schallschutz im Hochbau« in der Fassung von 1962, die erst durch die Neufassung von 1989 außer Kraft gesetzt wurde. Daß von 1962 bis 1989 kein Stillstand der Technik herrschte und nicht über Nacht der Sprung zu neuen Erfordernissen kam, ist einleuchtend. Wer sich sklavisch an eine bestehende Norm hält, von der der qualifizierte Fachmann weiß, daß sie – obwohl noch bestehend – nicht mehr aktuellen Erkenntnissen gerecht wird, der handelt gegen die »Regeln der Technik«.

Die Regeln der Technik sind ein sogenannter unsubstantiierter Rechtsbegriff. Sie existieren nicht als Nachschlagewerk mit Mengen und Maßen, sondern gipfeln in der Aussage, daß eine Anlage nach den Regeln der Technik geplant ist, wenn die unter Fachleuten allgemein bekannten Anforderungen an eine funktionale und wirtschaftliche Konzeption eingehalten werden, wenn also so geplant wird, wie es dem gegenwärtigen Stand der Technik entspricht. Man plant also nicht mehr nach den Regeln der Technik, wenn man sich stur an eine veraltete Norm hält.

Ein Beispiel ist die DIN 18 017 über die Lüftung von innenliegenden Toiletten und Bädern. Sie hatte noch Lüftungen nach dem Schwerkraftprinzip, wie zum Beispiel die »Berliner Lüftung«, zum Inhalt, als durch den Einbau von dichtschließenden Fenstern und Türen längst eine Situation gegeben war, in der in die Wohnungen bei nicht geöffneten Fenstern kaum Luft nachströmte, so daß diese »Berliner« Lüftung »verhungerte«. Heute ist es selbstverständlich und als Regel der Technik anzusehen, daß innenliegende Bäder zur Vermeidung von Feuchteschäden und aus Gründen geordneter hygienischer Verhältnisse mechanisch belüftet werden.

Die Beherrschung des derzeit gültigen Standes der Technik muß beim Fachmann selbstverständlich sein, aber der Gesamterfolg eines Objektes setzt vorab die genaue Auslotung der Aufgabenstellung voraus.

So kann beispielsweise der Begriff einer Komfort-Eigentumswohnung automatisch gleichbedeutend gewertet werden mit *erhöhten* Anforderungen an den Schallschutz.

Beim Erwerb von Eigentumswohnungen ist die sogenannte Prospekthaftung Teil des notariellen Vertrages.

Eine im Vertragsprospekt genannte Aussage wie »zentrale Warmwasserbereitung« erhebt automatisch den

Anspruch, daß die Küche warmwassermäßig nicht mit einem Elektro*einzel*gerät versorgt wird, sondern an die zentrale Warmwasserbereitung angeschlossen wird. Dies ist aber dann technisch nicht möglich, wenn eine vorgesehene Kombiheiztherme im Bad angeordnet wird, die entsprechend weit von der Küche entfernt ist. Das führt infolge des nicht möglichen Anschlusses einer Zirkulationsleitung bei einer Therme dazu, daß erst eine größere Menge Wasser aus der nicht zirkulierenden – und damit abgekühlten – Warmwasserzuleitung zur Küche abgezapft werden muß, ehe bedarfsgerechtes Warmwasser nachfließt.

Auch Aussagen wie »ausbaufähiges Dachgeschoß« und dann ein im Grundriß des Dachgeschosses gestrichelt eingezeichnetes Bad wecken beim Käufer den Eindruck, daß die Nachrüstung eines Bades im Dachgeschoß jederzeit ohne großen Aufwand möglich ist. Seine Vorstellung von der zentralen Warmwasserbereitung geht davon aus, an die vorhandene Therme anschließen zu können. Eine Therme kann aber, da sie ein Durchlauferhitzer ist, nicht zwei Bäder gleichzeitig zufriedenstellend versorgen. Der Sinn von zwei Bädern liegt aber darin, sie gleichzeitig nutzen zu können und eben nicht »Schlange stehen zu müssen«.

Leider werden solche Verkaufsprospekte sehr oft vom Verkaufsmanagement erstellt. Sie stehen nicht selten in ihrer Aussage konträr zu einer fachlich akzeptablen Lösung.

Die genannten Beispiele sollen zeigen, daß es unbedingt notwendig ist, die konkreten Gegebenheiten mit einem Fachmann für Haustechnik sorgfältig abzuklären und dies rechtzeitig *vor* der weiterführenden Planung.

Zur Einschaltung des Fachplaners der Haustechnik ist es nie zu früh, aber sehr oft zu spät!

3 VER- UND ENTSORGUNGSLEITUNGEN

3.1 Die Ver- und Entsorgungstrasse außerhalb des Gebäudes

Die *rechtzeitige und detaillierte Planung* der Ver- und Entsorgungsleitungen ist unabdingbares Gebot.

Bereits im Vorplanungsstadium sollten die Höhen und Anschlußmöglichkeiten des Straßenkanals konkret bekannt sein, um die optimale Entwässerungsführung innerhalb und außerhalb des Gebäudes planen zu können.

Oft wird die Entwässerung des Gebäudes alles andere als optimal geführt, weil man sich im Planungsstadium 1 : 100 viel zuwenig Gedanken über die bestmögliche Anbindung an den Kanal gemacht hat.

Oft sind auf dem Baugrundstück Begrünungen zu planen, die aber vom Planer der Außenanlage nicht nach den besten Baumstandorten wahllos ausgesucht werden können, ohne daß man sich darüber im klaren ist, wo die Ver- und Entsorgungstrasse sinnvoll liegen kann oder muß.

Daß Ver- und Entsorgungsleitungen zwischen Straße und Hausfront nicht mit Bäumen und Sträuchern überpflanzt werden dürften, müßte jedem Planer selbstverständlich sein. Spätestens wenn sich die Versorgungsträger und das Tiefbauamt weigern, an der vorgesehenen Stelle die Leitungsführung zu dulden, und das Grünflächenamt dann gemäß Bauschein auf dem eingezeichneten Standort des Baumes beharrt, beginnt der Ärger.

Sehr oft wird die notwendige Breite der Versorgungstrasse unterschätzt, zumal dann, wenn beispielsweise im Außenbereich des Gebäudes noch ein Revisionsschacht anzuordnen ist (Abb. 1).

Je nach Hausanschlußsituation und Anschlußlänge ergibt sich die Notwendigkeit eines Revisionsschachtes aus technischer Gegebenheit, manchmal aber auch aus Forderungen des Tiefbauamtes, die nicht wegzudiskutieren sind, weil auf den gültigen Ortssatzungen bezüglich der Hausentwässerungsanschlüsse starr beharrt wird.

Im Einzelfall kann ein üblicherweise vorgeschriebener Revisionsschacht vor dem Gebäude entfallen, wenn *innerhalb* des Gebäudes eine Spülmöglichkeit mit ausreichender Funktionalität angeboten wird (Abb. 2).

Ob wie in Abbildung 2 dargestellt verfahren werden kann, hängt vom einzelnen Projekt ab. Für ein kleineres Geschoßobjekt dürfte bis ca. 15 m Anschlußlänge die dargestellte Lösung ausreichen und einen aufwendigen Kanalschacht im Außenbereich des Gebäudes überflüssig machen.

Abb. 1: Platzbedarf der Ver- und Entsorgungstrasse

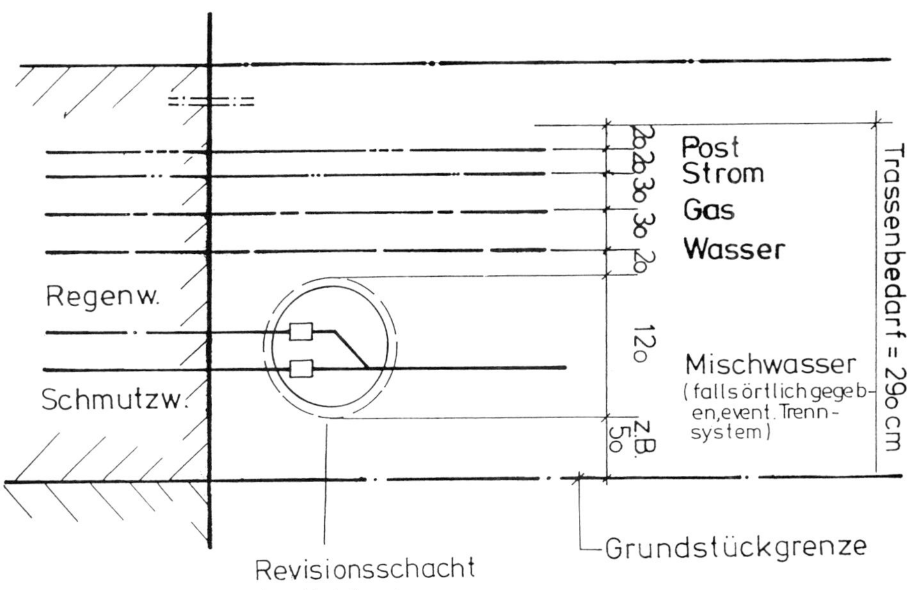

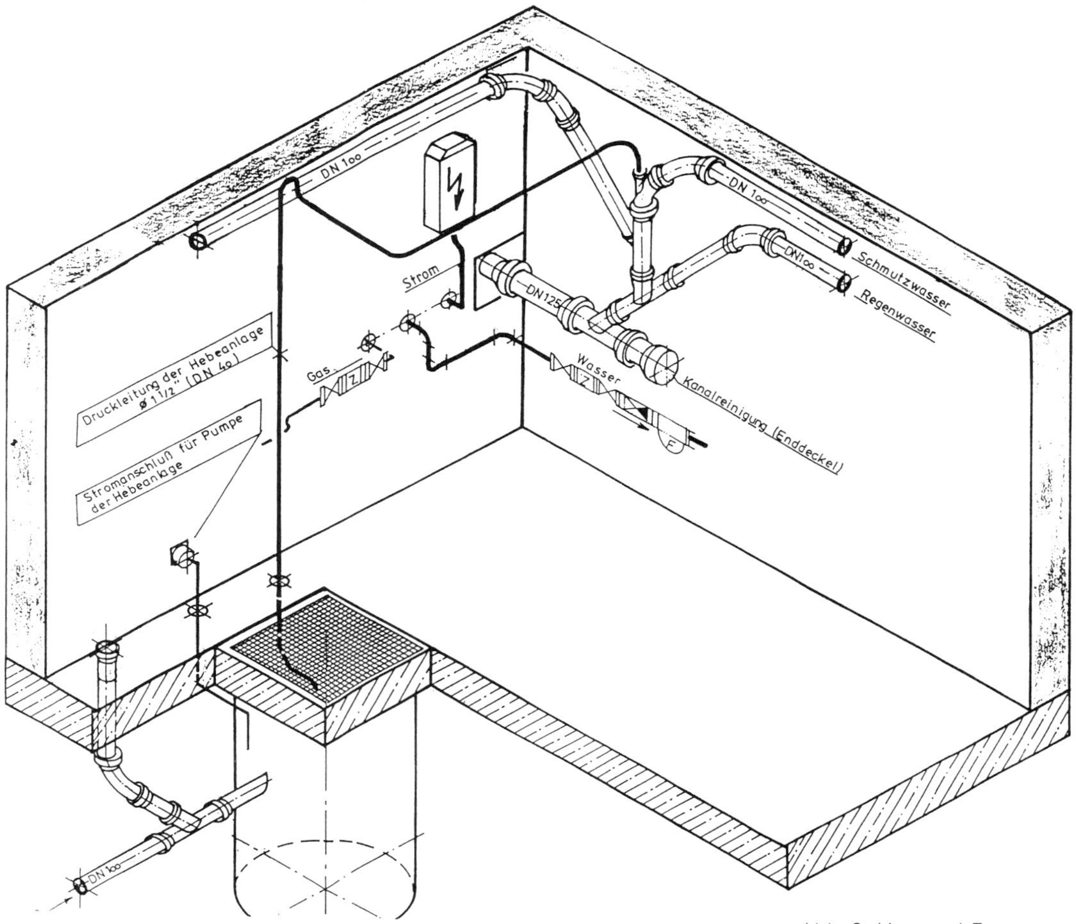

Abb. 2: Ver- und Entsorgungsleitungen

3.2 Trennung von Schmutz- und Regenwasser innerhalb des Gebäudes

Daß die Entsorgungsleitungen gemäß »DIN 1986, Entwässerungsanlagen für Gebäude und Grundstücke« geplant und verlegt werden müssen, ist selbstverständlich. Hier ist die DIN in der derzeitig gültigen Fassung gleichzeitig auch als Regel der Technik anzusehen.

Gemäß der DIN 1986 sind Schmutz- und Regenwasserleitungen innerhalb des Gebäudes grundsätzlich als getrennte Leitungen zu führen.

Die Logik der Trennung liegt darin, daß außerhalb des Gebäudes in der Regel die Leitung geradlinig und in größerer Dimension verläuft, so daß dort kaum mit Verstopfungen zu rechnen ist, da zu Verstopfung führende Gegenstände gewöhnlich im vorgeschalteten inneren verzweigteren Netz hängenbleiben. Hinter der Verstopfung kann anfallendes Regenwasser gegebenenfalls aufstauen und somit selbst an hochliegenden Einrichtungsgegenständen austreten.

Wer einen Grund sieht, von einer Regel abzuweichen (Regel heißt »üblicherweise« und nicht »absolut«), muß diese Abweichung begründen und im Entwässerungsgesuch auch verankern.

Bei größeren Kommunen ist in der Regel keine Genehmigung oder Abnahme zu erwirken, wenn man gegen die getrennte Verlegung von Schmutz- und Regenwasser innerhalb des Gebäudes verstößt. Dennoch werden Lösungen wie in Abbildung 2 in der Regel akzeptiert, da hier *der Sinn der Norm erfüllt wird,* nämlich Schmutz- und Regenwasser erst am geradlinigen und größer dimensionierten Hausanschluß zusammenzuführen.

Zwischen Buchstaben und Sinn einer Vorschrift ist immer zu unterscheiden, wobei es auch immer auf die Flexibilität des Partners ankommt. Zur Durchsetzung optimaler Rohrführungen sind im Einzelfall notwendigerweise entsprechende qualifizierte Planungen und Vorklärungen mit der Genehmigungsbehörde erforderlich, beispielsweise beim Anschluß mehrerer Reihenhäuser an einen gemeinsamen Hausanschluß.

3.3 Die zweckmäßigste Rohrführung im Kellerbereich

Für die sinnvolle Anordnung der Entwässerungsleitungen innerhalb des Gebäudes gibt es verschiedene Möglichkeiten, beispielsweise die bekannte Grundleitung unterhalb der Gebäudesohle oder die Sammlung der Abflußleitungen unter Decke mit Hinausführung des Sammelrohres durch die Außenwand.

Bei den aus Kostengründen oft sehr niedrig geplanten Kellern, mit manchmal nur 2,25 m lichter Höhe, ist zu untersuchen, ob die Rohrleitungen innerhalb des Gebäudes mit der notwendigen Kopfhöhe führbar sind.

Hinweis:
Nach DIN 1986 sind Abwassersammelleitungen bis DN 100 innerhalb des Gebäudes mit 2 % Gefälle zu verlegen. Dies macht zum Beispiel bei einer 15 m langen Rohrleitung 30 cm aus. Gefällebedarf, Rohrstärke, Freiraum für Montageschellen usw. ergeben dann eine Rohrunterkante am Austritt, die 50 cm unter Kellerdecke liegt, also die Durchgangshöhe quert. Dies bedeutet, daß die Rohrleitungen dann nur entlang der Außenwände laufen können. Aber die oft notwendigen Umwege entlang der Außenwand innerhalb des Gebäudes können zu einer aufwendigeren Rohrverlegung führen als die klassische Grundleitung. Hier ist jeweils der Einzelfall durchzuplanen und durchzurechnen. Plakative Empfehlungen können hier nicht gegeben werden.

Oft stellt sich bezüglich der Führung von Regenwasser die Frage, ob man die Sammelleitungen der einzelnen Fallrohre um das Gebäude herumführt oder in das Gebäude hineinführt, das heißt durchleitet, wohlgemerkt als getrennte eigene Leitung. Hier ist dann zu erwägen, ob sie unter Kellerdecke bzw. entlang der Außenwände oder als Grundleitung (entsprechende Vorflut einmal vorausgesetzt) geführt wird.

Bei Führung unter Decke oder entlang der Außenwände, zusätzlich also zu den schon dort verlaufenden Schmutzwasserleitungen, ist auf den zusätzlichen Höhenbedarf dieser sich eventuell kreuzenden Leitungen zu achten. Hinzu kommt ja auch noch die Heizungsrohrtrasse, mit den – gemäß Wärmeschutzverordnung – »dikken« Isolierungen, also ein Rohrpaket je Rohr mit einem Gesamtdurchmesser »wie ein Abflußrohr«.

Heizungsrohre, Kaltwasserleitungen, eventuell »dicke« Warmwasser- und Zirkulationsleitungen und Kabeltrassen sorgen für komplexe Koordinationszwänge mit den Abflußrohren. Die minimale Kellerhöhe – wie schon erwähnt – setzt hier große Zwänge. Insofern sind Grundleitungen oft technisch wie kostenmäßig die problemlosere Lösung.

Wenn für die Regenwassersammelleitungen generell die Rohrführung um das Gebäude herum gewählt wird, sei darauf hingewiesen, daß die Verlegung im Bereich des Arbeitsraumes *absolute Sorgfalt der Bodenverdichtung* erfordert (Rohrbrüche durch Setzungen!) und generell vermieden werden soll. Dennoch muß zumindest die Zuführung der einzelnen Regenfallrohranschlüsse zu einer jenseits des Arbeitsraumes liegenden Sammelleitung den Arbeitsraum queren.

Das Hineinführen der Regenleitungen in das Gebäude vermeidet vorgenannte Probleme der äußeren Verlegung, schafft aber, unter Decke verlegt, gegebenenfalls Probleme bezüglich der Kellerhöhe. Die klassische Grundleitung ist daher oft – aber nicht absolut – die zutreffendste Lösung, ausreichende Vorflut nochmals vorausgesetzt!

Stets ist der Einzelfall zu prüfen und die Vorflut (Kanalhöhen) rechtzeitig und korrekt zu ermitteln!

3.4 Die Rückstauebene

Die Rückstauebene ist in der Regel die Straßenkrone oberhalb des Straßenkanals an der Stelle, wo die Hausanschlußentwässerung eingeführt wird.

Sämtliche Entwässerungsgegenstände unterhalb der Rückstauebene sind gegen Zurückfließen von Abwasser zu sichern.

Der Einzelfall kann aber völlig andere Rückstauebenen haben als der genannte übliche Auslegefall. Dies kommt auf das örtliche Kanalnetz und auf den Höhenverlauf von Straßen an.

Die Rückstauebene ist mit dem Tiefbauamt abzustimmen und vom Fachmann unter Abwägung der Fakten festzulegen.

Über sogenannte Rückstauverschlüsse dürfen nur Schmutzwässer ohne Anteile von Abwasser aus Klosett- und Urinanlagen abgeleitet werden. WC-Anlagen unterhalb der Rückstauebene sind immer mit einer Fäkalienhebeanlage zu versehen, die es heute schon in kompakter und preiswerter Form gibt.

Statt des Einbaues einer Rückstauklappe, die gegebenenfalls nach vielen Jahren nicht mehr einwandfrei funktioniert, ist der Einbau einer sogenannten Pumpbox möglich, in welche beispielsweise Waschmaschinen und Ausgußbecken eingeleitet werden können (Abb. 3).

Abb. 3: Pumpbox

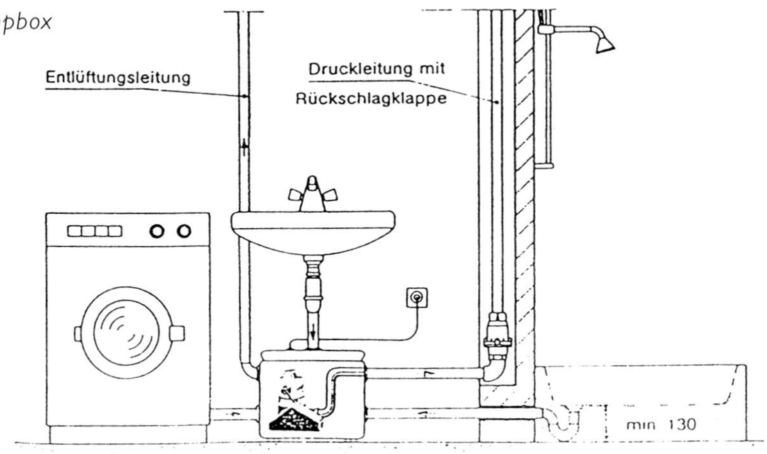

Diese Pumpbox gibt es als Überflur- oder Unterflurausführung. Die Überfluranordnung ist die einfachste Art, läßt aber im Gegensatz zur Unterfluranordnung nicht den Einbau eines Bodenablaufs zu. Ob dieser erforderlich ist, ist im Einzelfall abzuwägen.

3.5 Notwendige Dränagen

Die Einspeisung von Dränwasser in den Hausanschlußkanal wird unterschiedlich gehandhabt. Viele Kommunen verbieten die Einleitung von Dränwasser in die Kanalisation (Absenkung des Wasserhaushaltes einerseits und zusätzliche Kanal- und Kläranlagebelastung andererseits), andere Kommunen handhaben die Situation aber großzügig und lassen formal die Einleitung von Dränwasser zu.

Dränwasser liegt grundsätzlich unterhalb der Rückstauebene, ist also rückstaugesichert (per Pumpe oder Rückstauarmatur) in den Anschlußkanal einzubringen. Die Einbringung des Dränwassers ist nur über einen Sandfang statthaft.

Der Sandfang kann ganz einfach eine Vertiefung des Sammelschachtes sein (beispielsweise 50 cm tiefer als die Rohrabflußsohle), in welchem sich

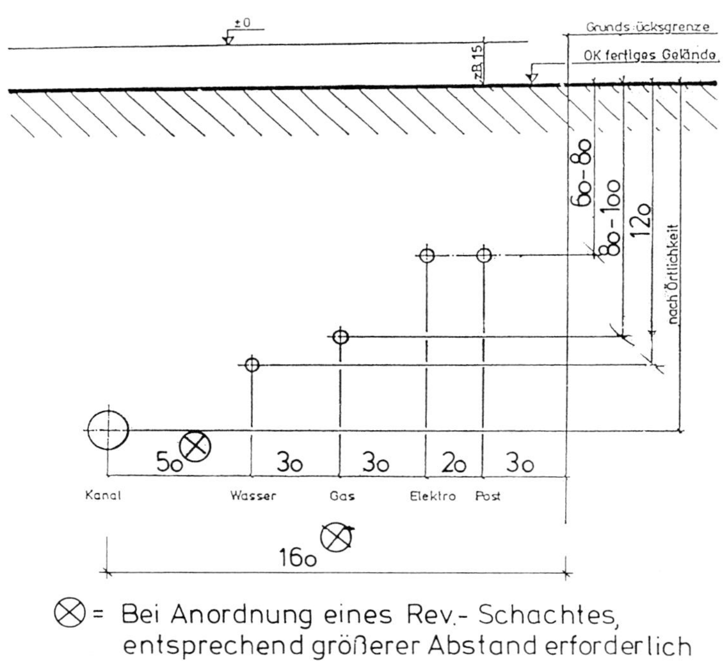

Abb. 4: Hausanschlüsse. Beispiel für übliche Abstände und Überdeckungen. Die Örtlichkeit und die Vorgaben der Versorgungsträger sowie des Tiefbauamtes sind vor Planungsbeginn abzuklären

Feinanteile des Wassers absetzen können.

Dränagen sollten grundsätzlich spülbar sein und eine sogenannte schleppende Sohle haben. Ohne schleppende Sohle sind die bekannten geschlitzten, welligen Rohre nicht zu spülen, weil die am Spülrohr eingebrachten Spülwässer logischerweise aus den überall perforierten Rohren in den Untergrund austreten und keine homogen abfließende Wassersäule mit Spülwirkung erbringen können.

Für die Verlegung von Dränagen gilt die DIN 4095, Baugrund; Dränung des Untergrundes zum Schutz von baulichen Anlagen.

3.6 Die Einführung der Versorgungsleitungen

Versorgungsleitungen sollten bei Mehrfamilienhäusern grundsätzlich in einem separaten Hausanschlußraum, gemäß »DIN 18012, Hausanschlußräume, Planungsgrundlagen« eingebracht werden.

Die Raumgrößen von Hausanschlußräumen sind nach genannter DIN geregelt. Bis 30 Wohneinheiten muß der Hausanschlußraum für Gas, Wasser, Elektro und Post 1,80 m breit, 2,00 m lang und 2,00 m hoch sein. Bei einem Fernwärmeanschluß gilt diese Mindestgröße bis 10 Wohneinheiten.

Die üblichen Verlegehöhen (Überdeckungen) und Abstände der Versorgungsleitungen zeigt Abbildung 4.

Details sollten immer rechtzeitig mit den Versorgungsträgern abgestimmt werden.

4 GRUNDRISSGESTALTUNG ABGESTIMMT AUF SCHALLSCHUTZ UND SANITÄREINRICHTUNGEN

4.1 Platzbedarf von Sanitäreinrichtungen

Die Grundrißgestaltung soll dem Architekten vorbehalten bleiben, sie ist nicht Aufgabe des Fachingenieurs. Jedoch tragen die vom Fachingenieur zu betreuenden Gewerke wesentlich zur Wohnqualität des Gebäudes bei.

So kann ein Bad mit ungünstig angeordneter Ausstattung dem Nutzer dauernd Ärgernisse bereiten. Die Mindestmaße für Badeeinrichtungen zeigt Abbildung 5.

4.2 Der Einfluß der Sanitärinstallation auf den Schallschutz

Die Anordnung der Bäder, WC- und Küchenräume und die Rohrleitungsführung haben großen Einfluß auf die Vermeidung von Schallproblemen innerhalb des Hauses sowie auf die Erstellungskosten.

Kosteneinsparung und Vermeidung von Schallproblemen gehen meist Hand in Hand, daher:

- Räume mit Sanitäreinrichtungen zusammenfassen,
- Ver- und Entsorgungsstränge konzentrieren,
- ausreichenden Platzbedarf für die Ver- und Entsorgungsleitungen berücksichtigen (Installationsschacht).

Um hohe Wohnqualität zu erreichen, ist es sinnvoll, Schallbelästigungen möglichst zu vermeiden. So ist das Fenster mit Zweifachverglasung nicht nur aus Gründen des Wärmeschutzes sinnvoll, sondern auch aus Gründen der Abschirmung gegen Außenlärm. Ein solches Fenster führt allerdings dazu, daß die Abschirmung des Außenlärms die Wohnung ruhiger und damit hellhöriger macht. Installationsgeräusche, die vom früher eindringenden Außenlärm überlagert wurden, nehmen nun in der ruhigeren Wohnung ein hohes Eigenleben an.

Da der Begriff Lärm subjektiv ist, muß er eine technisch handhabbare Beurteilung finden. Diese Beurteilung bietet die DIN 4109, Schallschutz im Hochbau in ihrer neuen Fassung.

In der Aussage der DIN 4109 über den höchstzulässigen Schallpegel aus haustechnischen Anlagen ist alles festgelegt in der simplen Feststellung:

»... daß in benachbarten fremden Aufenthaltsräumen der höchstzulässige, aus haustechnischen Anlagen stammende Schallpegel 30 dB(A) nicht übersteigen darf.«

Um diese Forderung zu erfüllen, bedarf es eines vernünftigen Planungskonzeptes, guter handwerklicher Ausführung und kritischer Bauüberwachung:

- Das Einstemmen von Rohrleitungen in Wände oder Verlegung in hellhörige Schlitze »ist tot«, die *Vorwandinstallation* ist hier der *Stand der Technik.*
- Die Vermeidung von Geräuschübertragungen aus Rohrleitungen und Geräten als Körperschall auf die Wände setzt äußerst konsequente Beachtung der richtigen Rohrinstallation voraus. Eine einzige Schwachstelle ist der K.-o.-Schlag für die ganze Installation.

1. Durchschnittliche Objektabmessungen	B: 60 T: 55	B: 50 T: 40	B: 40 T: 60	B: 40 T: 40	B: 40 T: 60	B: 80 T: 80	B: 175 T: 75
2. Bewegungsfläche zur Nutzung der Objekte	75 100	75 90	75 80	75 80	75 80	75 90	75 90
3. Mindest-Objekt-Abstände	80	–	70	70	75	–	–
a. Achsabstände	75	–	65	65	70	–	–
	70	65	60	60	65	–	–
	70	65	60	60	65	–	–
	75	70	65	65	–	–	–
b. Dusche Wanne	50	45	40	40	45	–	–
c. Seitenwand	50	45	40	40	45	–	–
d. Seitenwände	50	45	45	40	45	–	–

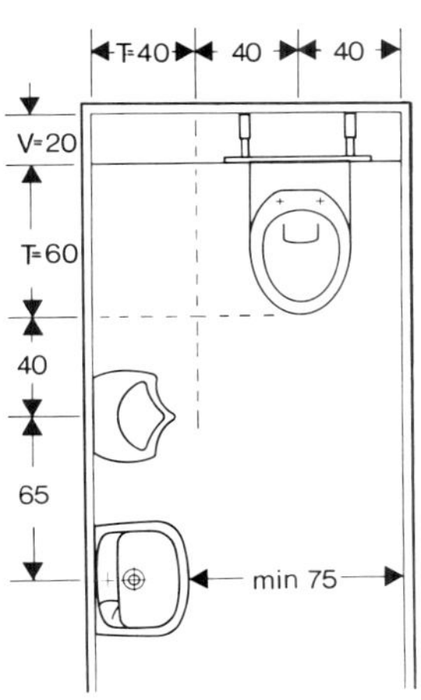

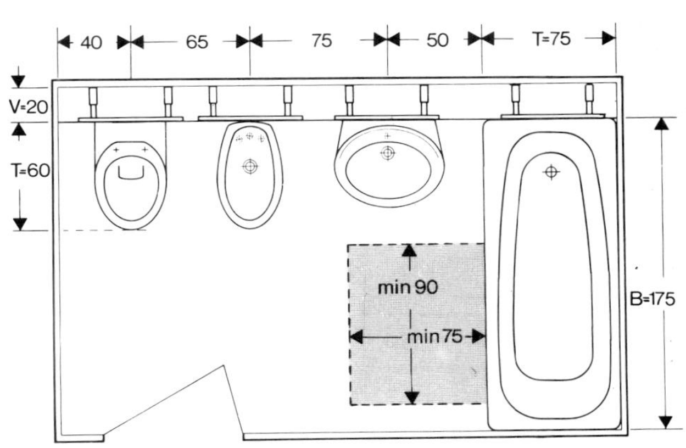

Abb. 5: Mindestmaße für Sanitäreinrichtungen mit Objektabmessungen und -abständen

Abb. 6: Ungünstige Anordnung von Bad und Wohnraum

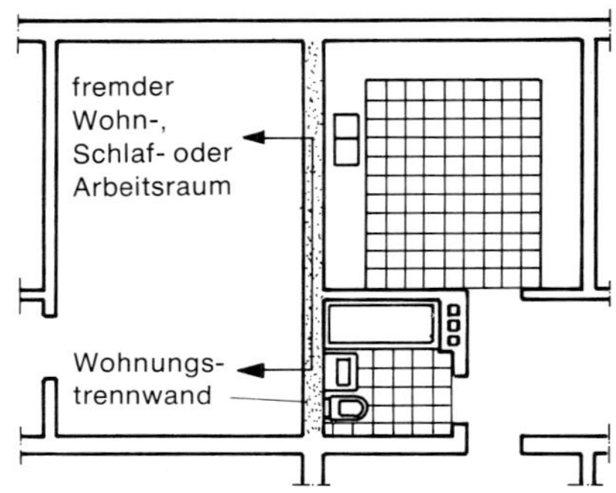

Im weiteren Verlauf dieses Beitrages wird noch auf die richtige Anordnung von Rohrleitungen – auch bezüglich Vermeidung von Schallschutzproblemen – hingewiesen (Abb. 11, 16, 18 bis 20).

Richtige Rohrleitungsführung einerseits, aber auch eine sinnvolle Grundrißgestaltung andererseits bieten zusammen die Gewähr, daß nach den Regeln der Technik keine Schallprobleme entstehen.

Abb. 7: Auch bei versetzt angrenzenden fremden Wohn-, Schlaf- oder Arbeitsräumen ist Übertragung durch Schallverlauf in der Wand gegeben

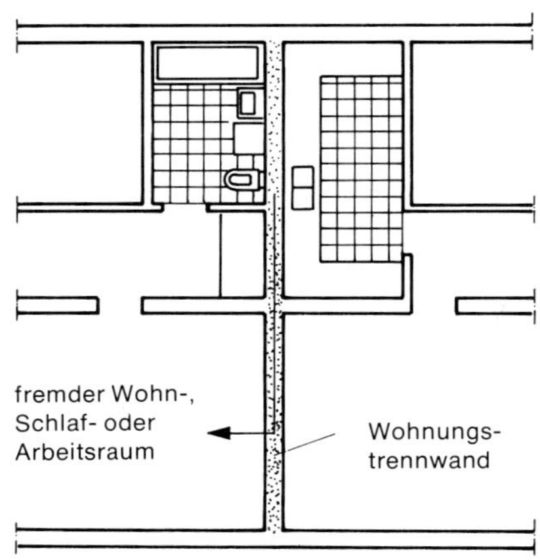

4.3 Der Einfluß der Grundrißgestaltung auf den Schallschutz

Die Grundrißplanung soll die folgenden, auf Sanitärräume bezogenen Hinweise berücksichtigen gemäß DIN 4109 Teil 5:

»Bäder, Aborte, Küchen und ähnliche Räume in Mehrfamilienhäusern sollten möglichst übereinander, bzw. in horizontaler Richtung nebeneinander angeordnet werden, das Wechseln des Wohnungsgrundrisses von Geschoß zu Geschoß sollte unterbleiben.
Andernfalls sind zusätzliche Schutzmaßnahmen für schutzbedürftige Räume erforderlich.«

Abb. 8: Armaturen oder Rohrleitungen, die sich nicht an Wänden befinden, die einen Wohn-, Schlaf- oder Arbeitsraum begrenzen (um 5 bis 10 dB(A) geringere Übertragung)

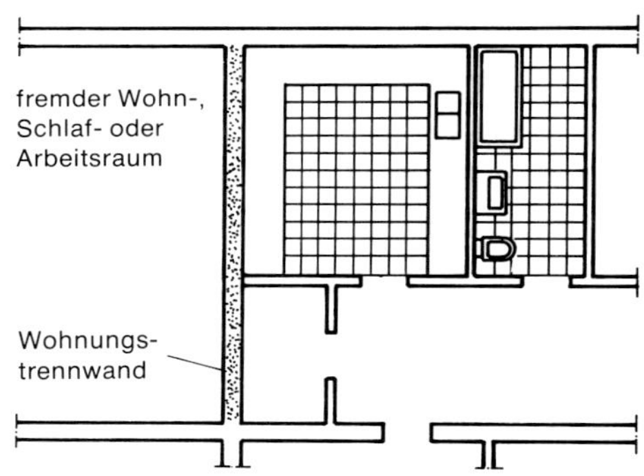

Auch weist die DIN 4109 darauf hin, daß zwischen installationsintensiven Räumen und Aufenthaltsräumen (Wohnzimmer, Kinderzimmer, Schlafzimmer) ein sogenannter Nichtwohnraum wie eine Diele liegen soll.

Die geeignete Grundrißplanung im Sinn eines vorbeugenden Schallschutzes bei Sanitäranlagen steht bei der

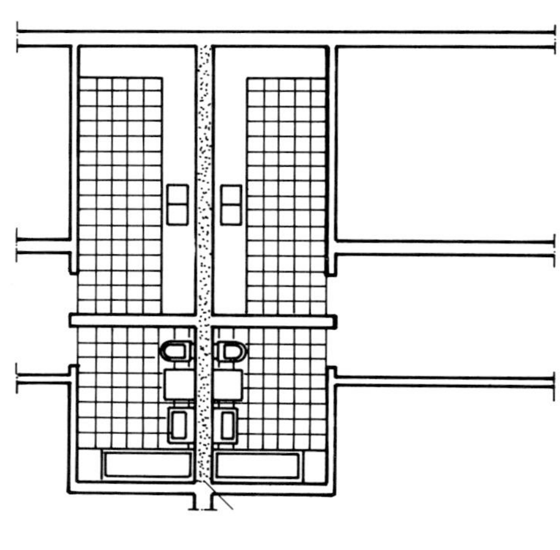

Abb. 9: Armaturen oder Rohrleitungen, die sich in einer Wohnungstrennwand befinden, in deren weiterem Längsverlauf keine Wohn-, Schlaf- oder Arbeitsräume angeordnet sind

Bewertung der Schallschutzmaßnahme an erster Stelle. Sie ist von größter Wirksamkeit. Es kommt auf die schalltechnisch vorteilhafte Zuordnung der Räume zueinander an sowie auf eine entsprechende Anordnung der Sanitärobjekte, Armaturen und Rohrleitungen.

- Es gibt bauakustisch günstige und ungünstige Anordnungen von Räumen. Die Anordnungen von Rohren und Armaturen an einer Wohnungstrennwand zu einem fremden Wohn- oder Schlafraum sind als äußerst ungünstig einzustufen (Abb. 6 und 7).
- Die Verlegung der Sanitärinstallationen weg von der Wohnungstrennwand ist anzustreben (Abb. 8).
- Die Anordnung von Sanitärinstallationen an einer Wohnungstrennwand (natürlich als Vorwandinstallation) ist möglich (Abb. 9), wenn eine Schall-Längsleitung gemäß Abbildung 7 in fremde Wohn-, Schlaf- oder Arbeitsräume, zum Beispiel grundrißmäßig, nicht gegeben ist.
- Zwar setzt die DIN 4109 ihre Lärmschutzanforderung nur für die Übertragung von Wohnung zu Wohnung an, jedoch sollte auch *innerhalb* einer Wohnung vermieden werden, Rohrleitungen und Einrichtungsgegenstände eines Bades an der Trennwand zwischen Bad und Schlafraum anzuordnen.
- Die DIN 4109 legt fest, daß im Regelfall Rohrleitungen nicht an Wänden zu schutzwürdigen Räumen (Aufenthaltsräume) hin installiert werden dürfen, deren Flächengewicht unter 220 kg liegt. Dies gilt zwar für die Anforderung gegen Fremdräume, sollte aber innerhalb der eigenen Wohnung auch gelten.
- Eine Sanitärinstallation an einer gegebenenfalls nur 7 cm starken Gipsdielenwand zwischen Bad und Schlafzimmer ist gewiß keine empfehlenswerte Lösung.

5 WC- UND BADENTLÜFTUNGEN

Wie bereits erwähnt, sollten innenliegende Bäder und WCs mechanisch entlüftet werden. Sogenannte »Berliner Lüftungen« nach DIN 18 077 sind in der Regel unzureichend. Sie entwickeln bei warmem Wetter nur unzureichende Auftriebskräfte und somit geringe Wirkung.

Zudem ist bei geschlossenen – heute diesbezüglich viel zu dichten – Fenstern nur ein geringes Angebot nachströmender Luft gegeben, da der Schwerkraftauftrieb der natürlichen Lüftung den Strömungswiderstand der dichten Fenster überwinden muß und praktisch über dichte Fensterfugen »ansaugen« muß.

Mechanische Lüftung mit Einzellüftern je Bad oder WC – angeschlossen an Entlüftungssammelstränge – haben eine wesentlich bessere und gleichmäßigere Wirkung. Der Betrieb der Ablüfter wird in der Regel über die Lichtschalterbetätigung gestartet, ein Nachlaufrelais sorgt für ausreichende Laufzeit (z. B. 10 Minuten). Zwar setzt sich der Lüfter dann bei jedem auch nur »Kurz-die-Haare-Kämmen-Badeintritt« in Gang, aber besser zu oft als zuwenig, und lieber mehr lüften als Feuchteschäden oder Mief.

Wie viele Lüfter an welchen Rohrdurchmesser anschließbar sind, zeigt Abbildung 10. Die Hauptleitung ist entsprechend im Sanitärschacht zu integrieren. In einigen Bundesländern ist zudem bei Küchen unter 8,00 m^2 Fläche eine mechanische Entlüftung in der Landesbauordnung Vorschrift, auch wenn ein Fenster vorhanden ist.

Planung der Hauptleitung

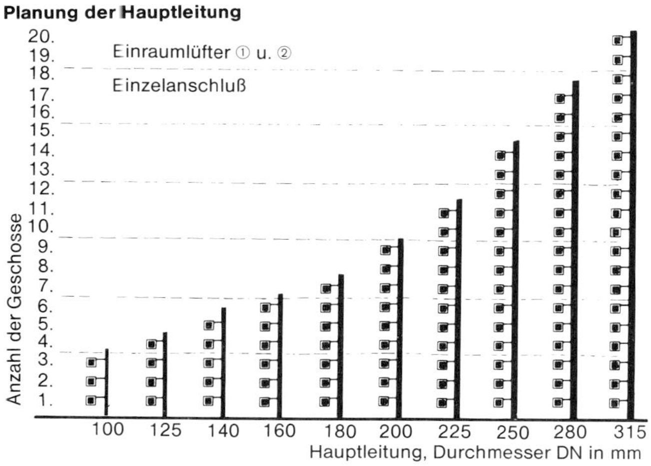

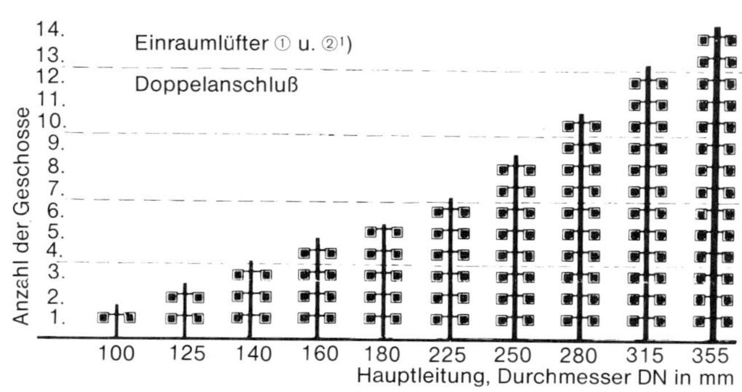

Abb. 10: Einraumlüfter

6 ROHRINSTALLATIONEN IN DEN GESCHOSSEN

Die ordnungsgemäße Installation der Rohre in den Geschossen ist, will man alle Regeln der Technik beachten, »eine Wissenschaft für sich«, die eine Flut von Einzelkenntnissen verlangt.

Große Vorgaben bezüglich des Platzbedarfs der Rohrleitungen ergeben sich aus den vielen Anforderungen der einzelnen Verordnungen, Normen, Richtlinien usw. Beispiele hierfür sind die Wärmeschutzverordnung mit den sich ergebenden »dicken« Isolierungen der Rohre, die DIN 1986, die den Platzbedarf für fachgerechte Rohreinbindungen regelt, Schallschutzmaßnahmen, die sich aus der DIN 4109 ergeben, Brandschutzvorschriften und Hinweise für den notwendigen Platzbedarf bei der Montage.

Tabelle 1: Nach der HeizAnlV vorgeschriebene Isolierstärken

§ 6
Heizungsanlagen-Verordnung – HeizAnlV
Wärmedämmung von Wärmeverteilungsanlagen

(1) Rohrleitungen und Armaturen in Zentralheizungen sind wie folgt gegen Wärmeverluste zu dämmen:

Zeile	Nennweite (NW) der Rohrleitungen/Armaturen in mm	Mindestdicke der Dämmschicht, bezogen auf eine Wärmeleitfähigkeit von 0,035 W $m^{-1}K^{-1}$
1	bis NW 20	20 mm
2	ab NW 22 bis NW 35	30 mm
3	ab NW 40 bis NW 100	gleich NW
4	über NW 100	100 mm
5	Leitungen und Armaturen nach den Zeilen 1 bis 4 in Wand- und Deckendurchbrüchen, im Kreuzungsbereich von Rohrleitungen, an Rohrleitungsverbindungsstellen, bei zentralen Rohrnetzverteilern, Heizkörperanschlußleitungen von nicht mehr als 8 m Länge	½ der Anforderungen der Zeilen 1 bis 4

Bei Rohren, deren Nennweite nicht durch Normung festgelegt ist, ist anstelle der Nennweite der Außendurchmesser einzusetzen.

Kommen in die Sanitärschächte zusätzlich noch Wärme- oder Wasserzähler für wohnungsweise Abrechnung hinzu, wird ziemlich viel Platz benötigt. Hier begegnet der Fachplaner fast stets einem nicht ausreichenden Platzangebot für die Sanitärschächte innerhalb des Grundrisses.

Der folgende Abschnitt über Rohrinstallationen in den Geschossen soll deshalb Sachzwänge erhellen, die hauptsächlich resultieren aus:

- Anforderungen der Wärmeschutzverordnung
- der DIN 1986, Entwässerungsanlagen für Gebäude und Grundstücke
- der DIN 1988, Technische Regeln für Trinkwasserinstallationen, und
- der DIN 4109, Schallschutz im Hochbau.

6.1 Anforderungen aus der Wärmeschutzverordnung

Gemäß der aus der Wärmeschutzverordnung resultierenden Heizungsanlagen-Verordnung sind Heizungs- und Warmwasserleitungen (Brauchwasser) mit einer Isolierschicht zu versehen, deren Dicke dem Durchmesser des Rohres entspricht; daher der Begriff 1/1-Dämmung.

Diese Isolierstärkenvorgabe basiert auf einer zugeordneten Wärmeleitfähigkeit des Isoliermaterials von $\lambda = 0{,}035$, dies entspricht Mineralwolle.

Isolierschläuche haben eine Wärmeleitfähigkeit von $\lambda = 0{,}04$, sind also etwas dicker zu wählen als Mineralwolle.

Die Anforderungen in Tabelle 1 gelten für Rohre in Kellern, Schächten, Außenwänden, also überall dort, wo

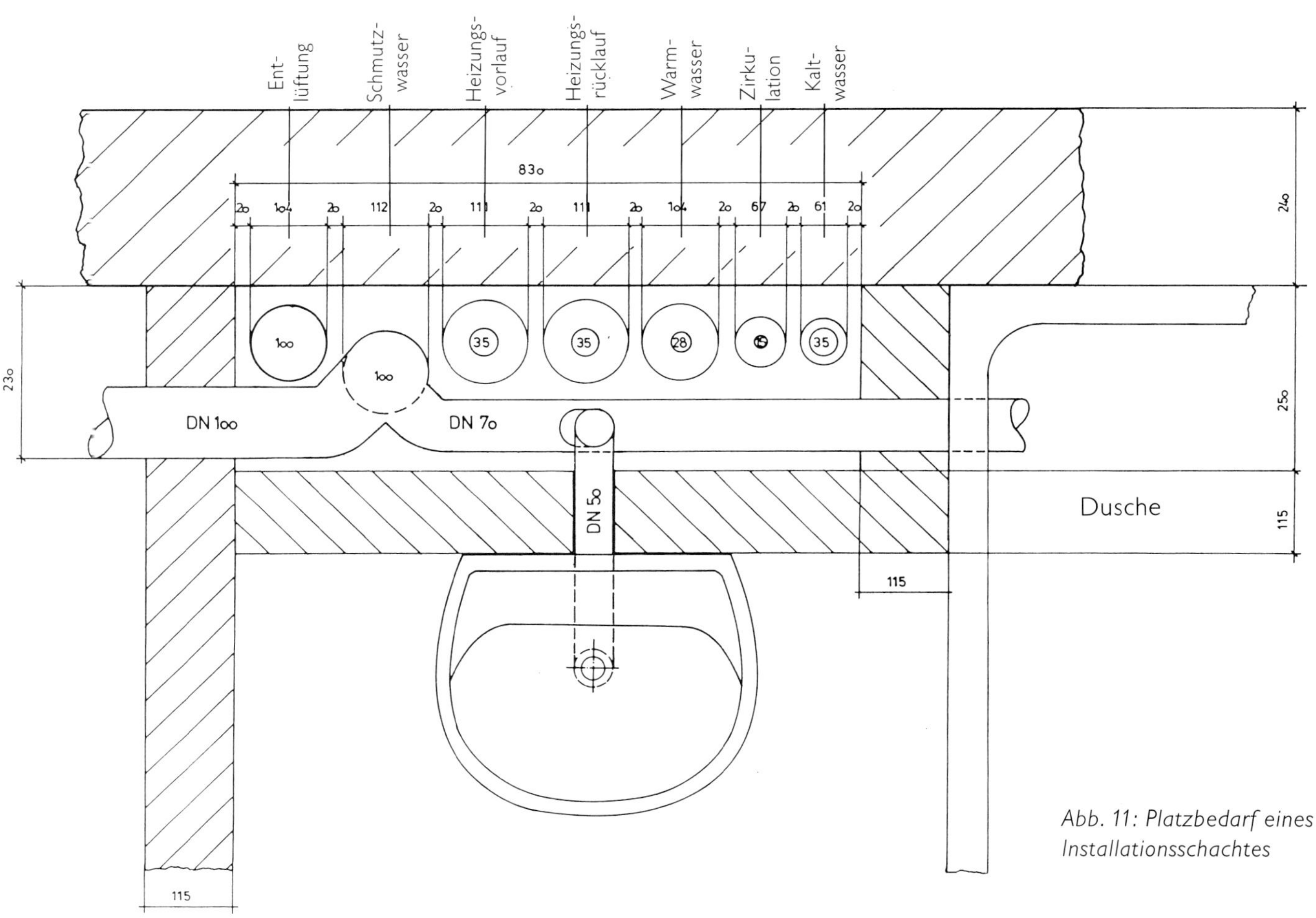

Abb. 11: Platzbedarf eines Installationsschachtes

die Wärmeabgabe der Rohre keinem zu beheizenden Raum zugute kommt.

Rohre, im Raum frei verlegt, **vor** Außenwänden, dürfen ohne Isolierungen angebracht werden.

Hier ist aber, zum Beispiel bei Steigesträngen *vor* der Wand, welche verschiedene Nutzer versorgen, ein Problem bei der Heizkostenverordnung gegeben (ungemessene Wärmeabgabe), daher ist auch hier aus Rechtssicherheit zu isolieren.

Die in Tabelle 1 aufgezeigten Isolierstärken bedeuten zum Beispiel bei einem Heizungssteigestrang von 35 mm Außendurchmesser (Kupfer 35 x 1,5 mm), daß 30 mm Mineralwolleisolierung oder analog 38 mm starkes Schlauchmaterial zu verwenden ist. Im letzten Fall ist das isolierte Rohr demnach 111 mm stark. Solche »dicken« Heizungsrohre sind in normalen Außenwand-Steigeschlitzen nicht mehr unterzubringen.

Insofern hat es sich seit Jahren in der Praxis durchgesetzt, einen zentralen Steigeschacht im Badbereich anzuordnen, der alle Ver- und Entsorgungsleitungen aufnimmt sowie auch das Sammelrohr für die mechanische Abluft bei innenliegenden Bädern.

Den Platzbedarf eines solchen Schachtes zeigt Abbildung 11 mit dem Beispiel:

- Heizungsvor- und -rücklauf 35 mm Durchmesser
- Warmwasser (Zentrale WWB) 28 mm Durchmesser
- Zirkulation 15 mm Durchmesser
- Kaltwasser 35 mm Durchmesser
- sowie Abflußstrang und Sammelleitung der mechanischen Abluft je DN 100.

Die $\frac{1}{1}$-Isolierstärken gemäß Tabelle 1 für die wärmeführenden Rohre ergeben sich aus handelsüblichen Isolierschläuchen, das Kaltwasserrohr ist gegen Schwitzwasser und Wärmeaufnahme bei Nichtdurchfluß zu isolieren. Die Anordnung der Stränge variiert fallbezogen, die Rohrabstände ergeben sich aus der Notwendigkeit der Montagehandhabung.

Die erwähnte Erstellung nur *eines* zentralen Versorgungsstranges je Wohnung bedeutet, daß die Zuleitung der Heizungsvor- und -rückläufe zu den Heizkörpern über die Rohdecke verlaufen muß. Für diese Leitungen gibt es Anforderungen sowohl bezüglich der Wärmedämmung wie auch des Trittschallschutzes. Die über den Erdgeschoßfußboden (Rohdecke) verlegten Heizungsrohre müssen in $\frac{1}{1}$-Stärke isoliert werden, wenn sich unter diesem Fußboden unbeheizte Räume oder Erdreich befinden.

Bei Leitungsführung über Rohfußböden, die bewohnte Räume trennen (Wohnungstrenndecke), kann gemäß Wärmeschutzverordnung die Isolierung der Rohrleitung entfallen, logischerweise sind aber aus Gründen des Trittschalls diese Leitungen zu isolieren.

Die Isoliervorschriften bezüglich der Wärmedämmung von Rohren gemäß Heizungsanlagen-Verordnung zeigen die Abbildungen 12 bis 15.

Abb. 12: Auflage gemäß HeizAnlV Dämmschichtdicke 1/1

Bereich Warmwasseranlagen:

Warmwasserverteilleitungen in Kellern mit oder ohne elektrische Begleitheizung

Warmwasserzirkulationsleitungen in Kellern

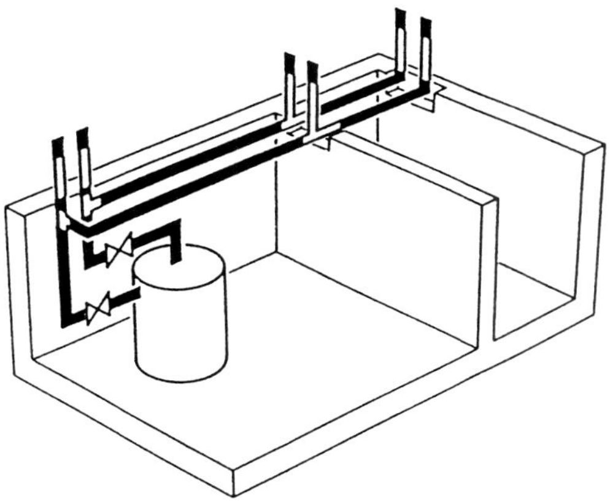

Bereich Warmwasseranlagen:

In Wohnungen:
- Alle zirkulierenden Warmwasserleitungen
- Warmwasserleitungen mit elektrischer Begleitheizung

In Nichtwohngebäuden:
- Alle Warmwasserleitungen

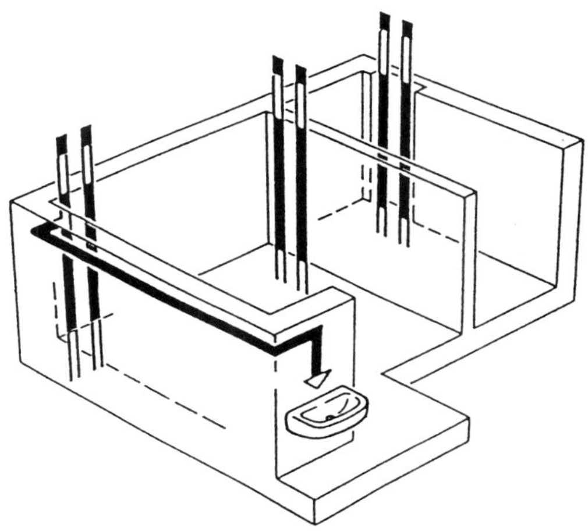

Bereich Zentralheizungen:

Verteilleitungen in Kellern

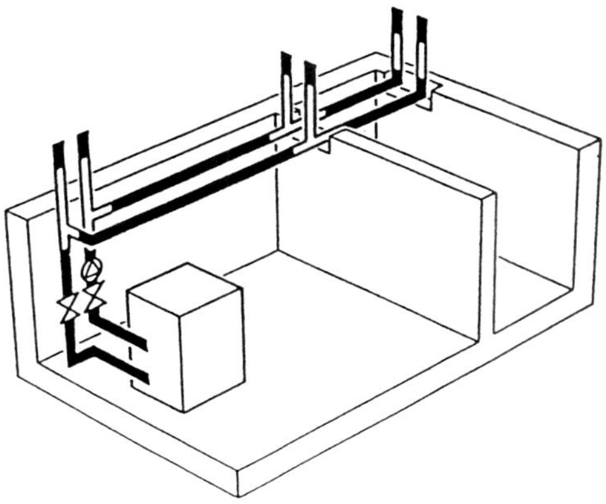

Bereich Zentralheizungen:

Heizkörperanschlußleitungen in Außenwänden mit einer Länge von mehr als 8 m

Verteilleitungen in
- Außenwänden
- Schächten und Kanälen

Verteilleitungen ohne Absperreinrichtungen in Innenwänden

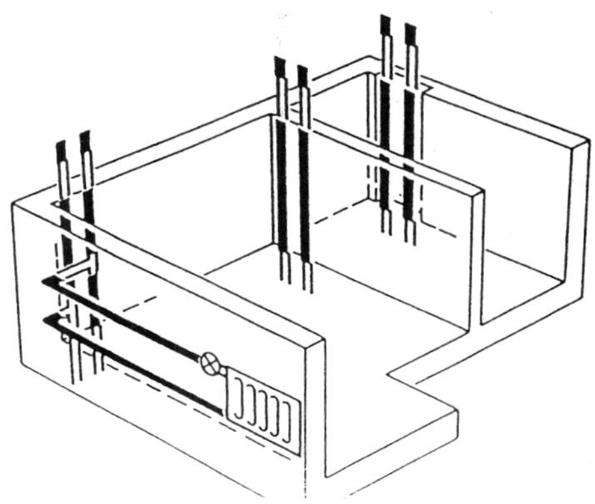

Abb. 13: Auflage gemäß HeizAnlV Dämmschichtdicke ½

Bereich Warmwasseranlagen:

Leitungen und Armaturen
- in Wand- und Deckendurchbrüchen
- im Kreuzungsbereich von Rohrleitungen
- an Rohrleitungsverbindungsstellen
- bei zentralen Rohrnetzverteilern

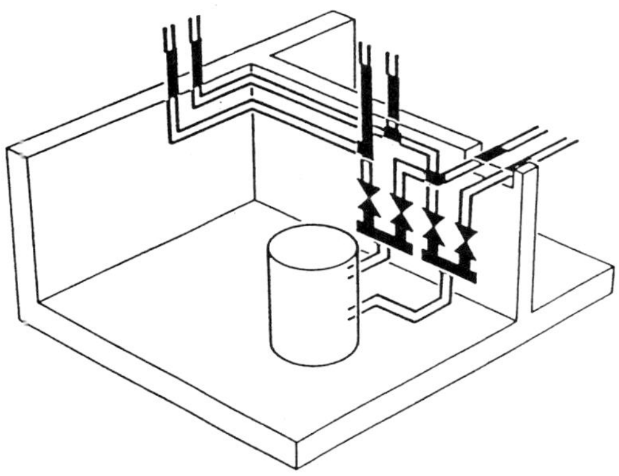

Bereich Zentralheizungen:

Leitungen und Armaturen
- in Wand- und Deckendurchbrüchen
- im Kreuzungsbereich von Rohrleitungen
- an Rohrleitungsverbindungsstellen
- bei zentralen Rohrnetzverteilern

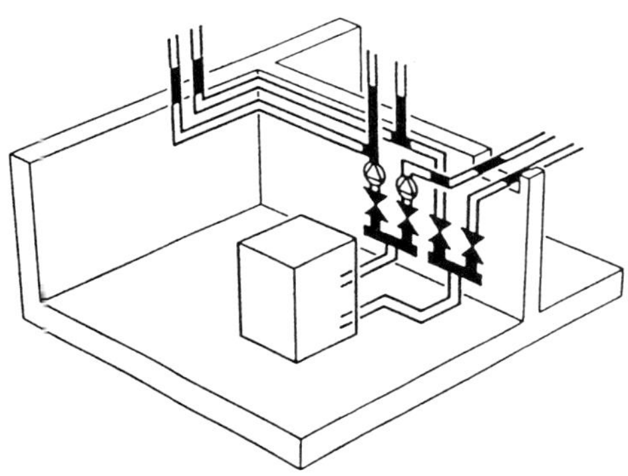

Bereich Zentralheizungen:

Heizkörperanschlußleitungen bis 8 m Länge
- in Außenwänden
- in Innenwänden gegen unbeheizte Räume

Leitungen in Deckendurchbrüchen

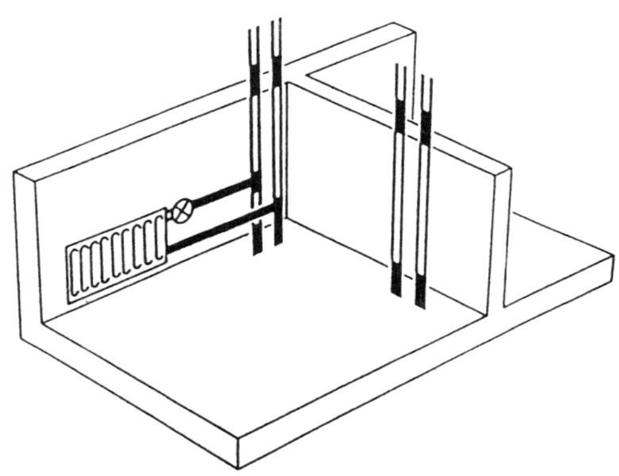

Abb. 14: Ohne Auflage nach HeizAnlV

Bereich Zentralheizungen:

Leitungen in Räumen, die zum dauernden Aufenthalt von Menschen bestimmt sind und

- in Bauteilen, die solche Räume verbinden (d. h. in Wohnungstrenndecken), wenn ihre Wärmeabgabe vom Nutzer durch Absperreinrichtungen beeinflußt werden kann.

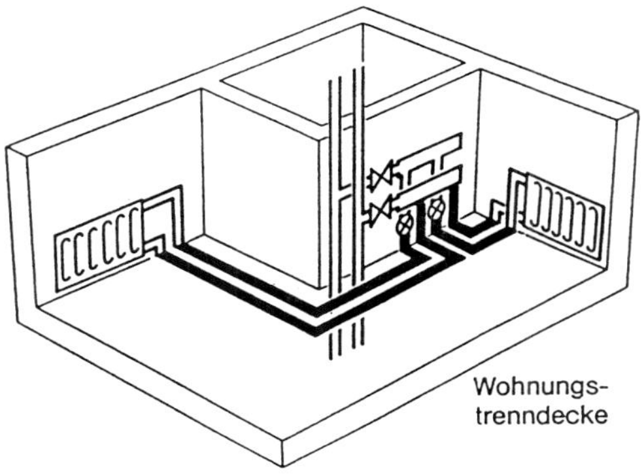

Bereich Zentralheizungen:

Leitungen in Räumen, die zum dauernden Aufenthalt von Menschen bestimmt sind und

- in Bauteilen, die solche Räume verbinden (d. h. in Innenwänden), wenn ihre Wärmeabgabe vom Nutzer durch Absperreinrichtungen beeinflußt werden kann.

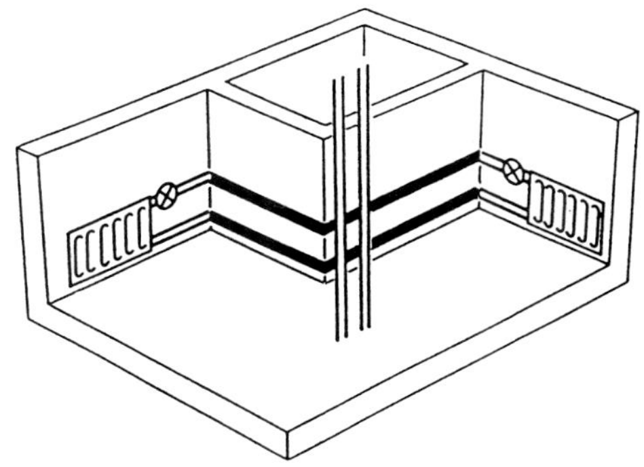

Bereich Zentralheizungen:

Leitungen von Einrohrsystemen in Räumen, die zum dauernden Aufenthalt von Menschen bestimmt sind und

- in Bauteilen (Wohnungstrenndecken), die solche Räume verbinden.

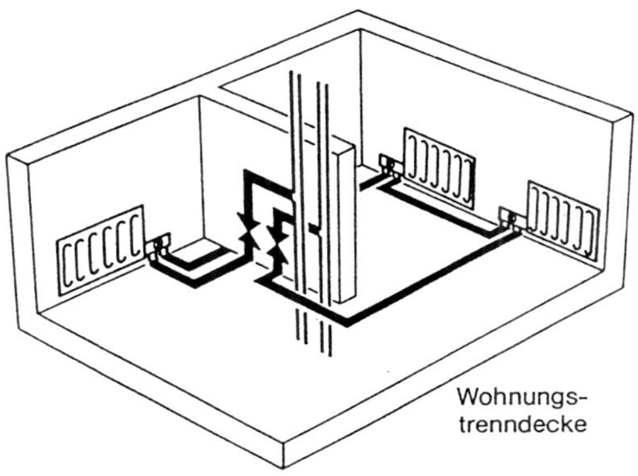

Bereich Zentralheizungen:

Leitungen von Einrohrsystemen in Räumen, die zum dauernden Aufenthalt von Menschen bestimmt sind und

- in Bauteilen (Innenwänden), die solche Räume verbinden.

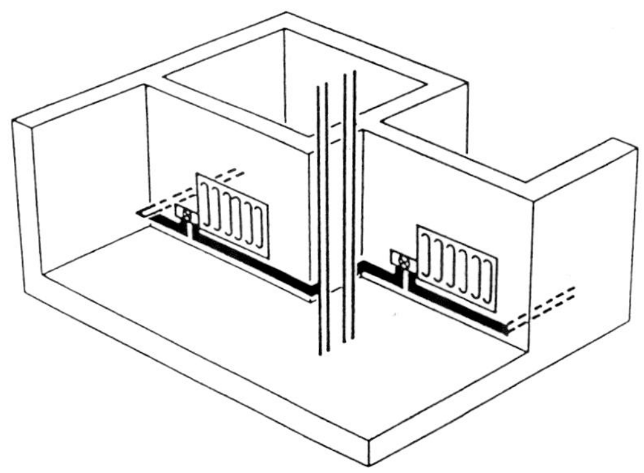

Abb. 15: Dämmung von Trinkwasserleitungen (kalt) gemäß DIN 1988 Teil 2

Mindestdämmschichtdicke 4 mm, $\lambda = 0{,}040$ W/(m · K)

- Rohrleitung im Kanal, ohne warmgehende Rohrleitungen
- Rohrleitung im Mauerschlitz, Steigleitungen

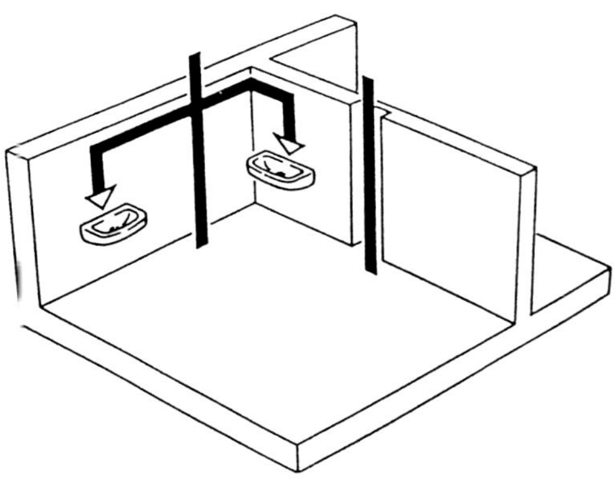

Mindestdämmschichtdicke 9 mm, $\lambda = 0{,}040$ W/(m · K)

- Rohrleitung frei verlegt, in beheiztem Raum

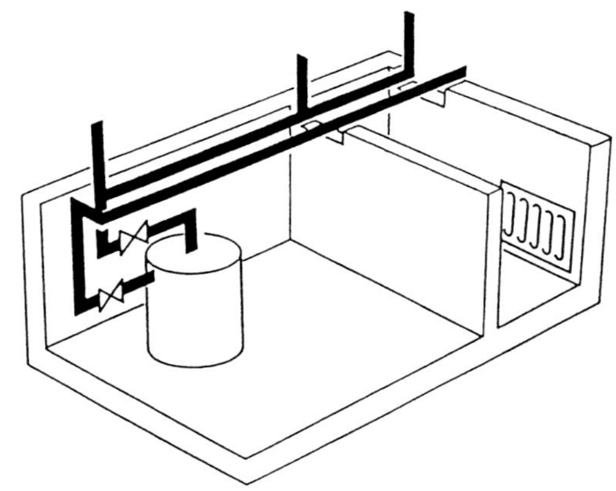

Mindestdämmschichtdicke 13 mm, $\lambda = 0{,}040$ W/(m · K)

- Rohrleitung im Kanal, neben warmgehenden Rohrleitungen
- Rohrleitung in Wandaussparung, neben warmgehenden Rohrleitungen

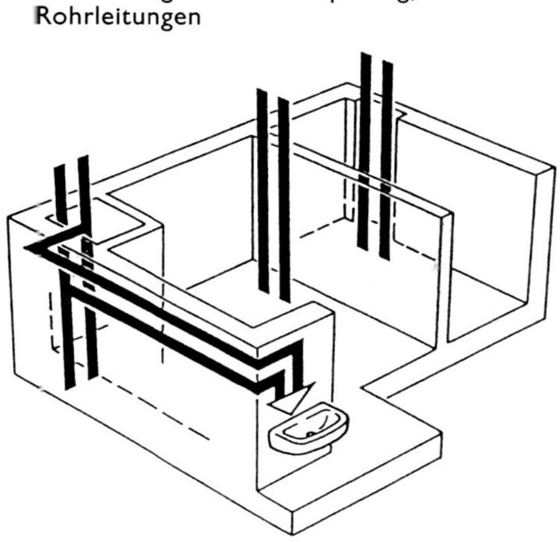

6.2 Rohrleitungen unter Estrich

Rohrverlegung von Heizungsvor- und -rücklauf über Rohfußboden bedeutet, daß die entsprechend isolierten Rohrleitungen im Bereich der Wärme- und Trittschalldämmung liegen, also *auf* dem Rohboden, *unterhalb* der Estrichplatte.

Gemäß der »DIN 18 560 Teil 2, Estriche im Bauwesen«, muß die Estrichplatte *homogen* durchlaufen, das heißt, Rohre usw. dürfen nicht aus der Trittschallisolierfläche überstehen (Abb. 17).

Zwei Verlegebeispiele:

Ein über Rohboden des Erdgeschosses oberhalb von Erdreich oder unbeheiztem Keller verlegtes Heizungsrohr aus Kupfer mit 18 mm Durchmesser ist gemäß § 6 HeizAnlV mindestens 20 mm stark zu dämmen (Tabelle 1), was bei üblichem Isolierschlauch mit Wärmeleitfähigkeit 0,040 eine Stärke von 26 mm bedeutet. Somit beträgt der Gesamtdurchmesser des isolierten Rohres 70 mm.

Die Wärmeschutzisolierung des Fußbodenaufbaues braucht diese Stärke aber gemäß Wärmeschutzverordnung nicht, hier genügen je nach gewähltem Aufbau 50 mm Stärke.

Statt nun die ganze Bodenfläche stärker zu isolieren (damit die Rohre nicht überstehen), bietet sich bei Unterkellerung die Verlegung im Keller an.

Soll aber dennoch das Rohr über Fußboden im Erdgeschoß verlegt werden, so bietet sich eine sogenannte Kompakt-Dämmhülse der Firma Missel an. Die Auslegung des Sinnes statt des Buchstabens einer Verordnung hat die Firma Missel (Hersteller von Rohrisolierung, Stuttgart) dahingehend interpretiert, daß die Wärmeabgabe nach *unten* vermieden werden soll, nach oben kommt sie dem Nutzer zugute. Diese Kompakt-Dämmhülse (Abb. 16) entspricht der HeizAnlV und hat 51 mm Gesamthöhe, davon 26 mm unterhalb des Rohres.

Wie bereits erwähnt, braucht aus den Forderungen der HeizAnlV eine Heizungsleitung, die auf der Geschoßdecke zwischen Aufenthalts-

Abb. 16: Kompakt-Dämmhülse

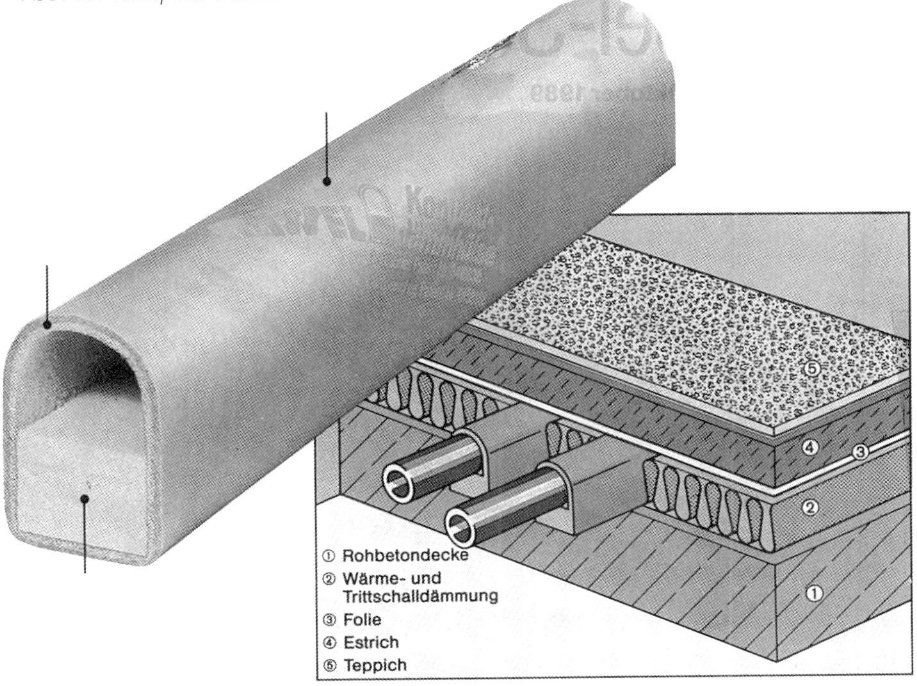

Abb. 17: Ein Überstehen der Rohrisolierung aus der Wärme- und Trittschallisolierung bringt Estrichschäden

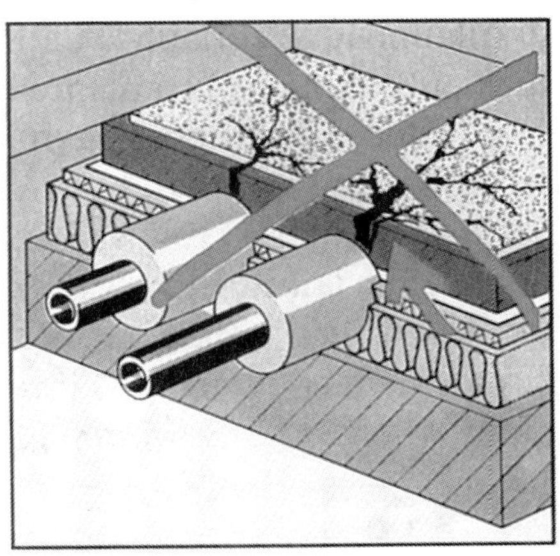

räumen (Wohnungen) liegt, nicht wärmeschutzmäßig isoliert zu werden. Sie muß allerdings aus Schallschutzgründen (Trittschall) isoliert sein. Hier reicht ein Isolierschlauch mit 9 mm Stärke aus, wie entsprechende Prüfungen von Fachinstituten bestätigen.

Ein wiederum 18 mm starkes Kupferrohr besitzt dann eine Gesamtstärke (mit Isolierung) von 36 mm. Dieser Durchmesser paßt ausgezeichnet in die übliche Trittschallisolierhöhe von 38/33 mm (unbelastet/belastet).

Stärkere Zuleitungen, zum Beispiel 22 mm, können durch Rohrkreisaufsplittung vermieden werden (also zwei Kreise à z. B. 18 mm Durchmesser statt eines Kreises à 22 mm Durchmesser).

Insgesamt kann also gesagt werden, daß die Verlegung von Heizkörperzuleitungen im Bereich der abgeschlossenen Wohnung aus nur *einem* gemeinsamen Rohrschacht bestens möglich ist und somit im Neubau »klassische« Steigestränge im Außenwandbereich entbehrlich macht.

6.3 Rechtliche Folgen bei unsachgemäßer Ausführung

Verstöße gegen die HeizAnlV usw. können Regreßansprüche des Nutzers in nicht unbedeutender Höhe nach sich ziehen. Es haftet übrigens nicht ausschließlich der Heizungsbauer, der Bauherr kann ohne weiteres den bauleitenden (oder ausschreibenden) Architekten voll heranziehen, schuldet dieser doch gemäß Werksvertrag ein mängelfreies Werk.

Im Rahmen der sogenannten Durchgriffshaftung kann der Bauherr beispielsweise ausschließlich den Architekten belangen oder verklagen, er muß sich erst gar nicht an den Heizungsbauer wenden.

6.4 Anforderungen aus der DIN 1986, Entwässerung von Grundstücken und Gebäuden

Die weiteren Ausführungen zur DIN 1986 sollten im Zusammenhang mit allem bisher Gesagten jeden Architekten zu der Überlegung veranlassen, ob es genügt, ein von einem Handwerker erstelltes Angebot als »Leistungsverzeichnis« zu verwenden, anstatt sich von einem Experten für Gebäudetechnik vor der Ausführung detailliert beraten zu lassen.

Es gilt die simple Feststellung: »Nichts kann den Schallschutz so beeinträchtigen wie die fehlerhafte Sanitärinstallation.« Ungünstige Rohrführung und nachlässige Ausführung spielen da Hand in Hand.

Die richtige Raumanordnung von Sanitärräumen wurde schon angesprochen, die richtige Installation setzt eine exakte Kenntnis der DIN 1986 voraus.

Zu Schallproblemen können ohne weiteres noch Funktionsprobleme hinzukommen – beide gilt es zu vermeiden.

Funktionsprobleme entstehen hauptsächlich durch:

- unzureichendes Gefälle
- zu verwundene Leitungswege
- falsche Einbindung von Anschlüssen
- unzureichende Belüftung des Abflußnetzes.

So sollten kurze, bogenarme Anschlußwege gesucht werden. Als Beispiel für die richtige Einbindung von Abflußleitungen sei auf Abbildung 18 verwiesen: Zwei jeweils von rechts und links in gleicher Höhe ankommende Anschlüsse dürfen nur 90 Grad zueinander versetzt angeschlossen werden, um Einspülungen zueinander zu vermeiden. Will man auf diesen Spreizwinkel verzichten, müssen die Anschlüsse höhenversetzt angeschlossen werden (Abb. 19).

Gegenüberliegende (stirnseitige) Anordnung von Einrichtungsgegenständen bedarf ebenfalls geeigneter Abflußformstücke, die Einspülungen in das gegenüberliegende Rohr vermeiden (Abb. 20).

Sehr oft wird die Frage gestellt, ob an einen gemeinsamen Fallstrang zum Beispiel zwei WC-Anlagen unterschiedlicher Wohnungen angeschlossen werden können, das heißt, »ob man durch eine Wohnungstrennwand hindurch darf«, richtige sanitärtechnische Anbindung vorausgesetzt.

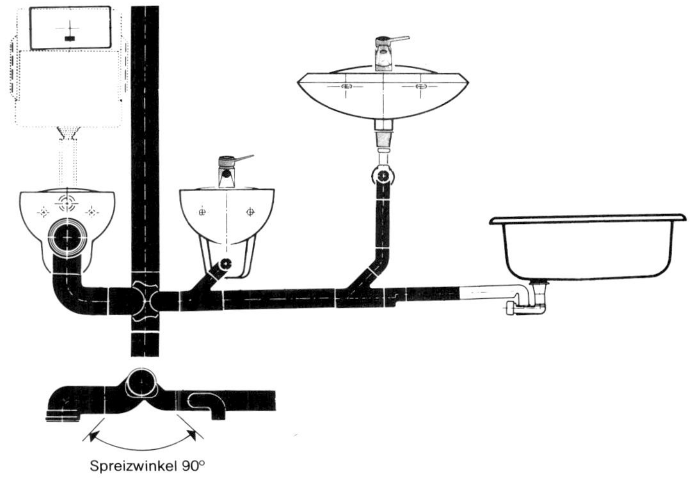

Abb. 18: Fall-Leitungsanschlüsse – Spreizwinkelvorschriften

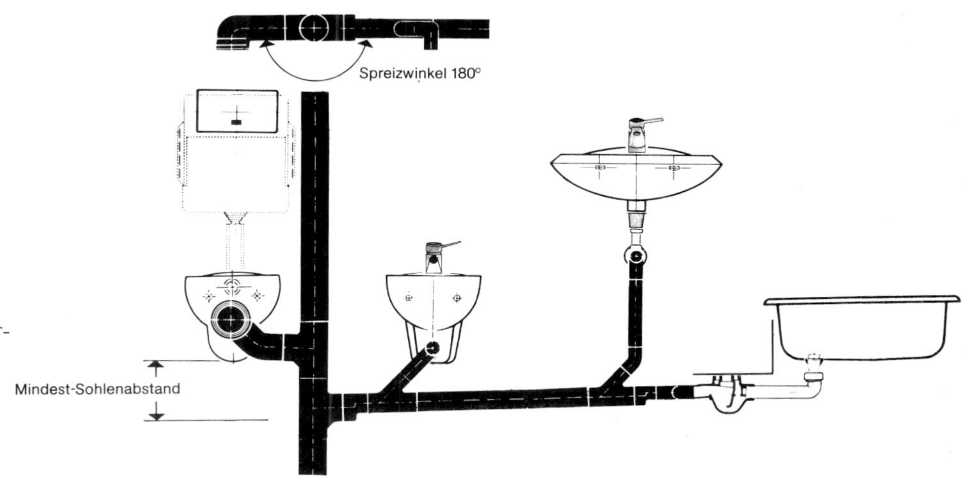

Abb. 19: Leitungsanschlüsse gegenüberliegend

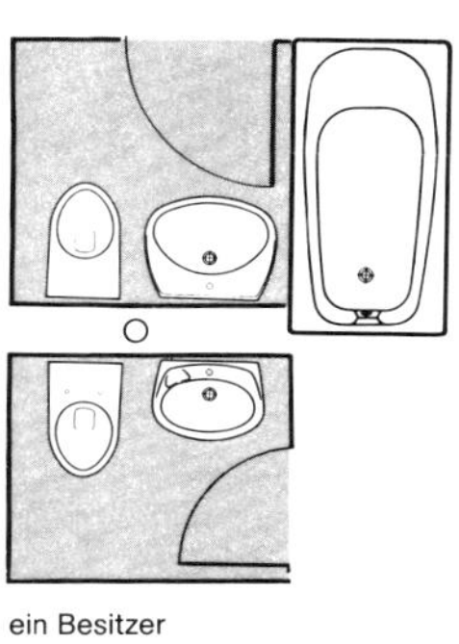

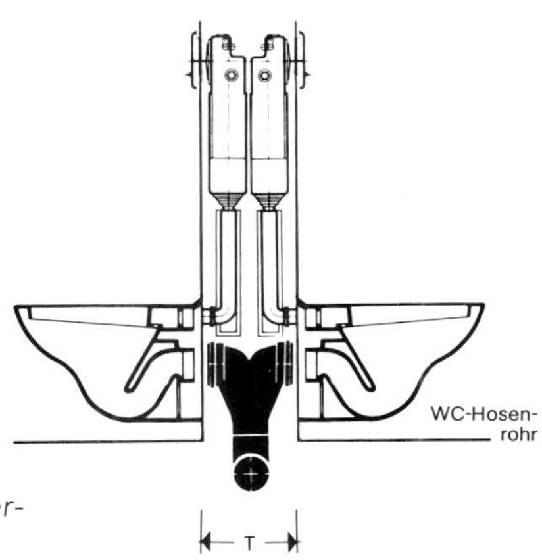

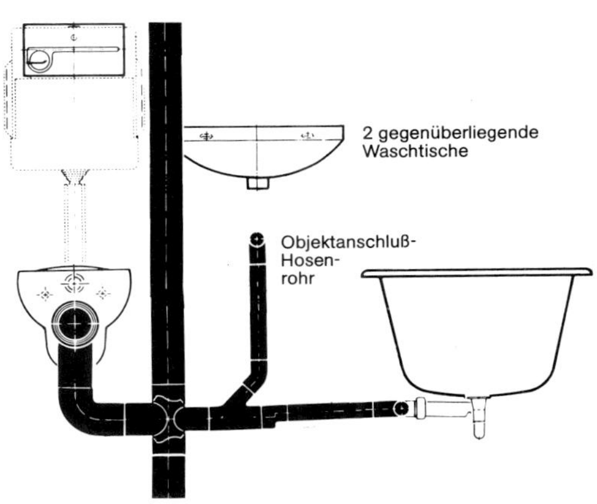

Abb. 20: Leitungsanschlüsse gegenüberliegend

Laut DIN 1986 wird dies zwar nicht empfohlen, hier gilt es erneut, zwischen Sinn und Buchstaben von Vorschriften zu unterscheiden. Bei Beachtung der üblichen Regeln der Technik und der räumlichen Möglichkeiten ist ein gemeinsamer Anschluß möglich. Schallschutz- und brandschutzmäßig stellt der Anschluß von zwei WCs oder Bädern verschiedener Wohnungen auf gleichem Geschoßniveau keine grundsätzliche andere Situation dadurch dar, daß – statt einer Geschoßdecke bei übereinanderliegenden Bädern – bei nebeneinanderliegenden Bädern eine Wohnungstrennwand durchfahren werden muß.

Sowohl eine Wohnungstrennwand wie eine Geschoßdecke erfüllen schallschutztechnisch und brandschutzmäßig sachgemäß die Anforderungen als Trennmasse. Insofern ist also nicht entscheidend, ob Bäder nebeneinander oder übereinander an einen gemeinsamen Fallstrang angeschlossen werden. Die ausschließlichen Bewertungskriterien liegen in der richtigen Rohrinstallation.

Ob zwei getrennte Fallstränge oder ein gemeinsamer sinnvoll sind, muß der Einzelfall entscheiden.

Bei mehrgeschossigen Gebäuden kann beispielsweise für einen gemeinsamen Fallstrang ohne weiteres ein Fallrohr, DN 125, notwendig werden, wogegen bei zwei getrennten Fallrohren jeweils DN 100 auftreten würde. Hinsichtlich der Platzansprüche des größeren Fallrohres und der überproportionalen Mehrkosten eines Rohres DN 125 gegenüber DN 100 kann hier aber kein Sinn mehr in einem gemeinsamen Fallstrang liegen, sondern das Gegenteil ist der Fall.

Die Abbildung 21 zeigt ein Beispiel, wo in mehreren Geschossen zwei WC-Anlagen eines üblichen Geschoßwohnungsbaues an gemeinsame Ver- und Entsorgungsstränge angeschlossen sind und seit Jahren ohne Probleme funktionieren.

Bei der Situation in Abbildung 22 liegt der Fall anders: Bei zum Beispiel sechs Vollgeschossen wäre ein gemeinsamer Abflußstrang statt DN 100 nun DN 125 geworden, also »klotzig« und kaum billiger, da DN 125 rund zwei Drittel höher im Materialpreis als DN 100 liegt. Auch das Sammelrohr der mechanischen Lüftung wäre statt DN 140 nun DN 225 geworden. Einzelstränge bringen hier bessere Technik und Symmetrie der Schächte. Heizungsvor- und -rücklauf wurden allerdings auf je einen Schacht aufgeteilt, somit ergeben sich zwei völlig grundrißgleiche Schächte.

Man sieht, daß stets der Einzelfall zu würdigen ist.

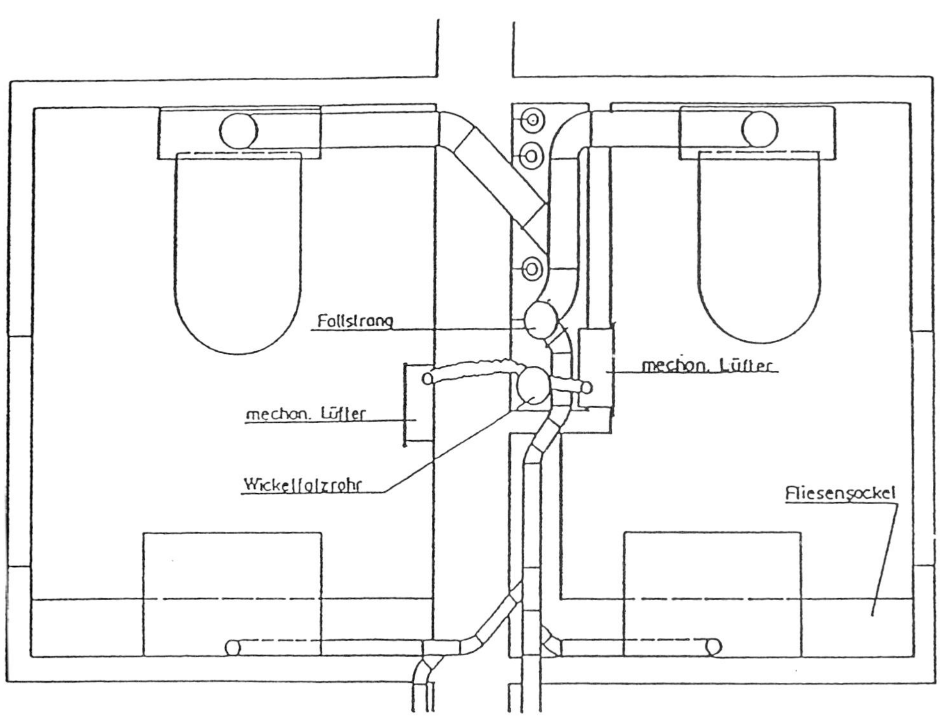

Abb. 21: Sanitärschacht mit mechanischem Entlüftungsrohr für Anschluß eines Aufputz- oder Unterputz-Lüfters für zwei WC-Anlagen eines Mehrfamilienhauses (Zweispänner)

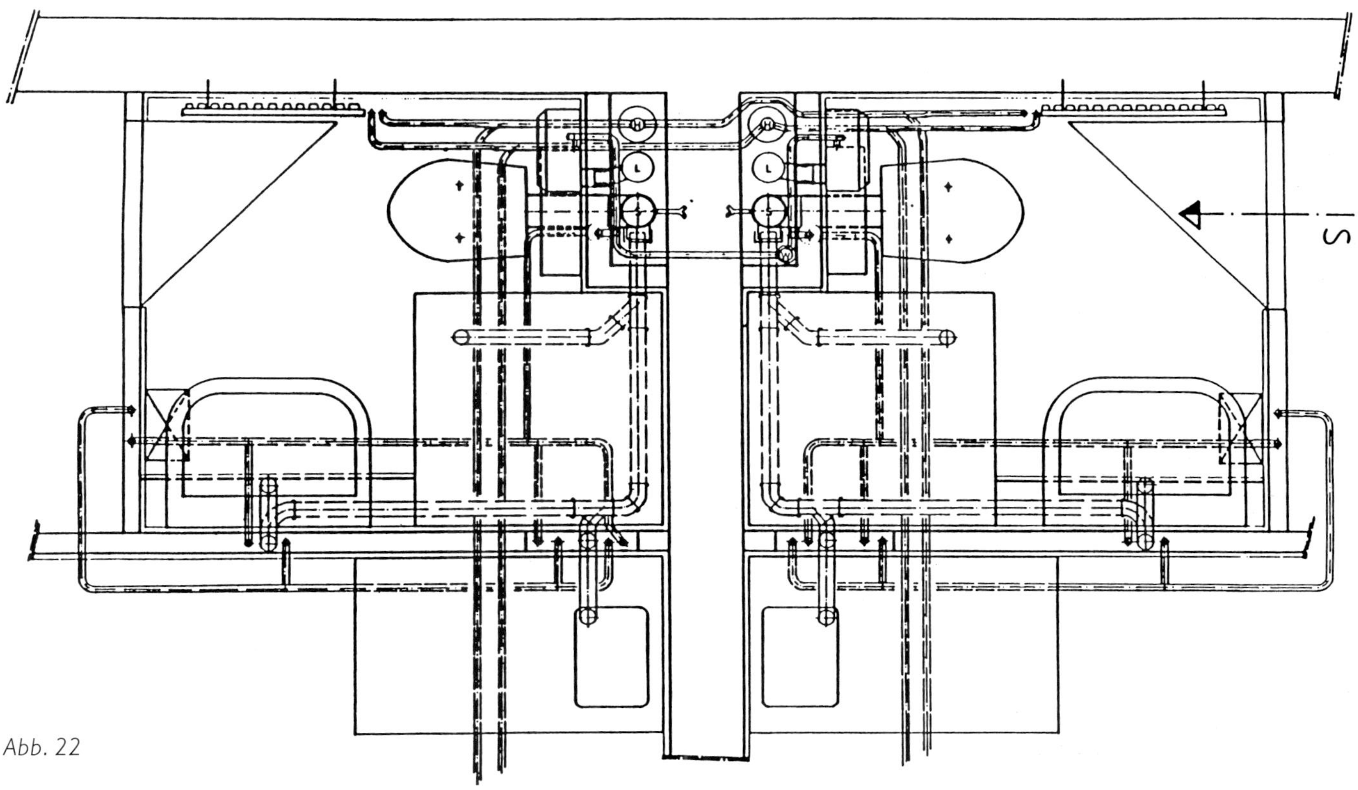

Abb. 22

Abb. 23: Umlüftung von Sammelanschlußleitungen auf die Fall-Leitung

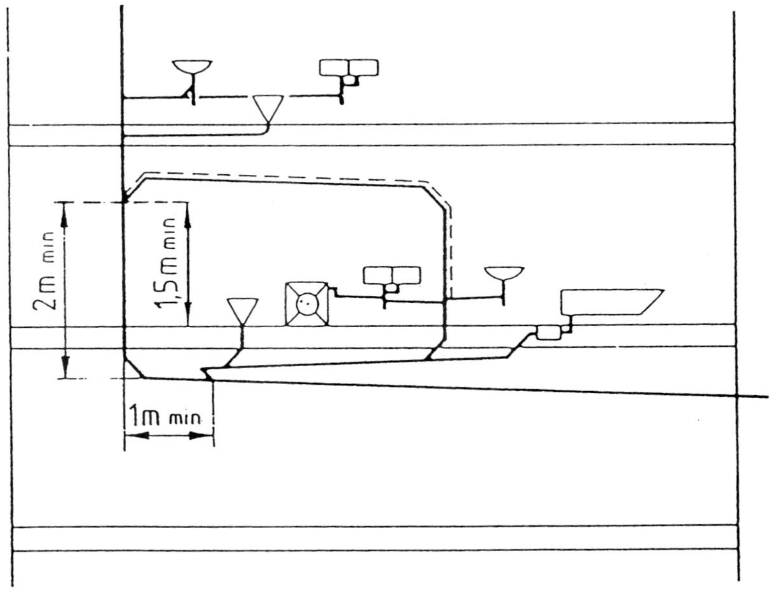

Übrigens zeigt Abbildung 22 auch den weiteren Rohrverlauf in den beiden Bädern, der sorgfältig zu koordinieren und nicht »der Örtlichkeit« zu überlassen ist. Leider wird die konkrete Rohrtrasse selten rechtzeitig in Architektenplänen berücksichtigt, wodurch späterer Murks vorprogrammiert wird.

Hinweis:
Bei fünf und mehr Vollgeschossen darf das im Erdgeschoß befindliche WC nicht mehr direkt an den Fallstrang angeschlossen werden, sondern muß »verzogen« werden (Abb. 23), da das aus großer Höhe herabstürzende Abwasser bei der liegen-

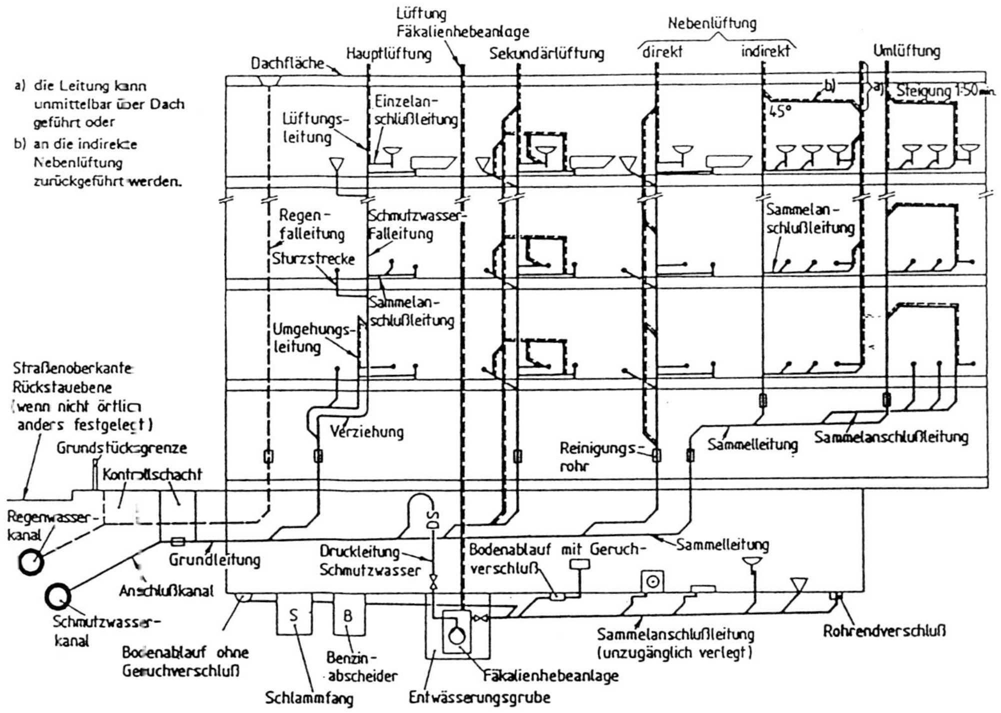

Abb. 24: Schema einer Entwässerungsanlage mit Darstellung von Rohrleitungen und Lüftungssystemen

den Leitung aufprallt und einen Moment aufstaut. Ein Direktanschluß des WCs würde ein Aufschwappen oder gar Übertreten bewirken.

Auf die Brisanz, die im Thema »richtige Entwässerung« steckt und welches Fachwissen hierfür erforderlich ist, verweist die Abbildung 24.

6.5 Anforderungen aus der DIN 1988, Technische Regeln für Trinkwasserinstallationen

Hier soll nur darauf hingewiesen werden, welche enormen Schallprobleme bei installierten Trinkwasserleitungen auftreten können.

So können technisch minderwertige Armaturen starke Geräusche verursachen. Armaturen sollten von solider Qualität sein und das Schallgüte-Klasse-1-Prüfzeichen besitzen. Die mit diesem Prüfzeichen ausgewiesene Qualität hinsichtlich Strömungsgeräuschen gilt natürlich nur bei richtig ausgelegtem Fließdruck an den Armaturen (max. 2,5 bar). Demnach sind richtig bemessene Stränge und Druckregler am Hauptanschluß unabdingbar.

Zur Vermeidung von Korrosionsproblemen sind Feinfilter in der Hauptzuleitung zwingend vorgeschrieben.

6.6 Vorwandinstallationen

Die vorangegangenen Abschnitte zeigten die Vorgaben für die Rohrinstallation auf, die aus Wärmeschutz-, Schallschutz- und Funktionsanforderungen herrühren. Die hieraus abzuleitenden Montageanordnungen erbringen als Ergebnis die Vorwandinstallation.

- »Einstemmen wie früher« kann generell als Verstoß gegen die anerkannten Regeln der Technik deklariert werden, ist aber auch »verlegemäßig« nicht mehr möglich wegen der »dick isolierten« Heizungsleitungen in »dünnen« Wänden.
- Mauerwerk darf *ohne besonderen statischen Nachweis* nachträglich nicht beliebig durch Schlitze geschwächt werden. Die DIN 1053 Teil 1, Mauerwerk gibt an, was an Schlitzanordnungen ohne stati-

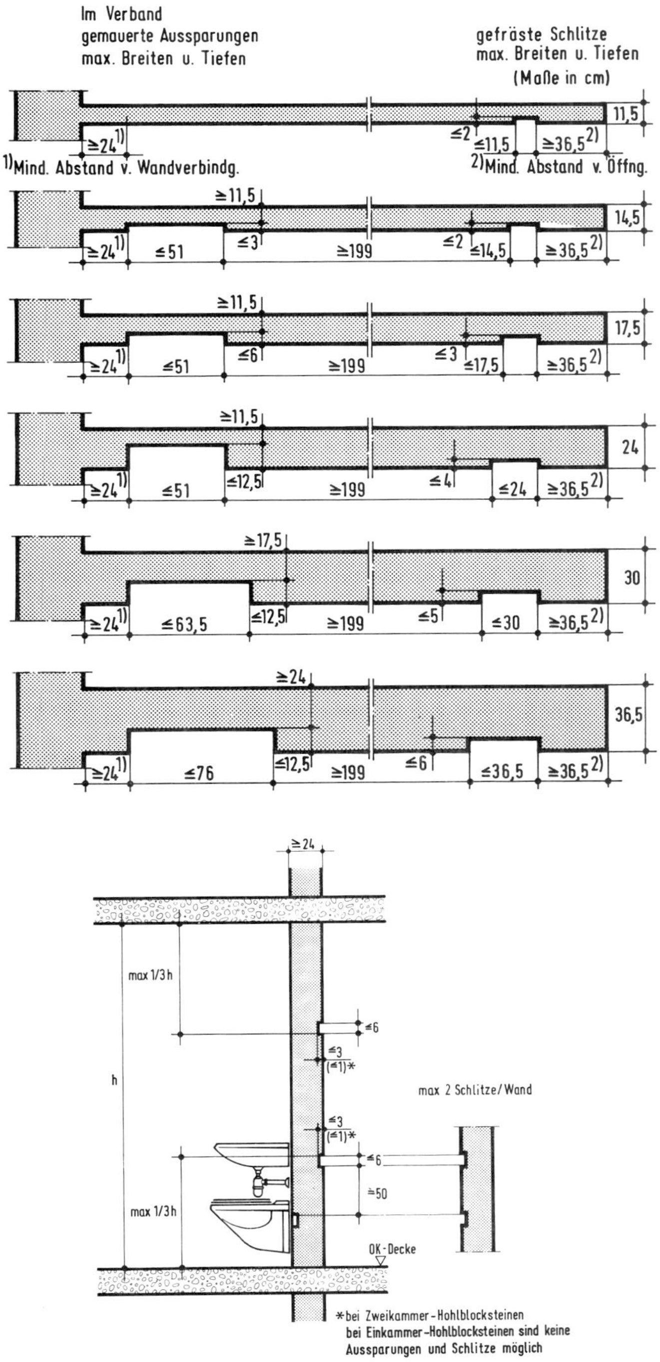

Abb 25: Wandeinbau – Vorwandinstallation DIN 1053 Teil 1 »Mauerwerk«

Das Stemmen von Aussparungen und Schlitzen ist nicht zulässig.

Erlaubt sind gemauerte oder gefräste Schlitze. Sie können ohne statischen Nachweis folgende Größen haben:

Mauerwerksstärke in cm	*senkrechte Schlitze: Breite x Tiefe in cm gemauert*	*gefräst*
11,5	*–*	*11,5 x 2,0*
14,5	*51,0 x 3,0*	*14,5 x 2,0*
17,5	*51,0 x 6,0*	*17,5 x 3,0*
24,0	*51,0 x 12,5*	*24,0 x 4,0*
30,0	*63,5 x 12,5*	*30,0 x 5,0*
36,5	*76,0 x 12,5*	*36,5 x 6,0*

Weiterhin ist folgendes zu beachten:
Mindestabstand der Aussparungen und Schlitze 199 cm
Mindestabstand von Öffnungen 36,5 cm
Mindestabstand von Wandverbindungen 24 cm

Aussparungs- und Schlitzgrößen bei waagerechter oder schräger Anordnung:
Wanddicke mindestens 24 cm
Schlitzhöhe maximal 6 cm
Schlitztiefe maximal 3 cm
maximal zwei Schlitze in jeder Wand, bei mindestens einem Abstand von 0,5 m
(besondere Anweisungen für Hohlblocksteine).

Hinweis:
Größere Aussparungen könnten z. B. durch einen Sturz abgesichert werden (statischer Nachweis).

schen Nachweis gestattet ist (Abb. 25).

- Die im Rahmen von DIN 1053 und DIN 4109 zulässigen Abmessungen für Schlitze und Aussparungen sind für herkömmliche Schlitzinstallationen ohne Verstoß gegen das Baurecht nicht möglich. Eine solide Lösung ist die Vorwandinstallation (Abb. 26 bis 28).

Vorteile der Elemente für Vorwandinstallation:

- keine Schlitze, kein Bauschutt
- keine Schwächung der Wände, weder statisch noch den Luftschallschutz betreffend
- einfaches, erleichtertes Montieren
- erleichterte Isolierung
- Maßgenauigkeit für Anschlüsse und Befestigung
- kein Eingriff in den Baukörper bei späteren Änderungs- oder Reparaturarbeiten.

Abb. 26: Schlitzinstallation ist nicht mehr zulässig

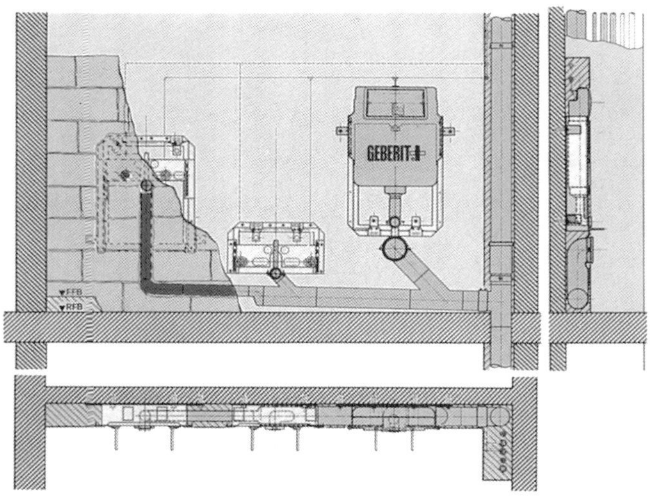

Abb. 27: Elemente zur Vorwandinstallation

Diese Elemente sind ein Montagerahmen, an den Armaturenanschlüsse, Befestigungsschrauben für die Sanitärapparate, Rohrleitungen und beim Wand-WC der UP-Spülkasten teilweise schon vormontiert sind oder befestigt werden.

Die Elemente werden an die Wand gedübelt, Wasser- und Abwasserleitungen – durch leichte Zugänglichkeit begünstigt – werden montiert und anschließend geprüft und isoliert. Ablaufanschlüsse, Eckventilanschlüsse und Gewindestäbe für die Apparatebefestigung werden auf die richtigen Abstände fixiert, so daß bis zur Fertigmontage alles unverrückbar an seinem Platz bleibt. Jetzt wird die Vorwandinstallation ausgemauert. Stockwerkhoch braucht nur im Bereich der Fall- und Steigleitungen gemauert zu werden, im Bereich der Sanitärapparate bis auf Ablegehöhe.

Abb. 28: Montagebeispiel eines Elementes für Vorwandinstallation

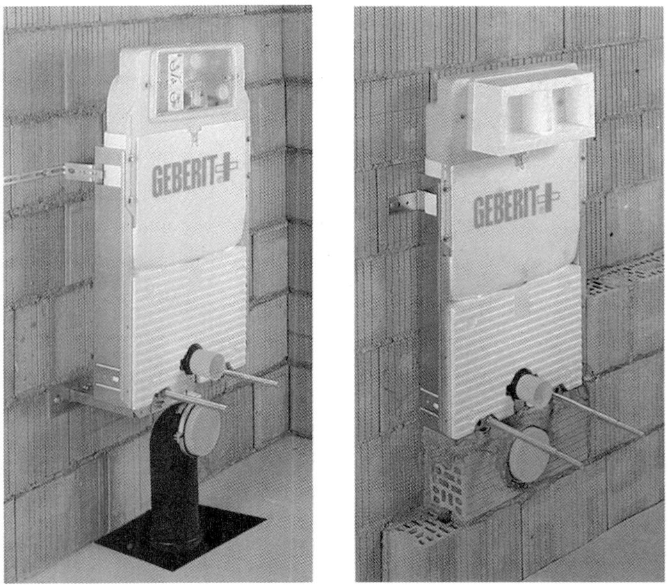

Abb. 29: *Bündige Einmauerung der Vorwandinstallation*

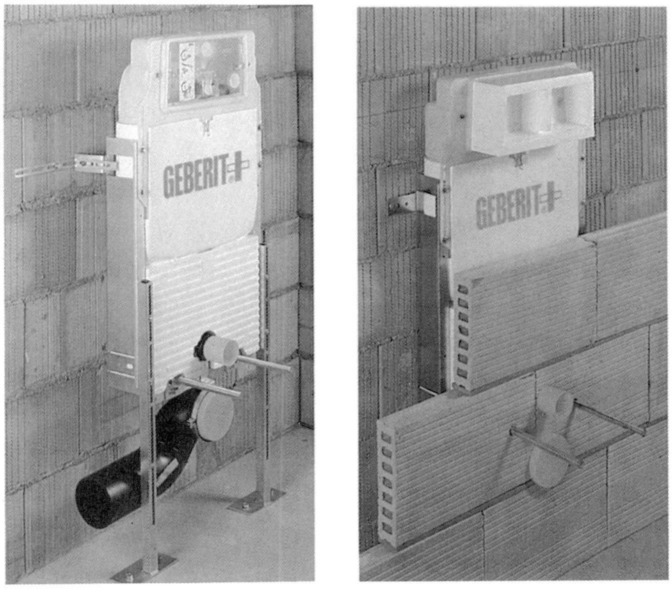

Abb. 30: *Vorgesetzte Einmauerung der Vorwandinstallation*

Die Elemente (Beispiel Geberit »Kombifix«) können auch auf Füßen montiert und erst nachträglich ummauert und ausgemauert werden. Außerdem sind sie bei Schachtmontagen einsetzbar.

Je nach Rohrführung sind unterschiedliche Abmauerungen der Vorwand-Installationselemente möglich (Abb. 29 und 30).

Statt Ausmauerung der Elementzwischenräume, wie in Abbildung 27 angeordnet, können auch Elemente für Vorwandinstallation gewählt werden, die zum Beispiel mit Rigipsplatten beplankt werden können. Die Fliesen werden auf die Beplankung aufgebracht. Ein Montagebeispiel zeigen die Abbildungen 31 und 32.

Auf die Frage, ob Ausmauerung gemäß den Abbildungen 27 und 28 oder Beplankung nach den Abbildungen 31 und 32 das »Nonplusultra« sei, gibt es keine Pauschalantwort.

Preisvergleiche fallen oft unterschiedlich aus. Hier kommt es auf die Kalkulation des Installateurs an: Kalkuliert er »Zusatzarbeiten« wie die Beplankung »normal« oder »hoch«? Und kalkuliert im Gegenzug der Bauunternehmer real, indem das Ausfachen der Zwischenräume als »Nebenleistung« beim Angebot überhaupt nicht auftaucht, wogegen zum Beispiel die Beplankung detailliert beim Installateur ausgeschrieben wurde?

Solche unklaren Angaben verfälschen einen objektiven Preisvergleich.

Hinweis:
Das Ausmauern der Zwischenräume und der Hohlräume in den Vorwandinstallationsrahmen ist mit äußerster Sorgfalt vorzunehmen.

Steine oder gar spitze Steinstücke als »Füllung« verletzen sehr leicht die Rohrisolierung und der Schallschutz ist dahin! Praktiker kennen die »übliche Qualität« solcher Ausmauerung zur Genüge als Negativpunkt. Die Beplankung stellt dagegen sicher, daß die Rohrisolierung nicht verletzt wird und somit Schallbrücken vermieden werden.

Statt der erwähnten Installationselemente, die gegen übliche Mauerwerkswände montiert werden, werden im Neubau bereits sehr oft die Wände von WCs und Bädern in Ständerbauweise erstellt. Für Metallständerwände (z. B. System Knauff) gibt es serienmäßige Tragelemente für die Sanitärobjekte. Die Abbildung 33 zeigt ein solches System.

Welches System zum Einsatz kommt, ob Mauerwerk oder Metallständerwand, hängt von mehreren Einzelfragen ab, wie Verfügbarkeit der Handwerker (Maurer statt Putzer bzw. umgekehrt), und von deren Kalkulationsbasis.

Technisch können beide Systeme die notwendigen Anforderungen einwandfrei erfüllen, richtige Anwendung und korrekte Ausführung immer vorausgesetzt.

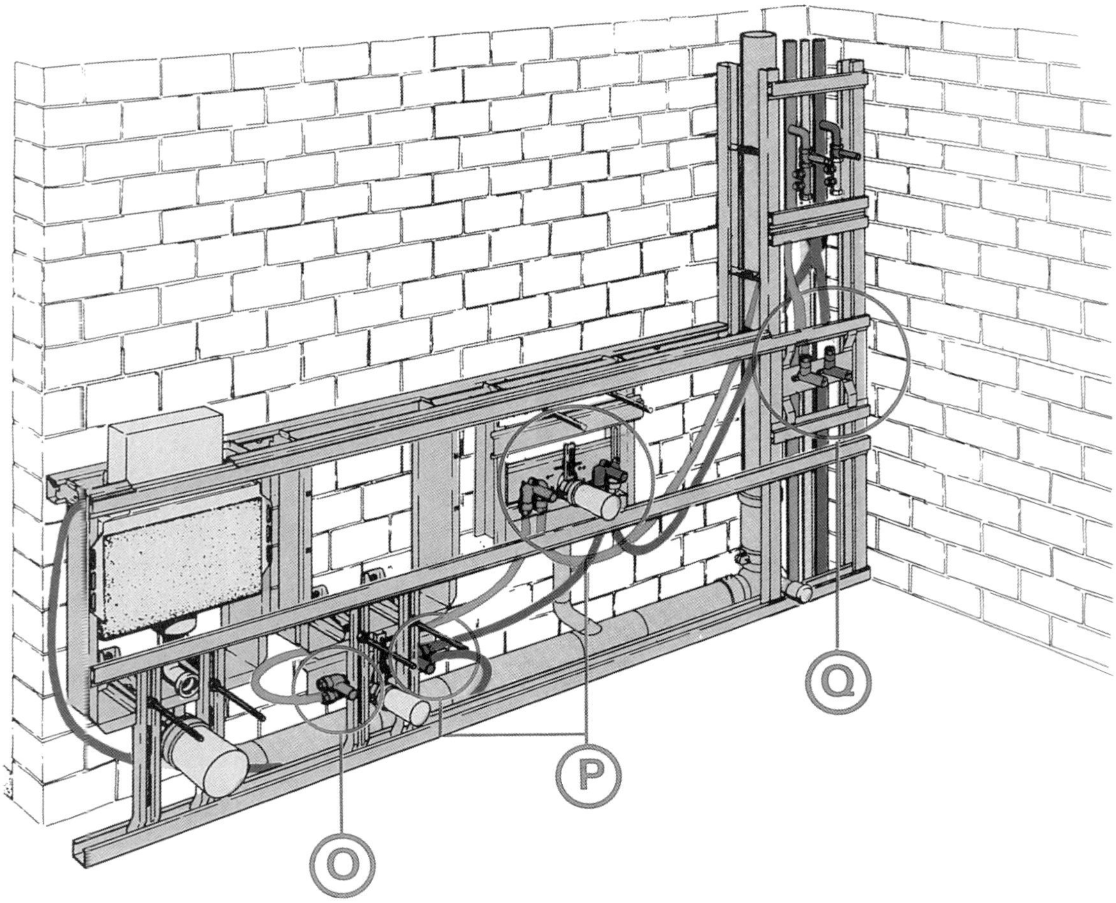

Abb. 31: Vorwand-installationselement für Beplankung

Die Armaturenanschlußplatte beim Bidet O wird an die Füße angeschraubt. Dann werden die Armaturenanschlüsse P mit den bereits angeschlossenen Instaflex-Rohren auf die Armaturenplatte geschraubt.

Instaflex-Rohre unter Berücksichtigung der Verschleifung vom Verteiler zum Element ablängen, isolieren und an Armaturenanschluß P anschließen.

Die Armaturenanschlußplatte Q für Wannen- oder Brausebatterie wird mit selbstschneidenden Schrauben auf Querprofile geschraubt. Dann werden die Armaturenanschlüsse R mit den bereits angeschlossenen Instaflex-Rohren auf die Armaturenplatte geschraubt.

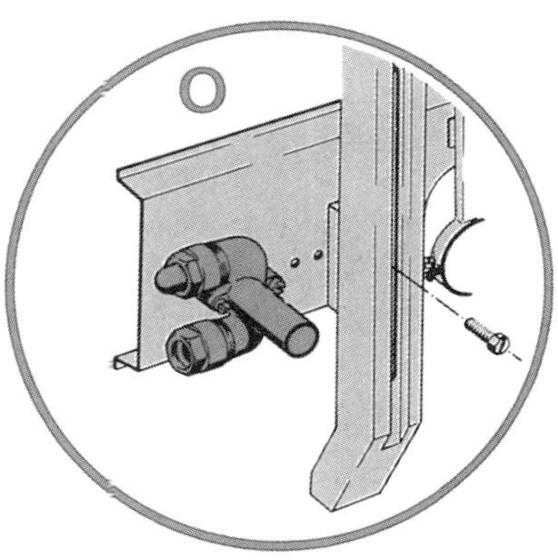

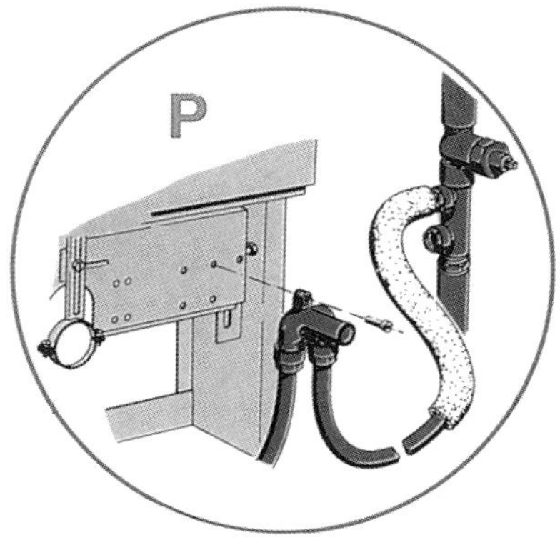

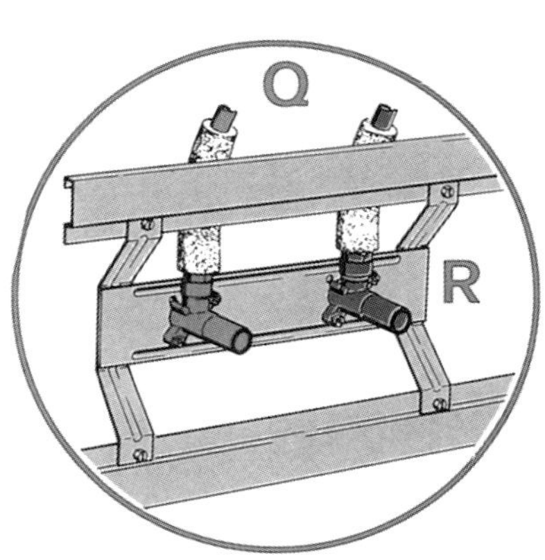

Der nicht benötigte Anschluß wird mit dem mitgelieferten Blindstopfen ohne Vorwärmen verschlossen.

Alle Metalldurchführungen müssen isoliert werden.

Geschoßhohe Beplankung

Das KOMBISTAR-System ermöglicht außer der Ablagehöhe von ca. 90 cm über FFB bei Verwendung des WC-Elements mit Betätigung vorne auch höhere (z. B. einem Fenstersims angepaßt) Ablagehöhen bis hin zur geschoßhohen Beplankung.

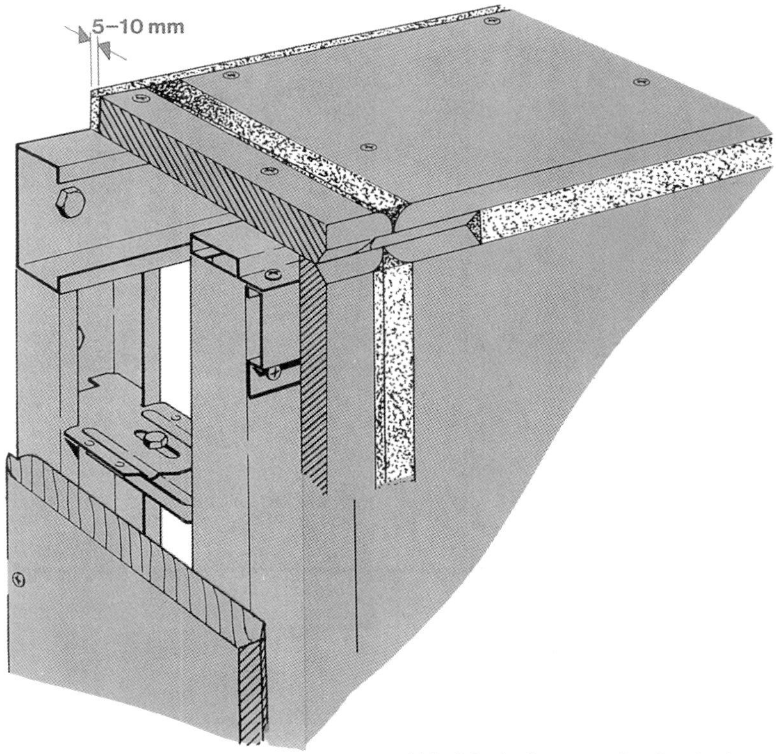

Abb. 32: Aufbringen der Beplankung und der Fliesen

Abb. 33: Metallständerwand mit Installation

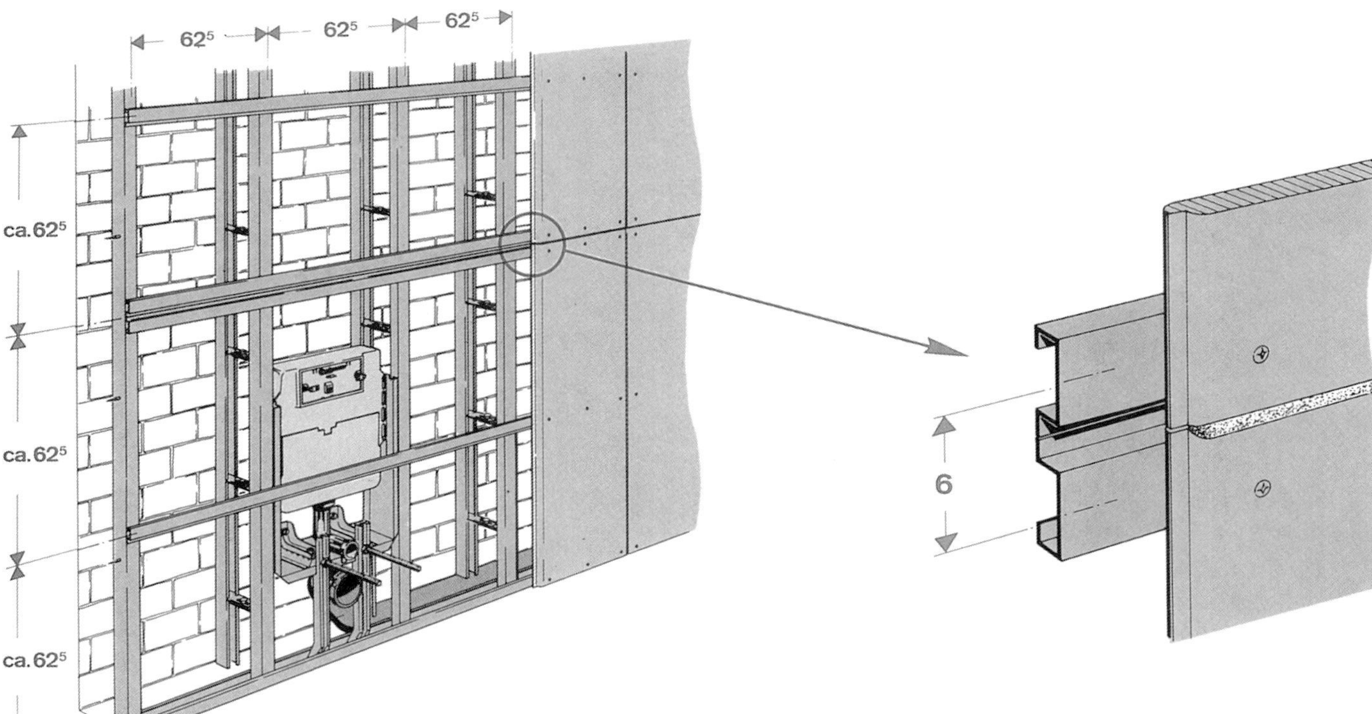

Beispiel mit seitlichem Wandanschluß

Auflage des Paneels an der waagrechten Stoßfuge

7 EINZELFÄLLE

Heizräume

Heizräume für Anlagen ab 50 kW Leistung bedürfen eines separaten Heizraumes, gemäß Vorschriften der jeweiligen Landesbauordnung.

Kamine, Heizthermen

Augenmerk ist hinsichtlich Querschnitt und Dämmqualität auf die richtige Kaminauswahl zu legen. Bei Einsatz sogenannter Brennwertkessel müssen versottungsfeste Kamine eingeplant werden, die – je nach Kesselkonzeption – bei Überdruck aus dem Kessel auch druckdicht sein müssen. Der Fachmann hat vorab die nötige Abklärung zu tätigen.

Bei Einsatz von Gasthermen mit Kaminanschluß für Etagenheizungen ist auf den nötigen Luftverbund zu achten (je kW installierte Thermen-Nennleistung muß ein Raumvolumen von 4 m^3 vorhanden sein. Hierbei zählen nur Räume mit Türen und Fenstern ins Freie). Entsprechende Lüftungsöffnungen von Raum zu Raum (Türausschnitte) sind vorzusehen.

Es gibt allerdings Kaminsysteme für Frischluft- und Abluftkombination, das sogenannte LAS-System. Sie sind platzaufwendig und detailliert einzuplanen.

Sogenannte *Außenwandthermen* dürfen im Regelfall nur noch bis 11 kW Nennleistung gemäß Feuerungsverordnung installiert werden.

Ein Kaminanschluß ist Regelfall ab 11 kW, Ausnahmeregeln sind mit dem Bauordnungsamt und dem Bezirksschornsteinfeger abzustimmen.

Warmwasserbereitung

Die Frage nach *zentraler oder dezentraler Warmwasserbereitung* ist auf den kurzen Nenner zu bringen, daß dezentrale WWB in der Regel weniger Investitionskosten hat. Zudem zahlt der Nutzer bei Kombithermen oder Elektro-Durchlauferhitzer die Energiekosten der Warmwassererzeugung zu 100 % direkt selbst beim Energieversorgungsunternehmen, es müssen keine Verrechnungen zwischen einzelnen Mietparteien erfolgen. Die Aufschlüsselung derlei Abrechnungen führt ja bekanntermaßen häufig zu Streitigkeiten.

Durchlauferhitzer sind aber leistungsbegrenzt, mindestens 21 kW Nennleistung sollten (bei E-Durchlauferhitzern) gegeben sein.

Bei Heizthermen ist die lieferbare Geräteabstufung 18 und 24 kW, wobei eine 24-kW-Therme hinsichtlich eventuell zu großer Heizleistung und ausreichenden Luftverbundes zu prüfen ist.

Der Anschluß mehrerer Entnahmestellen an einen gemeinsamen Durchlauferhitzer ist kritisch (siehe S. 137). Allgemeine Grundlagen der Planung.

Heizkostenabrechnung

Bei der Wahl der leistungsmäßig wesentlich zufriedenstellenderen zentralen WWB *muß* der Warmwasserverbrauch je Nutzer gemäß der Heizkostenverordnung gemessen werden, also Warmwasserzähler eingebaut werden.

Bei *Neubauten* sind diese Zähler *Vorschrift*, da hier die Möglichkeit des Einbaues absolut gegeben ist (Hilfsmaßstäbe wie Umlegung über Fläche oder Personen sind nur im Altbau statthaft, wenn infolge spezieller Rohrnetzsituationen der nachträgliche Einbau von Zählern mit unzumutbarem Aufwand verbunden ist).

Für die Erfassung der Heizkörperwärme sind zumindest Verdunstungswärmemesser vorgeschrieben, die Brennstoffkosten werden zwischen 50 bis 70 % nach Verbrauch, der Rest nach Fläche o. ä. umgelegt. Einzelheiten regelt die Heizkostenverordnung.

Wird vom Bauherrn der Wunsch nach »echter« Heizkostenaufteilung geäußert, so besteht beim Heizungsnetz die Möglichkeit, die ohnehin am Sammelschacht zentral ankommende Heizungsvor- und -rücklaufleitung jeder Wohnung mit einem Durchfluß-Wärmezähler zu versehen. Hierbei ist korrekte und 100 %ige Umlegung möglich. Die Geräte müssen fünfjährig geeicht werden.